叛乱の時代

土屋達彦

はじめに

やけになつかしい匂いをかいだ気分だった。

時は二〇一二年夏、金曜日の夕方、午後六時から八時までの二時間、場所は首相官邸前の交差点あたりだったが、いつの間にか歩道を埋め尽くした人並に押しまくられて、霞が関界隈まで連れていかれた。国会周辺といっておけば間違いないだろう。

主催者によると、ここに集まった人は「数万人」。「十万人」という人もいれば、「二十万人」という人もいた。一時的であったとはいえ、毎金曜日の夕方、こんなにたくさんの人々が、なぜやって来たのだろう。それはたったひとこと、「(原発)再稼働ハンターイ!」と街頭で声を張り上げたかったからだ。

かけつけた人は、「日本社会のあらゆる階層」といいたくなるほど、いろいろな人がいた。平均年齢をはじき出したら、三十歳代後半から四十歳代前半というところか。背広を脇にかかえる中年ビジネスマン、子ども連れの主婦、OLや学生、カップルもいた。画家かミュージシャンか、芸術家ふうの人、障害者も外国人もいた。そして私と年齢が近い高齢者たち……。年の割には意外に張りのある彼らのシュプレヒコールに、周りの若い人たちが驚きいっぱい、尊敬ちょっぴりのまなざしを向けていた。

ほとんどが組織動員ではなく、個人が自由に参加してできあがった人々の大きなかたまりである。私はその集団から、いかにもうぶというか初々しさが伝わってくるのを感じた。

そういえば、一九六八年、日大、東大に全共闘が生まれた時も、同じ感じがした。なかでも校歌を歌いながらデモをする日本大学の「普通の学生」は、目頭が熱くなるほど感動的でさえあった。二〇一二年の金曜夜、私にとっては、あの時の全共闘の匂いが久しぶりによみがえってきたのだった。そして、国会近くに集まった自由な個人の初々しさを何度か目にしているうちに、私の思いは膨らんでいった。叛乱の時代とは、「一九六八年」前後の十数年である。学生運動から過激派まで、「叛乱番記者」として私が現場に立ったあの時代は、いったい何だったのだろうか。自分なりに整理し、それをまとめてみたくなった。その挑戦の結果が本書である。

ただ、冒頭で次の点はお断わりしておきたい。まず、私は同じ記者でも、大新聞社の社会部一点張りで育った正統派ではない。週刊新聞記者、地方記者、夕刊紙記者、社会部記者と、様々な職場を忙しく渡り歩いてきた異端派である。職場によってそれぞれ、ニュースの追い方などに違いがあったので、本書の書き方もその影響を受けていることを申し上げておかなければならない。なお、取り上げた叛乱軍は、反日共系全学連や全共闘運動のほか、過激派の日本赤軍まで手を広げた。

また筆者にとって「叛乱番記者」の頃は、すでにそれなりに年をくってはいたが、本人からすると、あの時こそ、青春時代だったと思い込んでいる。そんなこともあって話が時々、私的な生活や思い出に、つい脱線してしまう。私に特に影響を与えた父親の存在と、学校に行けないほど貧しくコンプレックスに悩んだ少年期から、物語を起こすことをお許しいただきたい。

そして三つ目は、様々な騒動に満ちていたあの時代を、その現場をクローズアップする意味で、緊張がみなぎる新聞社の編集局から、学生運動や過激派が絡まない事件現場まで、いくつかを取り上げた。さらに現場を適切にとらえている記事は、たとえ他社の紙面であっても進んで引用したことも付け加えておきたい。

なお本書では、氏名は敬称を略し、実名表記を基本としたが、事情に応じ、一部、筆名（ペンネーム）や仮名を使わせていただいた。

叛乱の時代 ―ペンが挑んだ現場― ＊目次

第四章　東大闘争の現場から　163

第五章　連合赤軍と自衛官刺殺事件　217

叛乱の時代

——ペンが挑んだ現場——

序章　番記者前史

―「空白と不安の十年」を超えて―

プロキノの門を叩いた父

はじめに父親のことから書く。

昔、「松川黎（まつかわ・れい）」と名乗る男がいた。何度も映画化された義賊「怪傑ゾロ」を書いた米国の作家、ジョンストン・マッカレーの名をかってに借用、彼は「僕のペンネーム」といってはばからなかった。

一九二九年、ニューヨーク証券取引所の株価大暴落で始まった世界大恐慌は、日本にも飛び火した。相次ぐ企業倒産で失業者があふれ、小売商はその三割が夜逃げしたといわれる。なかでも農村は生糸の輸出量激減や米価の下落で壊滅的な打撃を受け、わが国を危機に陥れた。

この時代に呼応するかのように、「貧困と失業からの脱出、プロレタリア階級の解放」のために映画の製作・上映を手がけようと、映画青年たちが集まってきた。彼らが作った団体は日本プロレタリア映画同盟、通称「プロキノ」で、支援者が集う「プロキノ友の会」の発起人は、『蟹工船』

の著者、小林多喜二が引き受けた。

旧制水戸高等学校を左翼運動でとび出した松川は、プロキノの門を叩く。彼の父親は、日本の統治下にあった台湾で検察官を務めていた。松川は何ひとつ不自由も不満もなく育ち、地元の旧制中学を出ると本土に渡り、水戸高の理科に進んだ。水戸高時代、松川と親しかった同窓生によると、「寮歌を作曲したり、喜劇の台本を書いたり、剣道部のマネジャーを務めたりで、席を温める間もないほど腰は軽かった。意外性とユーモアがあったな」。

その男が突如、反権力どころか反体制の旗の下に走った。何をもって彼が腹をきめたのかわからないが、プロキノの活動に全力投球する。撮影・編集したニュース・フィルム、映写機、レコードを抱えて全国の農山村を巡回し、映写会を開いたが、警察から「上映禁止」処分をたびたび受けた。みんなが待ちわびているフィルムをやっと持ってきたのだからと、制止を振り切って開催を強行すると、上映どころか彼が冒頭のあいさつに立ったところで「弁士中止！」となる。それでも続けると、私服警官に「検挙する！」と引きずり降ろされ、留置場に放り込まれた。

一方、マッカレーの「怪傑ゾロ」は一九二〇年に映画化され、世界各国で驚異の人気を呼んだ。映画化は続き、さらにテレビ映画やテレビアニメ、コンピュータゲームにも登場する。

主人公のゾロは、強きをくじき弱きを助ける、まさに騎士道を行く正義の味方だが、実は大泥棒でもあり、賞金がかかるおたずね者でもあった。さっそうと彼が姿を現わした後には、かならず壁にサーベルの剣先で「Z」の字を残す。ゾロの頭文字で、これが映ると映画館は拍手に沸いた。

松川自身は、「虐げられた人々の解放」を求め、不正や不条理と闘っているつもりなのに、時の権力は、非合法の反体制活動に手を染めるおたずね者としてしか彼を見ず、徹底的にマークした。残念ながら、松川がゾロのように拍手喝采を浴びることはなかったが、本人は、自分の姿勢はゾロに通じると信じていたに違いない。実際、彼は「怪傑ゾロ」らしき人助けもやっていた。

一九三一年夏のある午後、松川が巡回上映先、現在の福岡県田川市の街なかを、コンビを組む仲間と歩いていると、近くの家の奥から女性の悲鳴が聞こえてきた。かけつけると、庭の井戸に小学一年生の娘が落ち、傍らの母親は半狂乱だった。彼は、母親や集まってきた近所の人に落ち着くよう諭し、用意してもらったロープをつたい井戸を降りた。水面近く、出っ張った石になんとかしがみつき、泣いていた女の子に手を伸ばし、かかえ、梯子とロープを使って上がってきたという。

しかし、これで一件は落着しなかった。この救助騒ぎはたちまち町中に広まり、交番からかけつけた警察官が松川の行動に感激、署長に具申し、人命救助で表彰してもらおうと言いだす。「ついてはご苦労ながら、ぜひ本署までご同行願いたい」。

告げられた松川がとった行動は、

「冗談じゃない。こちらは毎日つけまわされ、警察からは蛇蝎あつかいされている身だ。それが一転「人命救助」の「署長表彰」のでは、彼我ともに恰好がつかないではないか。真ッぴらごめん蒙ると、あっけにとられた巡査氏をあとに二人は現場から姿をけした」（並木晋作『日本プロレタリア映画同盟〔プロキノ〕全史』合同出版、一九八六年）。

一九三三年、小林多喜二が警察に命を奪われて間もなく、共産党は崩壊する。これを追うように、一時は二百人を数えたプロキノのメンバーも、治安維持法違反で次々に検束され、三四年にプロキノは壊滅する。しかし、激しい弾圧の下でここまで生き延びただけのことはあった。プロキノ育ちやその関係者で、戦後に活躍する人は少なくない。今井正、山本薩夫《やまもとさつお》は映画監督に、飛鳥田一雄《あすかたいちお》は横浜市長に就き、岩崎昶《あきら》は映画評論家となった。アニメーション、記録、教育などの映画や、各界をリードする人材も、「プロキノ出」が目立った。

東宝争議の先頭に立つ

松川黎の本名は土屋精之《つちやせいし》、これが私の父親である。彼が本名で公の場に姿を現わしたのは、戦後の「東宝争議」（一九四六—一九四八）の時だった。当時、彼は撮影所で特殊技術を担当していたが、労働争議が起こると、組合は彼を闘争委員長に選んだ。四八年、当局による仮処分執行を前に、組合員二千五百人が世田谷区砧《きぬた》の撮影所に立て籠った。

八月十九日早朝、アメリカ進駐軍の飛行機三機、戦車七台、カービン銃で武装した騎兵一個中隊、さらにその米軍を取り囲むように日本の警官隊二千名が出動し、「来なかったのは軍艦だけ」の言葉が残る大争議になった。

この時、父親は撮影所明け渡しを決断する。争議を「番記者」として追いかけた、当時の共同通信社社会部記者の田英夫《でんひでお》（後にTBSニュースキャスター、参議院議員）によると、「周囲が取り囲まれているというのに土屋さんは悠然としていた。あの決断をしなければ流血は避けられなかっただろう」（『産経新聞』一九九七年二月二十七日）。

この時の父親を、私は映画館で観た。ニュースに登場した彼は、壇上で、米軍戦車の太い大砲に向かって鉢巻姿で立ち向かい、張りのある声で吠えていた。幼い私にその内容はわからなかったが、三十八歳の父親の勇ましい姿に、「凄いなあ……」と胸を熱くした。

また、洋画家の内田巌が描きあげたばかりの、東宝争議を主題にした「歌声よ起これ（文化を守る人々）」（東京国立近代美術館所蔵）にしびれた。赤旗がひらめき、労働者が組むスクラムの中心に父親がいた。ますます父親を誇らしく思った。

学校に通えない

ところが、子供を唸らせた凄い男は、その後ひどく辛い人生を送ることになる。レッドパージで東宝を離れてからは、独立プロの門を叩くこともなく、酒びたりの生活に身を置き、まったく働こうとしなかった。明るかった家庭の空気はいつしか澱んでいく。まだ小学校低学年だった私は、自分がどうふるまえばよいのかがわからず、ただ悲しかった。

小田急線成城学園前が最寄り駅だった東宝撮影所に、父親が通勤していた頃、わが家は同じ沿線の梅ヶ丘に一軒家を借りて住んでいたが、やがて同じ世田谷区内の、下高井戸の八畳一間に移る。しかし、酒屋も米屋も八百屋も、月々の払いが悪かったからだろう、ツケでの買い物を断わられ、この悪い評判が届かないほど遠い川崎市の、東急大井町線二子新地の六畳一室のアパートに転がり込んだ。

引っ越しても、住民票は移さない。だから小学校、中学校、いずれも転校しなかった。近所の話題にならないよう、まるで冬眠生活を送っているようだった。

梅ヶ丘（下車駅は玉電〈現・東急世田谷線〉松陰神社前）までの電車の定期券を買えず、といって毎日、電車賃がもらえるわけでもなかったので、私の通学はほとんど徒歩だった。小学校時代は下高井戸から学校まで片道三キロほどしかなかったので、苦にはならなかったが、二子新地から中学までは片道七キロ以上あり、往復はとても辛かった。

こんな毎日を重ねているうちに、間もなく私たち三人兄弟は貧乏の底に沈む。中学時代の私は教科書（当時は有償で各自が購入）さえ買ってもらえず、弁当（中学での給食はまだ始まっていなかった）は用意したくてもご飯がなく、ひもじい日々が続いた。

そのうち母親は精神を病み始めた。私の胸の内には、自分の家庭に対する羞恥心と、まわりへの羨望ばかりが膨らむ。髪の毛は、円形脱毛症で何箇所もごっそり抜けた。結局、中学一、二年次は遠い学校まで通いきれず、身体を壊して休学に追い込まれた。

三年生になって「放っておけない」と、父方の祖母や母親の伯父が生活費の一部を支えてくれ、健康を持ち直した私は、晩秋から電車に乗って中学校に通える身になった。

その年は一九五七年、奈落の底にいた私たちに嬉しいことが巡ってきた。年の暮だった。父親が、他の出版社にさきがけて百科事典の刊行に踏み切った平凡社に、編集スタッフとして勤められることになった。やっと私たちは川崎市内の六畳一間から抜け出し、大宮市内に建ったばかりの公団住宅の一室、夢のような2ＤＫに移った。

やっと見つかった居場所

翌年一月にスタートした大宮での中学生活は、わずか二カ月余だったが、学校は意外にも楽しいところであることを私は知った。世田谷時代と違って友人ができ、高校受験の直前にもかかわらず、毎日のように放課後、彼らのうちの何人かと音楽室でレコードを聴いた。

聴かせてくれた中学校へのお返しにと、三月の卒業の日、仲間六人で一枚のレコードを学校にプレゼントした。ヨハン・シュトラウス二世の喜歌劇「こうもり」序曲だった。「嬉しい！」と、少女のように叫ぶ音楽の先生の笑顔が、胸に染みわたった。私はそれまでに感じたことのない満足感に満たされた。

高校は県立浦和高校に進み、列車と国電（現・ＪＲ）を乗り継いで通う。さっそく陸上競技部に入り、もうひとつ生徒会の放送委員も誘われて引き受けた。陸上では棒高跳びに挑戦した。バーを一度も落とすことはなかった。理由は簡単だ。バーの下ばかりくぐっていたからだ。いつも試合の応援にかけつけてくれた中学時代の仲間は、私がジャンプするたびに目を伏せた。観客席の「居心地は悪かった」、と今でも言われる。

放送委員会でも、ある挑戦をした。二年生の時だった。日本で初めてテープレコーダーを開発した音響機器メーカーの赤井電機から、まだ市販されていないステレオ演奏用テープレコーダーを、アンプ、スピーカー、クラシック曲のテープまで含めて借りてきて、秋の学校祭で埼玉県下では初のステレオ・コンサートを開いた。

全国初ではなかった。そのちょっと前、東京の都立新宿高校の放送部から学校祭に呼ばれて出かけると、「日本の高校で最初」のこのコンサートをやっていた。その音量の凄まじさ、音域の広さ、音色の鮮やかさは聴衆をしびれさせた。ちょうど会場に来ていた赤井電機の担当者を同校の放送部員に紹介してもらい、浦和でのコンサート開催が決まった。こちらは棒高跳びにつきあわせた友人と違って、視聴覚室に入りきれないほど詰めかけたクラシックファンから、期待以上の拍手をもらった。

調子に乗って「日本シリーズ速報」もやった。浦和高校には旧制中学時代から、お隣り栃木県の宇都宮をめざして歩く「強歩大会」があったが、戦争とともに中止されていた。これが私の在学中に復活した。コースは浦和市内の学校をスタートし、岩槻、白岡、久喜、幸手、栗橋、利根川大橋を経て、茨城・古河のゴールまで約五十キロ。これを制限時間七時間で歩ききることはむつかしく、多くは走った。だから「古河マラソン」と呼ばれ、現在も続いている。

復活第一回の大会がたまたま日本シリーズにぶつかったので、放送委員会の仲間に「速報態勢をとろう」と提案、賛成を得た。ただし、委員会のメンバーのほとんどが「走るので精一杯。とても速報板やラジオは持てない」というので、すべてを私が担いだ。

日本シリーズのカードは巨人―南海戦で、南海が勝ったと憶えている。走りながらラジオで試合中継を聴く。チェンジのたびに速報板にマジックインキで点数を書き込み、また走った。同じ陸上競技でも、やっていたのは長距離走ではなく棒高跳びだったとはいえ、練習でけっこう長い距離を走り込んでいた。おかげで多少の荷物は苦にならず、古河のゴールには三十数番台で飛び込んだ。

放送室は廊下をはさんで教員室の前にあり、隣りは生徒会室だった。放課後、生徒会の役員の先輩たちが「教えてやろう」と放送室にしばしばやってきた。彼らは私を放送室の卓上で鍛えた。麻雀である。牌をまぜる音にさそわれて教員室からのぞきにくる先生もいたが、文句は言わず後ろに立って観戦していた。

ガールフレンドもできた。浦和市内に通う女子高生だった。休日の朝、二人で思い切って京浜東北線で横浜に出かけ、その年オープンしたばかりのマリンタワーに昇り、展望フロアから見つけた緑いっぱいの外国人墓地に潜り込んだ。私にとってはそれまでがウソのような、ワクワクする時間がどっと押し寄せてきた。

どうしてこんなに何にでも飛びついたのか。思えば、それまでの自分はコンプレックスに悩み、何のために生きているのかわからず、居場所さえ見つからなかった。その「空白と不安の十年」を取り戻したかったのだろう。新しい自分がちらりとでも見つかりそうなチャンスは、決して逃さず追いかけていた。

でも、それだけではない。逃げもあった。父親は、争議後に落ち込んだ自堕落な逃亡者のような生き方に、終止符を打つことはできなかった。出版社で働きだしても、勤め先をさぼり、さらに酒にのめり込む。あげくの果てに、アルコール中毒による入院を繰り返した。そんなさなかのある日、精神を病み続けた母親は自分に疲れてしまったのか、家出し、蒸発した。八方手を尽くし探したが、行方はとうとうつかめなかった。

小説の怪傑ゾロの正体は、大地主の息子である。どうしようもない遊び人だったが、十五歳の時、世の中の矛盾に気がつき、自らの心身を鍛え上げ、権力と対決する。

私の父親は、ゾロとはまったく逆だった。ニュース映画に登場した父は、幼い私にとって偉大であったが、後年はずっと「虐げられた人々」を救うどころか、家族さえ支えきれず、私は憤怒ばかりがこみあげていた。それは同時に、父親を非難し、批判することしかできない自分への絶望、怒りでもあった。ここから逃れ、忘れるためには、ワクワクできそうな時間を追いかけるしかなかった。

父親はこの頃も時々、酔いにまかせて赤い目をこすりながら、激しく体制批判を口にし、革命歌「インターナショナル」を歌った。この叫びこそ、彼にとって生きている証だったのかもしれない。

でも、たびたび聞かされた私は、父親が口にする過激で壮大な言葉は空虚でもろく、ひとりよがりの域を飛び出せない弱さだと思えた。

デモを呼びかける

とはいっても、私自身、世の中の動きに目をそむけていたわけではない。むしろ関心は強く、とにもかくにも自分の足で歩き始めかけた私は、政治に「許せない!」と思った瞬間、動きだしていた。そのたびにかつての父親を思い起こし、「止めておこう」と自分を抑えにかかったが、ブレーキはほとんど利かなかった。

高校三年の夏を思い出す。一九六〇年六月十五日、「安保反対」を叫んで国会に押しかけた学生のデモ隊と警官隊が衝突、東大生の樺美智子《かんばみちこ》さんが亡くなったことを、その晩、ラジオで知った時、私は胃が縮みあがるような衝撃を受けた。

翌日は木曜日だった。怒りでなかなか眠れず、朝も早く目が覚め、朝食をとらずに学校に向かった私は、授業の始まる前と休み時間に各クラスを回って、「抗議デモに参加しよう!」と呼びかけた。

「僕は、日米安保条約のことははっきりいってよくわからない。でも「十分、討議をしないで条約改定を強行する岸(信介)内閣は民主主義に反する」との抗議デモに参加していた東大の女子学生、樺美智子さんが死んだことは事実だ。ラジオも、今朝の新聞も、警棒を振り上げてデモ隊に突っ込んだ警官隊、つまり過剰警備が彼女を殺したといっている。安保はともかく、過剰警備は許せない」。

放課後、担任の国語の先生が帰り際の私を呼び止めた。「気持ちはわかるが、あまりカリカリするなよ」。浦和高校一筋に二十数年勤めてきた彼は、生徒の考えることなど、すっかり見通していたに違いない。「いま行かずに、後で後悔したくありません。デモには参加します」と断定的にいう私に、「わかったよ。でも、無茶するなよ。樺さんみたいになったら、俺だって後悔ではすまないからな」。

その週末、浦和市内での岸内閣に抗議する市民デモに、私は同じ高校の仲間三十人余と「民主主義って何ですか?! 高校生有志」と書いたプラカード一枚を持って参加した。たしかデモに加わっていたのは千人近くいたと思うが、私たちと同じ隊列の中に、市内の女子高を出たばかりの小沢遼子（現・評論家）がいて、警察官に向かって、「頼んでもいないのに何でお尻に触るのよ！」と叫び声をあげていた。手をつなぎ道幅一杯に広がろうとするデモ隊を、押し戻す警官。彼らに噛みつく小沢の姿は、いまも記憶に残っている。

二時間ほどの行進だった。その間、歩道に立ち止まる人たちからは拍手をもらったが、「高校生が生意気なことをするな！」、「教室に帰れ！」と、罵声も浴びせられた。これらの声は、高校生の胸には重く響いた。何でも言える自由こそ民主主義の原点なんだろう。でも、民主主義は意地悪で無慈悲な一面も持っているな。「民主主義」を口にするのは簡単だが、このひとことで人の心を結びつけるのは容易なことではない、とつくづく思った。

『高校紛争　1969―1970』（小林哲夫、中公新書、二〇一二年）は、「主な高校の六〇年安保デモ参加人数」を学校史からはじき出している。松本深志（長野）千三百人、高津《こうづ》（大阪）千二百人、鴨沂《おうき》（京都）、飯田（長野）各千人から静岡の四十人以上まで、計二十三校。浦和は約百五十人となっているが、実際に参加した者として、どう考えてもそんなに大勢いたとは思えない。

「全国学生招待会議」の運営

一年の浪人生活を送った後、一九六二年に慶應義塾大学の文学部に入った。

ここで、私は「祭り屋」と呼ばれるようになる。大学の学園祭である「三田祭」の実行委員会に飛び込んだからだ。もっとも四年間、ここでやったことは祭りのイメージとはほど遠かった。

担当は「全国学生招待会議」の運営で、会議は十一月下旬の三田祭の期間中、二泊三日の日程で、全国の大学から六、七十名を慶應に招待、「大学はどうあるべきか」、「大学づくりに向けてわれわれ（学生）は何をすべきか」を議論するものだった。

加わったきっかけは、一人の男に出会ったことだ。運営の責任者である、経済学部三年の草刈隆郎（後に日本郵船社長）で、出会った場所は、会議の話にふさわしいとは言い難い多摩川べりのグラウンドだった。ラグビー戦に出ていた草刈は試合終了後、グラウンド脇の野原に座り込み、会議の特徴をこう表現した。

「いま、大学問題について会議を開くと、いろんなセクトの活動家、声のでかい奴ばかりがどっと押しかけてくる。これじゃ学生運動プロの会議で、いまの大学に不満をたくさんかかえているノンポリの一般学生が出られる余地はまったくない。そこで、参加希望者には作文を書いてもらい、これで参加者を決める。普通なら、右も左もうるさい奴ははずしたい、と思うけど、それをやっちゃったら、会議を開く意味も面白味もなくなっちゃう。そこで、思いが深く、具体的な話ができそうな学生なら誰でも参加させる。もちろん左翼の活動家から右の体育会系まで、ノンポリも含めて誰でもいらっしゃいというスタンスなんだ」。

これをきっかけに「祭り屋」はスタートしたが、ラグビー・グラウンドにはもう一人、草刈に呼ばれて男が来ていた。私と同学年の、経済学部の田澤正稔《まさとし》（後にＴＢＳ常勤監査役）で、一年生のときから会議の運営に加わっていた。田澤とは、卒業するまで二人三脚で会議を続けることになる。期待していた通り「祭り屋」の学生生活は面白くなった。

会議中にはこんなこともあった。一九六三年十一月二十三日朝、最終日を迎えた全国学生招待会議への参加者やスタッフは、宿泊施設の食堂に集まり、全員で食事をとっていた。

この日は、日米間を結ぶテレビ宇宙中継放送が初めて行なわれる日で、朝から、ケネディ大統領の日本向けスピーチが流れることになっていた。ところがその第一報は、「ケネディ大統領暗殺」だった。食堂中央に吊るされた大型テレビを見つめていた参加者は、凍りついた。世界はどうなるのか。誰もが未来への不安を感じた。

この日、全体会議の冒頭、全員が起立、ケネディへの哀悼の意を表するとともに、テロへの強い抗議を込めて、全員が一分間黙禱した。

四年生の時、私は議長を務めたが、右も左も蹴っ飛ばさずに両者が納得する結論に辿りつくことは、まったくなかった。毎年のことだが、民主主義の作法で会議を進めるということは、終点のない堂々巡りを続けることにほかならなかった。途中下車しない限り、会議は終わらなかった。

初日の基調講演と二日目の分科会はともかく、最終日の午後、福澤諭吉が建てたわが国初の演説会堂「演説館」で開く全体会議では、議論が空中分解し、最後にまとめる「決議」は、「それぞれが、それぞれの描く大学像に、それぞれの方法で、実現できるよう力を尽くそう」。ただむなしさを感じながら、すごすごと幕を引かざるを得なかった。

はじめは信じられなかったが、この頃、父親に変化の兆しが見られた。酒を断つまでには至らなかったものの、なんとかコントロールして呑むことができるようになった。すでに母親を失ってしまっていたが、十数年ぶりに、やっとわが家を「ウチ」と呼べる時代が戻ってきた。


この間、二年生の頃、文学部の自治会である文学会の活動にも参加しようと思った時があったが、結局は近寄るのをやめた。理由は、新左翼党派とはしっかり距離を置いていると思っていた文学会が、実は裏で中核派に近づき、つながりを深めているようだったからだ。

これは、文学部の学生にデモ参加を呼びかけるために開かれた集いに、飛び入り参加した時にわかった。デモはたしか、日韓条約反対闘争だったことぐらいしか記憶に残っていないが、参加を呼びかける議長役は私と同学年の塩川晃（仮名）がつとめ、隣りに一年先輩の川田順司（同）が後見役として座っていた。川田は中核派の「隠れ活動家」といわれていた。実際、この集いでも塩川は、ひとこと口にするたびに川田の表情をうかがい、彼に気をつかいながら次の言葉を探していた。

会場の三田キャンパスの教室には、三、四十人の学生がいたが、私を含めほとんどの参加者は、まるで監督のブロック・サインでしか動かない野球を見ているような気分だった。ハシの上げ下ろしにまで口を出すセクトのやり方にやりきれず、私はさっさと教室を後にした。

翌日、同期の塩川をつかまえた。彼はどこか陰惨な事情を抱えているように見えた。「きのうはがっかりしたぞ！」とぶつけても、返事は返ってこない。私と目を合わせることを避けようとさえしていた。塩川がいい男だっただけに、何でも一方的に押しつける川田のやり方は、私には許せなかった。

これが塩川との別れとなった。私はその後、文学会の活動に首を突っ込むことも、街頭デモに加わることもなかった。活動は「祭り屋」一本に絞られていった。

一方、塩川と川田のその後だが、革マル派との内ゲバが激化するなか、二人とも襲撃される恐れを身近に感じ、中核派から「脱藩した」と風の便りで聞いた。


なお、私は文学部で東洋史を専攻したが、同じ専攻の同級生は四人、うち二人は経済学部などからの学士入学者で、新入学生で東洋史を選んだのはわずか二人だった。そのおかげだろう、私は研究室の一角に机を与えられた。その私を見て、「二年生のくせにやけに態度がでかい」、と憤慨する一年上の先輩もいた。

マスプロ教育とはまったく無縁の、素晴らしい環境にいたにもかかわらず、授業をさぼり、「大学はこのままでいいのか！」なんてイヌの遠吠え程度のケチをつけながら、全国学生招待会議の準備に打ち込んだ四年間。先生方が眼をつぶってくれたので、なんとか卒業できたが、思えば、言っていたこととやっていたことの落差はあまりにも大きかった。今となっては、厚かましい学生であったとつくづく思う。

大学最後の年、私は新聞社、放送局、出版社の採用試験を受けたが、軒並み面接で落ちた。卒業直前、幸いにも拾ってくれる社員三十数人の出版社が現われた。

第一章 「学生番記者」になる

一 大森実の『東京オブザーバー』

瞠目すべきベトナム戦争報道

週刊新聞『東京オブザーバー』を発行する大森実《みのる》国際問題研究所に入社したのは一九六七年四月、同紙創刊直後のことだった。

新聞社の採用試験に振られた私は、卒業後、社員三十余名の専門書の出版社、光琳書院で働いていた。出版社に不満があったわけではないが、同じ活字でも、もっと生々しく社会と絡んだニュースを追いかけたくて、新聞社に再挑戦するチャンスがあればと、心の奥では悶々としていた。

そんなさなかの六七年二月中旬、御茶ノ水駅前で、一見して学生ふうの十数人がエプロン姿で、「大森実の東京オブザーバーでーす！」と声をからし、新聞を立ち売りしているのを目撃した。後日知るが、彼らは大学生のアルバイト部隊で、「大森紅衛兵」と呼ばれていた。

大森実が『東京オブザーバー』を発刊することは、私も報道で知っていたが、実物を見るのは初めてだった。売っているのは創刊号で、四頁、一部十円。私は迷うことなく一部を手にした。この瞬間から、私と『オブザーバー』のつきあいが始まった。一面トップは、《毛が軍を動員するまでの内幕》の横見出しと、《劉少奇、鄧小平を逮捕か》の縦見出しが立つ、文化大革命に切り込んだ香港発の大森原稿だった。

二年前、六五年正月、『毎日新聞』が連載を始めた「泥と炎のインドシナ」は、腐敗した南ベトナムの現実、ベトナム戦争の悲惨な実態を民衆の視点でえぐり出し、ベトナム戦争に対する日本人の関心、世論に火をつけた。三十八回の連載を読んだ私は、アメリカが支援する南ベトナム政府はそれにふさわしい国なのだろうか、と考え込まざるを得なかった。執筆は、同社の外信部長だった大森実をキャップに、後の『東京オブザーバー』編集局長、小西健吉ら部下五人が担当した。

大森が書いたものは、六三年に『中央公論』で連載が始まった「国際事件記者」を含め、多くが私の心を揺さぶった。何故か。それは何といっても彼の体当たり取材によって、生々しい現場が見えてくるからだった。大森は『毎日』の大阪本社社会部の出身だった。当時、外信部の原稿というと、横書きの外電を縦書きにする翻訳や、その分析と解説が主流だったが、大森の流儀は、訳すよりまず自らが現場に飛び込み、自分の足と目で取材したことを伝える社会部の手法を持ち込んでいた。

彼が真っ向から切り込んだベトナム戦争は、六五年二月七日、新しい局面をむかえた。ジョンソン大統領が北ベトナムに対する大々的な爆撃命令を下したからである。二日間で、のべ七十を超える艦載機が北ベトナムを空爆、地上戦では、投入された海兵隊が北ベトナム軍と初めて砲火を交えた。

「総指揮をとったのがかのカーチス・ルメイ大将。そうです、太平洋戦争で日本本土のほとんどの都市を焼き払ったあの将軍です。彼は豪語しました。「北ベトナムを石器時代の昔に戻してやる」と」（半藤一利『昭和史　戦後篇　1945―1989』平凡社、二〇〇六年）。

ライシャワー大使の後悔

その年、六五年九月下旬、大森は北ベトナムの首都ハノイに、西側記者として一番乗りを果たし、《ハノイ第一報　中共と強い連帯感　徹底抗戦へ国ぐるみ》を皮切りに、精力的に【ハノイ発】の原稿を送ってきた。なかでも、軍事施設でないハンセン病病院を米軍機が空爆し、破壊した事実を取り上げ、米国のベトナム戦争を容赦なく糾弾した。

しかし、アメリカにすれば『毎日』のベトナム報道は、不愉快極まりなかった。知日派で親日派のエドウィン・ライシャワー駐日大使までが、同年十月に大阪で開いた記者会見で、大森らを名指しで批判した。

その時、共同通信社社会部のデスクだった原寿雄は、自著にこう記す。

「ベトナム報道に対する米ホワイトハウスの威圧や、在日米大使ライシャワーから朝日、毎日の秦正流、大森実両部長に対する名ざしの非難はひどかった。大森は退社に追い込まれた。（略）

この時期の日本のベトナム報道に対する米日政府の圧力のかけ方は直接的で、独立国日本の報道の自由は完全に無視された。日本は米国の植民地のような隷属ぶりだった。ライシャワーは事実上日本の施政官として振る舞った」（『ジャーナリズムに生きて――ジグザグの自分史85年』岩波書店、二〇一一年）。

大森が亡くなった一年後、『毎日』の外信部副部長、小倉孝保は、ライシャワーが大森に噛みついたとき、何を思っていたのかを知ろうと、かつてのライシャワーの側近、ジョージ・パッカードをインタビューし、その証言を紹介している。

「なぜ、オオモリを非難したか。その理由はわからないが、その後、ライシャワーは私にこう言った。「あれは私の外交官人生において最悪の間違いだった」と。とても、とても後悔していた。ライシャワーと言う人は簡単に謝罪する人ではない。でも、このケースについては謝罪した。あれは、ライシャワーが認めた唯一の間違いだった」（小倉孝保『大森実伝――アメリカと闘った男』毎日新聞社、二〇一一年）。

さらに小倉は明らかにする。

「一九六六年正月、大森実は、ベトナム戦争に対する自分と毎日新聞社の考えが決定的に違ってきたことを感じ退社を決意する。

大森は自分の意に反し、毎日新聞が米政府寄りのベトナム報道をし始めたと感じた。特に元論説副委員長の書いたベトナム報道について、大森は自身の北ベトナム・レポートの事実上の修正と受け取った。毎日新聞に裏切られたとの思いは強かった」（同）。

『毎日』を退社した大森は、大森実国際問題研究所を設立、半年後に週刊新聞『東京オブザーバー』の創刊を決めた。その紙面は、十八世紀末、英国に誕生した『オブザーバー』紙に負けない「クオリティ・ペーパーをめざす」、「エンピツ一本で理不尽な権力と闘う」という大森の思いが込められていた。

御茶ノ水駅で買った創刊号に続き、翌週、第2号も手に入れた。六七年二月も下旬に入っていた。

私の目は三面に止まった。

《ベトナム休暇米兵の休養基地〝熱海〟夜陰潜水艦で上陸　3万7千名が日本の夜を》というショッキングなルポルタージュが埋めていた。

ベトナム最前線に送り込まれた米軍兵士にとって、チャーター機で日本に乗り込み、新宿で過ごす休暇に一番人気があることは聞いていたが、まさか海路、それも潜水艦でやってくるとは仰天だった。熱海沖に、夜陰にまぎれて浮上した潜水艦からボートに乗り移って上陸しようとする兵士たちの写真もあって、読み応えのある記事だった。書いたのは萩原実。入社後に知るが、彼は出版社の弘文堂の副編集長を辞めて、新聞づくりにかけつけた。

「主幹がお会いする」

「こういう記事を書きたい」、と私は思った。そして決心した。三月、勤めている出版社の上司に辞表を出し、「新聞社をあきらめられない」と伝えた。辞表は受け取ってもらえなかったが、『オブザーバー』の門を叩くことの了解は得た。まさか採用されるとは思っていなかったから、挑戦を許してくれたのだろう。翌日、私は東京・上野の不忍池のデイリースポーツのビル内にある研究所を、紹介状も持たずにたずねた。

飛び込みの訪問だったが、応対に現われた総務部長は関西弁で、「ほんまによう来られましたなあ……」と、いきなり優しくほほ笑んだ。

「……？」

「弟子はとらないことにしている！」とか、「スタッフ募集はしていません！」と、一発退場もあり得ると覚悟していただけに、私は次の言葉が出てこなかった。実は、もし断わられた際には「せめて大森さんに会わせてくださいい」、「アルバイトで使っていただけませんか」など、ぶら下がるための言葉しか用意していなかった。想定外の対応に、私は表情を崩すほかなかった。

翌朝、私はさらにびっくりする。総務部長が勤務先の私に、「主幹がお会いする」と面接の日取りを電話してきたからだ。数日後、幸運にも私は、主幹の大森の前に座っていた。この時、彼からどんなことを聞かれ、どう答えたかはまったく憶えていない。舞い上がっていたに違いない。

数日後、「採用」の通知が私の元に届く。嬉しい、でもあまりにもできすぎじゃないか。入社直後、さっそく私は総務部長に聞いた。

「なんで私が採用されたのですか？　どこを買っていただけたのですか？」。

関西出身の部長はけれん味なく答えた。

「簡単ですねん。編集の頭数が足りなかったんですわ！」。

「……」。

意気込んでいた私はがっくりきた。私と相前後して、さらに四人の編集スタッフが採用された。証券マン、フリーの週刊誌記者をやってきた男性と、英字紙出身の女性記者はいずれも若手で、もう一人は中年の全国紙記者だった。一年前、大森実国際問題研究所開設と同時に入所していた先輩記者を含め、皆優秀だった。かなり踏ん張らないと、落ちこぼれてしまいかねない。私は気を引き締めた。

大森実国際問題研究所のオフィス

池之端の『東京オブザーバー』（大森実国際問題研究所）オフィスは、デイリースポーツビル九階の全フロアと八階の半分を使っていた。九階は、奥から手前に編集局、営業局（広告、販売両部）、総務部、経理部と並び、八階には主幹（所長）室、秘書室、応接室、資料室などがあった。私が入社した頃、スタッフは総勢三十余名を数えた。ビルは大半をデイリースポーツが使い、輪転機が回る一階、活字を拾い版を組む二階の工場、三階の校正室には、われわれも出入りすることが許された。

この頃のわが国は「昭和元禄」の真っ只中にあった。六五年の証券不況後、回復しはじめた景気は「いざなぎ景気」の名がついた。高度経済成長を受けて所得水準も向上し、カー（車）、クーラー（エアコン）、カラーテレビの3Cが、「新三種の神器」（かつての「三種の神器」は一九五〇年代後半の白黒テレビ、洗濯機、冷蔵庫の家電三品目）として家庭に普及、翌六八年に、日本は国民総生産（GNP）で世界第二位の経済大国と呼ばれるようになった。

一方、政治は総理の佐藤栄作が「沖縄が祖国に復帰しない限り、戦後は終わっていない」と訴え、攻めの外交に取り組むが、反面、経済成長にともなって被害が深刻化する水俣病など公害病への対策は、政府が企業側を擁護し続けたために遅れた。

同様の理由で社会福祉の充実も十分にはかられたとはいえず、国民の中には、地方自治から風向きを変えようという声が湧き上がり、ついに六七年四月には、東京都知事選で社会党・共産党推薦の美濃部亮吉が当選し、初の革新都政が生まれる。

また、世界に目を広げると、「昭和元禄」とはまるでかけ離れた深刻な事態が起こっていた。べトナム戦争はますます激化し、六七年二月に、米国は非武装地帯の森林に枯葉剤の空中散布を開始した。予測された通り、この作戦では多くのベトナム人が被害を受け、その後遺症に悩まされることになる。

中国では六六年の五月、北京大学内に同大学の共産党委員会を批判する壁新聞が掲載されたのをきっかけに、その前年に始まった文化大革命が尖鋭化する。六七年にかけて、叛逆を正当化する「造反有理」を掲げて立ち上がった紅衛兵たちが、「実権派」打倒に猛威をふるった。

『東京オブザーバー』の紙面構成

週刊新聞『東京オブザーバー』の8号が実質的な創刊号で、私が入社する直前、六七年四月一日（土曜）、二日（日曜）付けで発行された。この号からブランケット判（通常の新聞の判型）、十二頁立てになった。

編集体制は、主幹兼発行人の大森実、編集局長は「泥と炎のインドシナ」取材チームのキャップ格だった小西健吉だった。彼は大森の大阪社会部時代からの弟分で、ワシントン支局長を務めたが、大森退職後まるで報復人事のように、まったく畑違いの大阪本社ラジオ・テレビ報道部長に異動させられていた。論説委員長は、やはり『毎日』外信部でカイロ、ベイルートの支局長でならしたが、上司の外信部長と衝突、日本経済新聞の英字紙に移っていた中村康二だった。そして間もなく、北京支局長から戻った高田富佐雄が『毎日』を退社して駆けつける。『東京オブザーバー』はまさに、「大森梁山泊」の様相を呈していく。

日刊の全国紙とは違う『オブザーバー』にしかできない紙面をつくろうと、後述するトップクラスの海外ライターと特別契約を結び、また優先契約を結んだ海外メディアも、『朝日』、『毎日』、『読売』などわが国の中央紙と比較しても決して遜色のない布陣だった。さらに契約カメラマンには、六〇年十月に日比谷公会堂で日本社会党の浅沼稲次郎委員長が刺殺される瞬間を撮影し、日本人初のピュリッツァー賞を受賞した長尾靖カメラマン（当時、毎日新聞社写真部）も名をつらねていた。

しかし、弱点もあった。大森らは、われわれ十余名の若手の編集スタッフにはすっかりてこずっていた。後に、大森は言っている。

「ズブの素人たちをトレーニングしながら、それをこなして十二ページの紙面を作ることは、やはり悪戦苦闘を免れなかった」（大森実『エンピツ一本』下、講談社、一九九二年）。

この頃の記憶は、しょっちゅう叱られたことを除くとあいまいだが、この四年後、すでに産経新聞に移っていた私は、梶山季之が責任編集する月刊『噂《うわさ》』に、当時をこう書いていた。

「絶え間のない電話のベル。リズミカルなタイプの音、出入りの激しい若い記者たち、デスクからデスクへと原稿や写真が動き、その流れを止めるように時たま爆発する大森主幹のどなり声……。（ズブの素人である）私にとってすべてが珍しくかつうれしく、興奮させられた」（「モッソリ記者、カンボジアに死す」一九七一年十一月号）。

だからといって、われわれは生半可《なまはんか》な気持ちで仕事と向き合っていたわけではない。毎夜、社内のソファは死んだように眠りこけるわれわれが占領し、みかねた大森が編集局の片隅に二段ベッド二つを入れた仮眠所を用意してくれた。

8号の紙面構成を見てみよう。第一面は《〝CIAに狙われた〟クーデター直前　スカルノ怒る》。大森が六―七頁の見開きも使ってまとめていた。インドネシア人の民族意識を鼓舞し、反植民地主義、反帝国主義を掲げ、英米両国と対決姿勢を打ち出す一方、ソ連、中国、北朝鮮への接近を強めたインドネシア大統領のスカルノ。彼が軟禁され、実権を失ったのは、『オブザーバー』創刊の一年前、六六年三月のことだった。大森原稿は、米国がどのようにCIA（中央情報局）を使ってスカルノ失脚を画策してきたかを、わかりやすく描いていた。

一面の下段には通常書籍広告が入るが、大森は「一面には広告を入れない」。『東京オブザーバー』は、下四段を二つのコラムが埋めた。ひとつは、世界百紙以上と掲載契約するワシントンのコラムニスト、アート・バックウォルド。風刺の胡椒がしっかり利いたエッセイだった。もうひとつは、『エコノミスト』誌上で切れ味のある社会批評を連載していた須田禎一が受け持った。

第二面の売りものは、「オブザーバー・コンフィデンシャル」。政府、地方自治体、政党、団体などにまつわる情報を、六百字前後にまとめたもの五、六本が並ぶ。第一号は「政治色の強い相沢〔重明、社会党〕議員逮捕」、「農林省のケチな値上げ作戦」、「日本基督教団懺悔」など五本。書き手は共同通信、毎日新聞などの記者だった。

第三面のメインは、特約を結ぶリチャード・ダッドマン特派員のワシントン発特電で、「中国のミサイル保有」、第四面は経済面、第五面は海外ライター担当の連載面だった。大森の記事を流した六、七面の次、第八面は論説委員長の中村康二が書く三年連載企画「一九七〇年への道」で、第一回は「崩れゆくNATO　ワルシャワ体制」だった。

第九面、十面は芸術、家庭、文化。第十一面は社会面で、スタートは「日本のなかの沖縄」。最終、第十二面は「ミート・ザ・プレス」で、時の人に『オブザーバー』の編集陣が総がかりでインタビューする特集面。第一回は久野久東京大理学部教授（岩石学）で、人類初の月への有人宇宙飛行をめざすアポロ計画について語ってもらった。

8号の発行部数は十五万部、第9号以降も十三万部台を確保した。新聞の販売は創刊時は購読者への郵送だけであったが、創刊二カ月後には鉄道弘済会が取り扱ってくれることになり、駅の売店に並んだ。ちなみに郵送費込みの購読料は六週二百円、九週三百円、十五週五百円。『朝日』、『毎日』、『読売』などは一カ月（朝夕刊込み）五百八十円の時代だった。

怪物、大宅壮一

入社したての私は、第二面に掲載される「オブザーバー・コンフィデンシャル」の原稿取りをいいつけられた。「原（寿雄）番」だった。毎週、溜池の共同通信社を訪ね、前出の社会部デスク、原寿雄から原稿を受け取った。原は六三年以来、「小和田次郎」のペンネームで、「デスク日記」を月刊誌『みすず』に書き続けていた。日々の記事作りの舞台裏をわかりやすくまとめたものだが、評判を呼んだのは、政官界からのプレッシャーや財・金融界、スポンサーからの工作によって、報道しなかったり歪めて報道した事実を、実名入りで取り上げたことだった。長くなるが、福岡の主婦（三十一歳）から届いた反響（「読者カード」）を紹介しよう。

「モチ菓子屋の台所は見るものではない、と祖母はよく云ったものだ。新聞の舞台裏など見ないでいたほうが人間に希望が持てる。新聞紙上にはどんな権力にも屈せず真実が報道されているとウカツにも思い込んだのが、とんでもないあやまり。もっとも朝日と毎日の記事を比べると、真実にもいろいろな姿があるという位のことはわかっていたが――。

われわれは毎月購読料一紙につき四五〇円也を払っている。四五〇円で真実を買っているつもりだ。もっともこの物価高では四五〇円で買える真実などあんな程度のことなのだろう。しかし、真実を報道するというタテマエで購読料を取り、その真実なるや時の権力（いろいろな意味での）に屈した真実であったとしたら、それはわれわれに対するサギである」（前出『ジャーナリズムに生きて』）。

原の『オブザーバー』原稿も同じ視点に立って書かれたもので、好評を博した。彼は時間に余裕があると、私を喫茶店に誘ってくれた。「ジャーナリズムは権力の監視役だよ」、彼はこの言葉を強調した。原はその後、共同通信社の編集局長、専務理事・編集主幹などを務めた。

しばらくして「原番」とともに、「大宅壮一番」も私にまわってくる。「時代の天気予報官」を名乗り、歯に衣《きぬ》を着せぬ毒舌で、世相を斬りまくったジャーナリストの大宅が、六七年、後継者の育成を目的に「大宅壮一東京マスコミ塾」（略称・大宅マスコミ塾）を開いた。七〇年に大宅が亡くなり閉塾されるが、この間、草柳大蔵、大下英治ら作家やライターを含め、八期約五百名が卒塾した。

第一期生に、植田康夫（当時『週刊読書人』編集部、後に上智大教授、日本出版学会会長）がいた。この植田をインタビュアーにして、その時々の話題をテーマに大宅の意見を聞く「大宅マスコミ塾・師弟対談」を、紙上で始めることになった。その担当がまわってきた。

大宅は、大森とは座談会で同席した程度のつきあいしかなかったようだが、『サンデー毎日』（コラム「新聞の魅力とは何か」、一九六五年十一月十四日号）では、大森について「彼の出現によって毎日新聞ぜんたいのスタミナが、ポパイがホーレン草を食ったように高められた」と評価し、「戦後日本の新聞界が生んだ最大の異才であり、偉材である」と持ち上げた。

大森の『毎日』退社後、二人はつきあいを次第に深め、大宅は自分と大森に加え、作家の梶山季之、政治評論家の藤原弘達、経済評論家の三鬼陽之助の五人で「大宅考察組」を結成、手始めにそろって、文化大革命真っ最中の中国に乗り込んだ。また、六八年に大宅は、大森が企画した洋上セミナー太平洋大学の名誉学長を頼まれると、快く引き受けている。

大宅はやはり、怪物だった。連載が決まり、あいさつに世田谷区八幡山の自宅をおそるおそる訪ねると、彼は開口一番こう言った。

「君、だいぶ緊張しているな?」。

「はい……」。

「緊張しない方法、知らんだろう。教えよう。あのな、毎朝、僕は尻出してトイレに座っとんだ」、と洋式に座る恰好をして、「僕と会う時は僕のこのカッコ、思い浮かべたらいい。絶対、緊張しないで。僕だけじゃなく、誰でも同じ。偉い人に会うならこれに限る」。

「駅弁大学」（地方の国立新制大学）、「緑の待ち合い」（接待ゴルフ）など、気の利いた「新語」づくりの名人の大宅である。担当して間もなく、中国の文化大革命を「あれはジャリ革命だ」といってのけた。こんな大宅だけに、ジョークたっぷり、それでいて味は辛口の、おいしい連載に仕上がった。

原稿も書かせてもらったが、一回で「よし」の声を聞くことは一度もなかった。大森だけでなく、編集局長の小西、論説委員長の中村、二人からも何回も「書き直し」を命じられた。

大森はとことん鍛えてくれた。「見てやろう」といった時は、何時になろうと彼は自分の部屋で、私が書き上げる原稿を待ってくれた。最初の原稿にはまったく手を入れてもらえず、そのまま返ってきた。いつも、原稿の構成がわかる冒頭の前文で落第だった。

前文を書き上げると、大森が初めて直しの手を入れてくれたが、原文はほとんどが跡形もなくなるぐらい別の原稿になっていた。これをもとに本文に取り組んだが、完成までにはさらに二、三回、書き直さねばならず、終わった時はいつも朝になっていた。

グレーの作業着で配送も

仕事は編集だけではなかった。「大森指令」で二カ月ほど、通常の編集業務をこなすかたわら、新聞の配送もやった。刷り上がったばかりの新聞を梱包して小型トラックに載せ、毎週土曜の朝五時から夕方まで、東京、上野、新宿、両国など列車の始発駅や、鉄道弘済会の各営業所に運び込んだ。私が運転手で担ぎ方の相棒がいた。彼は中島照男といい、東京外語大の出身で、大森実国際問題研究所発足とともに研究生として入所した六人のうちの一人だった。大森は、彼の才能を高く買い、「愛弟子・第一号」として特に目をかけた記者だった。

グレーの作業着姿で新聞梱包を一日中担いで回るのはけっこうきつかったが、「オレたち、こっちの方が向いているんじゃないか」と冗談がすんなり出てくるぐらい、二人とも若かった。

この頃、中島も含めわれわれ若いメンバーは、ときどき上野の編集局を飛び出し、新宿に足を伸ばした。その頃の新宿はいくつもの顔を持っていた。六七年夏、唐十郎の「状況劇場」は、花園神社境内に紅《あか》テントを建て『腰巻お仙――義理人情いろはにほへと篇』を上演し、一方、寄席の新宿末広亭では、寺山修司主宰の「天井桟敷」が『大山デブコの犯罪』と、それぞれ時代を引っぱっていくような芝居を見せていた。また新宿ピットインなど、ライブを含めジャズを聴かせる店も少なくなかったし、さらにアートシアターやアングラ劇場も盛況で、名曲喫茶の老舗「風月堂」は役者や音楽家が集まる文化拠点になるなど、エネルギーがごった煮となってうずまいていた。

もっともわれらが腰を下ろすのは、決まって新宿三丁目の居酒屋「どん底」。一九五〇年代からやっている店で、薄暗い店内の柱やハリはむきだしの太い丸太で低い天井を支え、すすけた壁を支えていた。店は歌声酒場でもあった。アコーディオンの演奏をバックに、みんながロシア民謡などを合唱していた。

二 「エンタープライズ」寄港阻止取材

佐世保取材班に加わる

九州行きのはずの寝台列車で目を覚ました私は、一瞬息をのんだ。窓の外は大雪だった。「まさか行先を……」。間違えるはずはなかったが、慌て者の私は前夜の行動を思い起こしてみた。

取材ノート、カメラ、フィルム、腕章、着替えの下着などを詰め込んだショルダーバッグ、「報道」の文字を大きく書き込んだ白ヘルメットや駅弁を抱えて乗った列車は、確かに午後七時ちょっと前、東京駅を出た寝台特急「あさかぜ」だった。西日本一帯は珍しい大雪だったのだ。

昨夕、社内の主幹室に呼ばれた私は、「君を佐世保取材班の一員に加える」といわれた。

「君はだ、三派全学連の学生を徹底的にマークしろ。一人でいい。しかし食いついたら放しちゃあかんでえ！」。

入社して九カ月、生々しい現場に、それも師匠に連れられて出ることは初めてだった。それまで学生運動の取材に本格的に取り組んだことがないことさえ忘れ、私は大森の一声に欣喜雀躍、九州に向かいつつある学生たちを追って、取材班の本隊より一足先に東京を発った。

ベトナム戦争が激化の一途をたどっていた一九六八年一月、同海域にたびたび出動していた米国の原子力空母「エンタープライズ」（七万五七〇〇トン）が、四千六百人の乗員と約百機の戦闘機を乗せて長崎県佐世保に寄港した。

世論は同艦の核装備について、「核兵器の持ち込みをなし崩しに認め、ベトナム戦争への協力を強めようとするもの」と不安視し、国会でも争点となったが、日本政府の回答は、用意された台本を読み上げるようなものだった。

外相の三木武夫は、出番（答弁）のたびに、「核兵器の持ち込みは認めない。アメリカも十分承知しておるから核弾頭をつけたような核兵器を持ってエンタープライズが入港することはない、と信じている」。

首相の佐藤栄作も、大きな目玉をさらに大きくして開き直った。「だんだん核兵器のなし崩し、そういう効果を狙ってくるのではないかというようなお話であるが、私どもはそのような小細工をするつもりはない」。

このぶっきらぼうな佐藤に、以前『朝日』の斎藤信也は、インタビュー記事『人物天気図』で噛みついた。

「味のない男である。材料は一応とりそろえているようだが、コクのない料理だ」（『人物天気図』朝日新聞社、一九八八年）と。

「エンタープライズ」が核兵器を持って入港するのか、持たずにやってくるのか。いったい誰がこれを判断するのか。佐藤の弁明には、何の保証も根拠もない。ただ「アメリカを信頼する」では、国民は納得するものではなく、「寄港反対」の声は日増しに膨らんだ。

社会、公明、共産の野党各党は、現地での抗議集会開催を決め、新左翼系の中核派、社学同、社青同解放派で構成する三派全学連は、「米軍佐世保基地内への座り込み」をぶち上げ、入港直前に現地へと向かった。

気の毒なのは、世界初の原子力空母が寄港することになった佐世保である。三年前の六四年十一月、米国の原子力潜水艦（「シードラゴン」二三六〇トン、乗員百名）がわが国に初寄港したときの港は、佐世保だった。

この時、市民は怒った。「なぜ、佐世保が最初なのか？」。ある政治家の答えは「人に例えれば、佐世保は足の裏側である」。なんとも地元を喰ったたいい方だった。神奈川の横須賀は東京とは目と鼻の先、まさに日本の心臓部にあり、「寄港反対」のデモ隊が押しかけやすく、万一、過激派が奇襲を仕掛け、米軍基地内に入り込むことにでもなったら、時の政権の存立も揺さぶられかねない。そこへ行くと、足の裏側の佐世保なら、多少汚しても（騒がれても）、被害はたいして被らない、といいたかったのだろう。

原潜受け入れは、お上の押し付け以外の何ものでもなかったが、佐世保市民は怒りを抑えて捨て石になることを受け入れた。これをよいことに、政府は今回の原子力空母初寄港も、「足の裏」にさっさと決めてしまった。にもかかわらず市民からは、ほとんど反発の声は聞こえない。沈黙はあきらめのあかし、切なさだけが伝わってきた。

この「エンタープライズ」取材に、新聞の全国紙各社は、東京・大阪両本社の社会部応援部隊を含め、それぞれ二、三十人を現地に派遣した。テレビもキー局を中心に大規模な取材網を組み、速報体制をとった。TBSを例にとると、同じ系列の長崎放送を中心にチームは百三十人、このうち十一人が東京からの応援だった。

『東京オブザーバー』は主幹の大森実と、毎日新聞北京支局長から『オブザーバー』入りし、編集局次長を務めていた高田富佐雄、私のちょっと前に証券会社を辞めて入社した野藤泰昇、そして私の四名が現地に向かった。大森は月刊誌『中央公論』に、四百字詰め原稿用紙百五十枚の「佐世保報告」をまとめることになっており、学生運動評論家の大野明男がアシスタントとしてついていた。

学生のアジ演説が何を言っているのかさえ理解できない私にとって、大野の同行は非常に心強かった。この後、「叛乱番記者」となる私は、大野に何度も教えを乞うことになる。

九州大学、全学連に門を開く

一月十六日午前、私は博多駅で列車を降り、同駅の西四キロ、当時、福岡市六本松にあった九州大学教養部キャンパスに急いだ。「追え」といわれた三派全学連の本隊約八百人が、大学構内に立て籠っていたからだ。この本隊には、前日、東京・飯田橋の法政大から角材を振りかざして九州に向かおうとして、百三十一人が逮捕された中核派の部隊も含まれていた。

福岡市民の三派全学連への視線は大方、「暴徒」「暴力学生」だった。この声を背にして警備当局は、「一人も関門トンネルを通って帰らせない」といきまくほどテンションを高めていた。

ところが九州大学は、警察の厳しい規制をなんとかかいくぐり、全国から大学に辿りついた学生たちに門を開き、構内に入れた。

なぜか。同大の井上正治法学部長はこう語る。

「大学は三派系の学生をも人間として扱った。十七日に押しよせた中核派の学生にたいし、教養部長がみずからの手で正門を開かざるを得なかったのは、もし学生が強引に正門を突破すれば、その背後で待っている警官隊が突入し、彼らが傷つくことを恐れたからである。警官隊は彼らを人間としてはみていない。（略）いかに警備のためとはいえ、それほどまでにしなければ、権力をバックにした警察官が、彼ら学生の暴挙を防ぎ止め得ないのだろうか。疲れきってたどり着いた学生のうち、大学は負傷者を外に締め出すことができなかった」（「九州大学はなぜ門を開いたか——警察の過剰警備に抗議する——」『中央公論』一九六八年三月号）。

西日本を襲った前夜からの雪はすでに止んでいたが、玄界灘から吹き込む北風は頬を刺した。しかも、九大構内の空気はトゲトゲしい。朱色の文字のどぎつい立て看板が並ぶグラウンドでは、白（中核派）、赤（社学同）、青（社青同解放派）とヘルメットの色を分けた三派の軍団が、それぞれ「エンプラ、粉砕！」とジグザグデモを繰り返す。「ピッ、ピィー」と歩調をとるホイッスルの音が、寒空に響いた。

「佐世保の敗北は全国の敗北、佐世保の勝利は全国の勝利。学友諸君！　われわれは勝利の旗を佐世保に打ちたてようではないか」。

三派全学連委員長の秋山勝行（中核派）はキルティングに黒ズボン姿で、早口でまくしたてると、青も赤も、負けじと集会の輪をつくった。

学生たちが占拠した学生会館の入り口には、「センセーショナルな商業新聞の入館を禁ず」と、青のマジックインキで書きなぐった大きな張り紙が出され、素知らぬ顔をして中に入ろうとした私は、たちまち両脇から腕をつかまれ、つまみ出されてしまった。

しかし、このままでは私の取材は進まない。オーバーの襟を立て、足踏みしながら立つ私は、時たま会館内からとび出してくる学生に「話を聞かせてほしい」と、袖を引くように次々と声をかけた。断わられ通しだった。なかには「汽車賃でスッカラカンなんだ。五千円ほど個人的にカンパしてくれるなら……」とささやく悪魔がいたが、「ぐっ」とこらえ、断わった。

当時、「全学連」を名乗る組織は三つあった。「日本共産党系」、「革マル派系」、そしてこの「三派系」であった。

「エンタープライズ」が佐世保に入港する前年の六七年秋、佐藤首相は、東南アジア、米国へと二回外遊したが、これを阻止しようとした学生たちは角材を持って羽田空港突入をはかり、警備の機動隊と激突、第一次（十月八日）、第二次（十一月十二日）の羽田事件を起こした。「ゲバ棒」と呼ばれるようになる角材を、学生たちが手にしたのはこの時が初めてだった。その主役こそ三派の面々であったことから、以後「三派全学連」と呼ばれるようになった。ただし、当時、学生問題担当ではなかった私は現場に出かけていない。

三派以外の全学連は、エンタープライズの佐世保入港にどう対応したのだろうか。日共系全学連も、同じ九州大学教養部のキャンパス内に陣取っていたが、三派との衝突を避けるためだろう、学生会館とは離れた教室に籠っていた。革マル派全学連は、佐世保で機動隊とぶつかってもまったく勝ち目はないと読んでいた。負けても世論は、同情したり味方したりはしてくれないと判断、現地集会に参加するだけなので戦闘部隊は送り込んでこなかった。

貸しフトンは何人分?

午後十時過ぎ、集会が終わったのだろう。会館内が急にあわただしくなった。幌付きのトラック三台が会館入り口に横付けされた。——何だろう……と思った時だった。運転手が幌をまくり上げるトラックに向かって、ハーフコートの男が走り出し、私の目の前を過ぎた。

「あれ……?!」。

男はなんと、主幹の大森実だった。夜の日航機で福岡入りし、かけつけていた。トラックの荷台を覗くと、貸しフトンがつまっていた。会館内から飛び出してきた学生数十名が、フトンをリレーで館内に運び込むのを横目に、大森は運転手に質問をぶつけた。

「何人分、フトンは?」。

「五百人です」。

大森はニヤッと笑った。何で笑ったのかは後で知った。彼は自分の三年にわたる入院経験から、貸フトン代を一組八十円と割り出していたのだ。

「四万円、だな!」。

運転手はうなずいた。

こうしたちょっとした事実もこまめに拾う大森の取材法を初めて目の当たりにし、彼が読者を惹きつける一面はここにあるな、と私は感心した。

トラックが会館を離れると、三派全学連書記長の高橋幸吉（社青同解放派）が会館入口に姿を現わした。白の中核派が委員長、青の社青同解放派が書記長のポストをおさえているのに対し、三派のもう一派である赤の社学同（ブント）は、成島忠夫を副委員長に送り込み、三役の一角を確保していた。高橋は取り囲む記者に言った。

「明日早朝、佐世保に向かいます」。

その頃、「エンタープライズ」は暴風雨にもまれ、入港は当初の十八日から一両日遅れると、すでに日本政府に連絡が入っていた。三派系の学生は、会館内での長い総決起集会のはてに、「入港が遅れようとも、明日十七日に予定通り米軍佐世保基地に突入し、座り込みを決行する」（同書記長）ことを決めていた。

記者団から質問がとんだ。

「やはり羽田（事件）のように（角材など使って力づくで基地突入を）やるのか？」。

「そりゃあ、ここまで来たんですから」。

「具体的にどんな戦術をとるのか？」。

「明日になったらわかりますよ」。

「明日の晩はどこに泊まるのか？」。

「それは言えません」。

徹底マークする学生

記者団との質疑応答が続く中、私はその輪を離れた。厚いガラス越しに会館内からじっと外の様子をうかがう、背広にジーパン姿の男を見つけたからだった。殺気立つというか入れ込むというか、そんな集団にあって、青ヘルメットをかぶったその男は、極めて柔らかな表情を見せていた。

〈行けるんじゃないか、彼なら……〉。私はドアを押し、声をかけた。

「ここへ入って来ると、怒られますよ！」。

男はこれだけしか口にしなかったが、初対面の彼こそ、主幹から指令を受けた「徹底的にマークする学生」となる。

私は半ば強引に、男を会館内から引っ張り出した。正門付近は、「九大」の腕章を巻く教職員が目を光らせていたので、学生会館横の木陰にもぐり込み、柵を越えた。私たちが腰を下ろしたのは、大学からそう遠くないスナックの一番奥のボックスだった。

こちらが聞く前に彼は立ち上がり、頭を下げ、名乗った。高崎通浩、東京大学法学部の三年生だった。

雑談をしているうちに、共にダブルのオンザロック二、三杯が消えた。この時、私は高崎をアルコール漬けにしてでも何もかも聞きたかったが、そんな手を使わなくても彼は二時間にわたり、口にすると「人に迷惑がかかる」こと以外は、ほとんど質問に答えてくれた。

「佐世保へ向かういま、持ってきているものは？」。

「ハブラシ、手ぬぐい、本一冊です。それに、ちょっと恥ずかしいんですがゆで卵十個」。

本は「刑事訴訟法」、逮捕された時のバイブルだった。高崎は四国の出身で、父親はすでに亡く、行商で生計をたてる母親の手で育てられた。今回、母親に佐世保行きを話すと、「やめてほしいと泣きつかれた」が、彼の固い決意を知ると、黙ってゆで卵を持たせてくれたという。

「学生運動に参加したのは高校時代？」。

「いえ、高校時代はずっと卓球の選手で、学生運動どころか生徒会の活動さえしていません。参加したのは大学に入ってからです。『空想より科学へ』『共産党宣言』『賃労働と資本』を読み、セツルメント活動のサークルに入りました。でも、ドヤ街で毎日こどもたちの面倒をみているだけでは、まったくドヤはなくなりません。デモに行くようになりました」。

「昨年秋の羽田闘争は……」。

「二度とも参加しました。一人の学生ではなく一人の人間として、アメリカのベトナム戦争支持をますます強めることになる、佐藤の訪米や東南アジア訪問を、絶対許してはいけないと思って」。

「今回、全学連は佐世保で基地内座り込みといっているけど、その意味は？」。

「相手を殺す武器は絶対に持ちません。一人か二人でゲリラ的に行動すれば、広い米軍基地ですからフェンスを越えてもぐり込めるでしょうが、そんな姑息な手段は決してとりません。あくまで正面から基地に向かいます。それを阻止する障害物（端的にいえば機動隊）には身体を張ってぶつかり、突破するだけです」。

インタビューの極意

午前零時過ぎ、構内に戻った私は、学生会館前に立つ主幹の大森を見つけた。私は会館横手の暗がりに彼を案内し、そこに待たせていた高崎を紹介した。

日頃から学生運動に対しては、「あまり興味を持ったことはない。ジャーナリストとして職業的関心はもちろんあった」と距離を置く大森だったが、学生を「暴徒」と片付ける報道は、容赦なく槍玉に挙げた。例えば、前年秋の二度の羽田事件については、こう指摘する。

「一般のジャーナリズムの中に、彼らを〝暴徒〟として片づけてしまおうとする何か作意的な編集ぶりを感じたとき、私は、一人のジャーナリストとして、ふと抵抗に似た感情を抑えきれなかった。少なくとも、当時の時点で、彼らをなぜ〝暴徒〟に走らせたか、一般の新聞はそれを解明するだけの親切さを欠いていた」（大森実『火焔に包まれた日本』徳間書店、一九六八年）。

したがって今回、大森が私に何を期待しているのか、一年生記者でもわかっているつもりだった。

「いくつか質問していいですか？」。大森はその返事を待たずに、高崎に鋭くたずねた。

「羽田事件以来の三派全学連の行動を見ていると、警官との乱闘自体が目的じゃないかとさえ思えてくる。本来の狙いは労働者の解放運動だと理解しているけど、君たちは自分たちが先頭に立って権力の壁にぶつからないと道は拓けない、と思っているんじゃない？　純粋だけど、自意識過剰に見えてくるな、ボクには！」。

容赦のない問いが続く。私は「せっかくの虎の子」が怒り出すのではないかとビクビクしたが、彼はていねいに答え、大森と別れた後、「やっぱり大森さん。さすがですねえ！」。

インタビューとは、「相手の心の中に土足ででも上がり込む。でも、不快と思わせない」ものであることも、この夜、私は学んだ。

午前一時過ぎ、大森は「彼、いいじゃないか。目を離しちゃあかんでえ」の言葉を残し、車で佐世保へと急いだ。

「明朝（十七日）、一番の急行で佐世保に向かいます」と明かす高崎と、佐世保での再会を約束して別れたのは午前二時過ぎだった。

早朝の出撃

翌十七日午前五時過ぎ、すでに学生たちは吹きさらしの博多駅8番ホームにいた。九大教養部長との紳士協定で、午前四時までに学生会館を出るという約束を彼らは守った。ホームでは各派ごとに座り込み、急行列車「西海」を静かに待っていた。角材や丸太、武器になるものは持っていない。

ホームに入ってきた急行は、すでにかなり混んでいる。そこへ学生と報道陣が加わる。三派の学生は、二輌目から五輌目までの通路に腰を下ろした。睡眠不足なのだろう。ほとんどの学生がコックリコックリ居眠りを始める。中には通路に何も敷かないで、ジャンパーあるいはヤッケ姿で横になり、ヘルメットを枕にイビキをかく者もいた。腕に報道の腕章を巻いた私たちは、デッキや連絡通路などに肩を寄せあい、立った。私は高崎が乗る二輌目のデッキにいた。

列車の中に、異変が起こった。長崎・鹿児島両本線が分かれる鳥栖駅（佐賀県）のホームに、列車が滑り込んだ時だった。各派の学生三十人がホームから線路に飛び降り、線路沿いに積んであった縦長のダンボール箱に突進した。これをかつぎ、三輌目の車内へと次々に運び込んだ。六分間の停止時間にすべてが終わった。ダンボールの中には数百本の角材が詰まっていた。彼らは佐世保駅到着十分前に荷を開き、角材は一人一人に渡された。

午前九時四十七分、急行「西海」は、時刻表通り終点の佐世保駅に到着した。「途中で調達した角材を押収するため、ホームに機動隊が待ち受けているに違いない」と予測していた私は、その瞬間を、できれば高崎を入れてシャッターを切りたいと、ホームに飛び降りた。

ところが、ホームはまったく静かだった。機動隊員の姿はなく、到着を待ち受けていた報道スタッフが目立つ程度で、降りた乗客は慌てることなく改札口へと流れていた。たぶんこれが、いつもの朝の光景なのだろう。

三派全学連の学生たちも淡々と列車を降り、ホーム前部に集結した。ヘルメットをかぶり、手ぬぐいやタオルを巻いて顔半分を隠し、背中にナップザック、そして手には角材。近寄ると、淡々とした行動とは裏腹に、ヘルメットと手ぬぐいの間にのぞく両目は吊り上がっていた。

行動開始、彼らはそのまま前へ進み改札口に向かう、と思った瞬間、「ピィー」とホイッスルが甲高く鳴り響いたとたん、いっせいに回れ右をし、ホーム後部に向かって走り始めた。ホーム最後部に達すると、線路に飛び降りそのまま走る。

やっと読めた。駅の改札口を通り、市街地を抜けて米軍基地を正面から突破すると予想していた警備陣の裏をかき、米軍佐世保基地への国鉄（当時）引込線に、彼らは目をつけたのだ。これなら、同基地への入口の平瀬橋まで六百メートル余、改札口から駅前に向かうルートの半分の距離だった。学生たちは難なく同橋へと走ったが、間もなくこれを阻止しようと、警官隊百三十人が引込線にかけつけた。しかし約八百人の学生たちは、角材をふるって警官隊の壁をたちまち突破し、平瀬橋へと突進した。午前十時過ぎのことだった。

打ち込まれる催涙ガス弾

人口二十七万人（当時）の佐世保市は、弓張岳（標高三六四メートル）を背負い、中央を流れる佐世保川が、ビルや家々がびっしり詰まる市街地と、広大な芝生地がまぶしい米軍基地を分けていた。大小四つの橋が両岸をつないでいたが、警備当局は、その中央の旧海軍橋の佐世保橋か、駅に近い最下流にかかる平瀬橋に、三派全学連は攻撃をかけてくると読み、全国二十四都府県から動員した約五千八百人の警察官（うち機動隊約四千五百人）を、両橋を中心に配置していた。

さらに東京からはるばる運んできた放水車や警備車などの機械化部隊を、両橋の基地側サイドに並べ、平瀬橋には橋中央に、丸太と有刺鉄線で頑丈なバリケードを構築してあった。また、同橋の引込線部分に敷かれていた砂利は、投げられたら困ると取り除き、線路は簡易舗装されていた。

難なく同橋へ辿りついた学生たちに対し、警備当局は催涙ガスの使用に踏み切った。ひっきりなしに催涙ガス弾を打ち込み、催涙剤を混ぜた水を放水車が浴びせかけた。

「高崎はどこだ！」。間もなく、最前線の橋中央でバリケード突破部隊の先頭に立つ彼を見つけた。少しでも高崎に近づきたかったが、催涙ガス弾が目の前にボンボン打ち込まれ、それに追い討ちをかけるように催涙剤入りの放水をまともに浴び、苦しい。なかなか前に進めない。

近くからこれを見ていた大森主幹は、

「土屋は、高崎通浩とぴったりくっつき、警官隊の催涙ガスの雨を浴びていた。土屋が危ない、と思った」（大森実『虫に書く――ある若きジャーナリストの死』潮出版社、一九七二年）。

正午前、平瀬橋中央のバリケードが学生の手で破壊され、基地への突破口が開いた瞬間だった。川沿いの道路を橋の上流方向および橋の背後から、そして佐世保駅方面から、警官隊が姿を現わした。「かかれ！」の指揮官の声とともに、怒号と喊声をあげて両部隊が、投石を続ける学生たちに背後と側面から襲いかかった。さらにそこへ基地側に陣取る警官隊も、バリケードを越えて押し寄せてきた。三方からの挟撃だった。

私は身動きがとれなかった。橋のたもとの電信柱にへばりつき、じっとしている以外なかったが、間もなく逃げ場を失った学生が私の周りになだれ込んできた。後を追う警官の一隊が警棒を振り降ろすたびに、「バカッ」「ボカッ」と鈍い音をたてて学生のヘルメットが割れた。電信柱をのぼりかけた私は無傷だったが、一瞬のうちに一帯は修羅場と化した。頭をかかえて道路脇の溝に落ちる者、腹をおさえてうずくまる女子学生。周りには脱げたズックの片割れなどが散乱していた。一年生記者の私は、「ぼうぜんとその場に立ちすくんでいた」らしい。後に、警察サイドから取材していた先輩記者の野藤にそう聞かされた。

一方、新聞はその日（十七日）の夕刊でこう書いた。

「はさみ打ちになった学生たちはクモの子を散らすように川下の佐世保港側道路と、川上の佐世保橋方面へ逃げ出した。警官隊が口々に「あそこに逃げた、つかまえろ」と大声で叫ぶ。市民病院前の広場では警官隊の警棒がうずくまった学生の頭にも容赦なく打ちおろされる。

頭から血を吹きだす。自制してきた警官隊もこの段階ではもう理性を失ってしまったかのようだ。病院のコンクリート壁に押えつけ無抵抗状態になった上になおところかまわず警棒を浴びせる」（『毎日』）。


「殺されるかもしれない」

私は高崎の姿を見失っていた。

しかし、彼は無事だった。橋上で催涙ガス液を高圧の放水で浴びているうちに、高崎は全身に痛みが走り出し、やがて意識がもうろうとしてきた。このままでは気を失ってしまうと、彼は最前線を離れ、橋のたもと、佐世保市民病院の一角に設けられた救護所に駆け込んだ。ガタガタと震えが止まらない彼は、外の救護所から院内に運び込まれ、身体や衣類を洗ってもらうなどの手当てを受け始めた時、警官たちが救護所に突入してきた。

一方、主幹の大森も、その時同じ病院の前にいた。「佐世保報告――極東の緊張の高まりの中で」（『中央公論』一九六八年三月号）にこう書いている。

「私の目にＮＨＫの報道用のヘルメットをかぶった男が、三、四人の警官に囲まれ、滅多打ちにされているのが見えた。私はまた大声を出した。

「やめろ！　報道班を打つな！」

警官が五人の報道班を含め、ほとんど無抵抗の虚脱状態に陥った学生たちを乱打する修羅場が、収まったのは二十分後であった」。

頭のてっぺんを割られ全治十日間という、報道関係者のなかでは最も重い傷を負った『朝日』東京本社社会部（当時）の岩垂弘は、ネットに連載していた『もの書きを目指す人びとへ――わが体験的マスコミ論』（第六十五回）で、「エンプラ闘争で警官隊になぐられ負傷」を綴っている。

「警官隊が眼前にきていた。警棒を振り上げ、投石よけの盾を構えた警官たち。「あぶない」。私は市民病院に逃げ込もうとした。（略）が、警官たちは逃げ遅れた私たちを突き飛ばし、警棒でなぐりかかってきた。とうとう、病院の壁に押し付けられた。もう逃げるところがない。そこで、また警棒の乱打。（略）ホッと息をついたとき、何かなま温かいものが頭から首筋やほおに伝わってきた。鮮血だった」。

市民の風向きが変わった

夕方、佐世保駅前で、私は高崎をつかまえた。彼は無事だった。三派全学連は報告集会を開いていた。ハンドマイクを握った幹部が、「基地座り込みの目的は達し得なかったが、佐世保市民がわれわれの闘いを理解し、ともに闘った」と、「勝利」の総括をしているまっさい中だった。

凍てついた路上に新聞を敷き腰を下ろした学生のなかには、包帯姿や血痕をつけた者が多く、平瀬橋周辺での衝突の激しさを物語っていた。放水をもろにかぶった着衣はまだしめり、かさかさになった手をこすりあわせる者もいた。

高崎もその一人だった。集会の輪から彼を引っ張り出すと、外傷こそなかったが、背広に滲みこんだ催涙ガスの臭いが鼻をついた。歯をガチガチいわせながら震えていた。

この朝、佐世保に着いた三派の学生を待ち受けていた市民の声は、暴徒への激しい非難だった。ところが平瀬橋で起こった機動隊の挟撃、警棒の雨によって、風向きは完全に逆転する。

目の前の惨状に、「それまではヤジ馬根性が先に立っていただろう市民が、たまりかねたように「もうやめてもいいだろう」と警官の間に割ってはいる」（前出『毎日』）光景さえあった。もっともこの「市民」について警備当局は、「ほとんどが労組員など過激分子」との見方をしていた。

この見方は正しかったのかも知れない。しかし、衝突後の佐世保駅頭では、予想もしないことが起きていた。自分のヘルメットを逆さにしてカンパを呼びかける学生たちに、通りがかりの多くの老若男女が足を止め、お札やコインをていねいに投じていた。驚きのシーンであった。

学生たちは駅頭の報告集会で、カンパを含め「市民の理解を得た」というが、私にいわせれば、その日の強引すぎる警察への反感と、学生の負けっぷりに対する同情にすぎなかった。政治的な信条はともかく、目の前で人が傷つけば、それも木端微塵に打ちのめされればされるほど、それをかばうのが人間の感情である。「判官びいき」だった。

後日、佐世保で指揮を取った三派全学連の一人は、「翌日（十八日）は十七日の市民の反響からみて、素手でやれると思った」と明かした。

学生たちは傷ついた身体とは裏腹に、意気揚々と切符を買って合法的に佐世保駅の改札口を通り、博多行列車に乗り込んだ。

「九大に戻ります。また、あした……」、と渋る高崎の手を引っ張り、タクシーに乗せた。しばらくすると運転手は目をこすり始めた。暖かい車内で、二人の衣服についた催涙ガスが蒸発しだしたからだった。

一方、東京では、社会、公明、民社の三党がそれぞれ、「警官隊に行き過ぎがあった」と政府に抗議。木村俊夫官房長官に「調査中であるが、もし行き過ぎがあれば遺憾」と言わせた。またジョンソン駐日米国大使は、佐藤首相を訪ね、乗組員とデモ隊の衝突を避けるため、デモが行なわれている間は乗組員を上陸させない旨、伝えた。翌日以降、三派全学連がますます勢いづく背景は、こうして着々とできあがっていく。

その晩、高崎は、『東京オブザーバー』が取材本部を置いた佐世保市内の旅館に泊まった。私は彼にたずねた。

「なぜ、君たちは勝ち目のない警官隊と衝突し、投石して角材を握り、行動を続けるのか」。

彼は答えた。

「国政選挙で勝った多数派が構成する国家権力は、「エンプラ入港反対」は少数派と切り捨て、切実な声にもかかわらず、まったく聞く耳を持ちません。国会では、答弁に立つ政府に逃げられっぱなしだし、社共両党が大衆行動と胸を張るデモもまるでお焼香の静かな列、参加者に「抗議行動した」と満足させる免罪符にすぎません。ならば、何とかこの闘いに火をつけるには、国家権力に対して正面から堂々と闘いをいどむにはどうしたらよいのか。その答えはただひとつ。権力の象徴、機動隊の壁を正面から突破すること、だからたとえ「暴徒」と呼ばれようとも闘います」。

私の原稿の行き先が見えてきた。「二日間ほとんど寝ていない」彼は、原稿書きに徹夜で呻吟する私のかたわらに横になると、もう寝息をたて始めていた。

全十段の署名原稿

一夜明けた十八日朝、高崎は再び、博多（九州大学教養部）から戻ってきた部隊に合流、前日、機動隊と衝突した平瀬橋の隣り、佐世保橋に築かれたバリケードに突撃していく。しかし、またもやであった。佐世保橋上の学生たちに向かって、三方から警官隊が押し寄せてきたのだ。これでは前日とまったく同じ、修羅場が繰り返されるかと思った瞬間、異変が起こった。

橋の周辺に集まっていた一般市民が動き出したのである。逃げる学生と警棒を振り上げて追う警官隊の間に入り、「やめろ！　やめろ！」、「警官、やめろ！」。「足の裏」呼ばわりされてきた市民たちの堪忍袋の緒が切れた瞬間、と私の目には映った。

この日、野党各党も、午後に佐世保市内で抗議集会を開いた。共産党は日共系全学連を中心に、整然と静かな「エンタープライズ阻止デモ」、社会党・総評は「エンター寄港阻止全国青年統一行動佐世保大集会」、さらに結党以来初めて院外大衆動員に踏み切った公明党は、島瀬公園に五千人（主催者発表）を集め、竹入義勝委員長が「ベトナム戦争に出撃するエンタープライズの寄港に賛成することは、人間のすることでない」とぶちあげた。

大森は、三派全学連について、彼らが掲げるプロレタリア革命は「非現実的」と全く否定したものの、前出『中央公論』の「佐世保報告」からは、むしろ彼らに対する温かい視線が伝わってくる。「三派全学連のような抗議形式以外に、政府や国民への訴求力を失った庶民の声――もし三派全学連が、去勢された庶民の代替者として、少数暴力の行使者となったのであるなら、多数の庶民を去勢した政府の強引な圧力政治の現情に、挑戦し、陳情しているものこそ、いま勢いよく佐世保橋に到着した若い純粋な少数暴力の集団だといえるのでないか」。

私の書いた原稿は、《そこに警官がいるから……――ある大学生の〝闘争〟を追跡》の見出しが立ち、ほぼ全十段（一面の三分の二）の署名原稿になった。「一人の学生が何故佐世保に来なければならなかったのか」。福岡と佐世保での高崎通浩の行動を追いかけ、何が彼をつき動かすのかを探るルポルタージュになんとか仕上げた。大森からは、「期待通り、ブルドッグみたいに、学生によう食いついてくれた」とほめられた。

ずっと後に知るが、一月十八日にはこんなことも起きていた。早稲田の学生で社学同委員長を務めた荒岱介が書いていた。

「さっそうと赤ヘルで登場した（略）一八日は私が指揮をとることになっていた。解放派や中核派はゲバ棒だから、私たち（筆者注・社学同）の丸太ん棒での突撃作戦は注目を浴びるはずだった。（略）田宮高麿などがこの作戦を主張したのだ。（略）
「よし行こう」「おう！」という叫び声と同時に、私たちはついに丸太をかかえて突撃した。叫び声の主は田宮高麿だった。
ところが田宮さんは、機動隊と接触する寸前で丸太ん棒から離れてしまったのだ。私と森恒夫だけが突撃する形になって、バーンと機動隊に突入したのだった。私は機動隊の反撃を受けながら、おい寸前で逃げるなよ、それはないぜと思ったものだ」（『破天荒伝——ある叛乱世代の遍歴』太田出版、二〇〇一年）。

七〇年代に入って、田宮高麿はよど号ハイジャック事件を起こし、森恒夫は「総括」のひとことのもとに多くの若い命を奪う連合赤軍事件の首謀者となる。丸太をかついで警官隊に突撃する佐世保での彼らには、なお青臭く権力に異議を申し立てる表情がうかがえるが、二、三年のうちに世の中を変えるどころか、人の命を虫ケラのようにしか扱えない過激派に身を落とす。

その頃、私は自分の父親にほっとしたものだ。よくぞ、迷惑をかけるのを家族、身内だけで止めてくれた、と。


佐世保市の裏山、弓張岳に登った。急勾配の舗装道路をタクシーがあえぎながら、頂上の見晴らし台まで連れていってくれた。車が止まった時、運転手はうなった。

「太《ふと》かっ！」。

目の前の庵崎《いおりざき》南方に、ネービーグレーの角張った巨体があった。原子力空母「エンタープライズ」だった。一月十九日午前九時過ぎ、二十三階建てのビルと同じ高さで、その全長は三三六メートルと東京タワーを横にしたぐらいある同艦が、佐世保に姿を現わした。見つめていると、連日の三派全学連と機動隊の衝突も、佐世保市民の入港賛否両論の声もまったく意に介さないように、どっしり浮かぶ鉄の塊だった。

この日も、三派全学連は機動隊と衝突をくり返した。前日までの激しい衝突は見られず、三派の社青同と社学同の両派は、午後に佐世保をたち、それぞれ大学へ帰っていった（残った中核派の約二百名は翌日、東京からかけつけた百八十名を加えてデモを実施）。

四日間追跡した高崎を、私は佐世保駅で見送った。佐世保の三日間の逮捕者（長崎県警調べ）は六十九人、うち学生六十四人、あとの五人は「右翼」ということだった。

「エンタープライズ」を、テレビ各局は「動く核基地」と言い切ったが、放送の内容、そのできはどうだったのだろう。『産経』（当時は『サンケイ』、八八年五月以降『産経』）は、ＴＢＳに絞って番組評を載せていた。

「ＴＢＳの現地中継は、すべるようにはいってくる空母の巨体をとらえ、七万トンという艦の圧力をくらくらくと画面におさめておいて、すぐ次に佐世保市内の警官と学生、警官と労組員というショットをおいた。見ていながら、警官がふりあげる警棒の勢いに、愚妻などは「ああっ」と声をあげたが、その次の瞬間に、また無言の巨艦がじりっじりっとはいってくるのがうつった。この交互の画面は三十分間つづき、きわめて効果的であった」（一月二十二日夕刊）。

信じがたい紙面づくり

新聞も、警察と政府を厳しく批判する佐世保報道となったが、一方では、信じがたいことが紙面づくりの舞台裏で起きていた。

本来ならば表に出るはずのないことだったが、前出の共同通信社社会部デスク、原寿雄（筆名・小和田次郎）が嚙みついた（『デスク日記　5』みすず書房、一九六九年）。同日記の六八年二月四日では、岡山の『山陽新聞』が「記事全文取消しの社告を出した」として、社告の全文を紹介している。

「記事取消し　一月二十二日付け十一面〝佐世保事件〟の関連記事中「暴力やめて……全学連帰れ！　怒り爆発させた佐世保市民」は見出し、内容について、取り扱い、表現に重大な過誤がありました。したがって全文を取り消しておわびします。なお、本社ではこれに伴って編集関係者の部長、副部長の二人をそれぞれ停職三ヵ月とし、管理責任者として局長をけん責処分とする処置をとりました」。

そして原は、「社会面の半分を使った記事が全文取消しとはひどい」、「「重大な過誤」とは何か、一般読者にはさっぱりわからぬ仕掛けだが、隣の中国新聞（広島）と読み比べれば一目瞭然」とし、共同通信の原稿をそのまま使った『中国新聞』の記事を紹介する。

「中国の記事は、一月二十一日の佐世保橋の衝突で「機動隊帰れ」「学生をなぐらないで」と市民が叫んでいるのに、山陽はそこだけ全くアベコベにして「全学連帰れ！」「なぐらないで」と書き直している。前後の文章は同じだから、「機動隊の暴力に怒りを爆発させた市民」の記事が「全学連の暴力に怒り爆発させた市民」と逆転している」。

共同原稿を使った長野の『信濃毎日新聞』も、これに似た書き換えがあった。「これまで、朝日の小型版を自称し、自他ともに進歩的と称し、称されてきた信毎」（同）の変化に、原は無念をもらす。


「エンタープライズ」は四日後の二十三日朝、護衛艦を引き連れて佐世保を出て行った。大森は前出「佐世保報告」で、こういい切っていた。

「エンプラの佐世保入港は、日米間の合意を背景に、日本世論の核ノイローゼ解消を狙ったショック療法的な日本側の作意が働いていたと考えたい」。

これが正鵠を射ていたことは、日米核密約の存在が明らかになるなど、その後の歴史が証明する。わが国が初めて非核三原則、「持たず、作らず、持ち込ませず」を表明したのは、エンプラ佐世保入港のほぼ一カ月前、佐藤首相の口からだった。思えば、これもシナリオの内だったのだろう。

このように政治の〝悪だくみ〟がばれてしまうと、あの時、米軍基地を守るバリケードを、角材一本で正面から突破しようとした学生たちを、「暴徒」と簡単に片付けるわけにはいかなくなる。彼らの直観はそれを見通していたのだから。

そして平成の今、思う。最近の若者は、国民を絶望させる政治に向かって、角材どころか何も振り上げない。なぜか。この四十余年で、若者と時代・社会あるいは政治との距離が、ずっと開いてしまったからだろう。

ひとことつけ加えておくと、佐世保を出た「エンタープライズ」が向かったのはベトナム海域ではなく、朝鮮半島沖の日本海だった。出港当日の二十三日朝、北朝鮮東岸元山沖で、米国の情報収集艦プエブロ号が北朝鮮に拿捕されたため、「エンタープライズ」は北爆任務を中断、日本海への緊急派遣となったのだ。

「学生番記者」になる

帰京後間もなく、主幹の部屋に呼ばれ、こう言われた。「七〇年安保をターゲットとする学生たちをしばらく追ってくれないか」。

私は首を縦に振った。主幹から「トロッコ！」（〝キシャ〟以前）とどやされたこともたびたびあった私が、担当分野を持つ。いってみればレギュラー入りを果たせるのだから、嬉しくないはずがない。とはいえ、「学生番」となると、学生問題、新左翼、過激派を担当する。かつての自分の父親や彼の仲間を追いかけるようで、その巡り合わせには、いくぶん皮肉を感じざるを得なかった。

それでも私の結論は「ゴー」だった。なぜなら佐世保取材を含めその後の現場行きは、新聞とは権力の監視役であらねばならないことを、私にしみ込ませてくれたからだ。「学生番」は、いい監視ポストに立てるのではないか。私は期待していた。

佐世保駅で別れた高崎通浩は、その後どうしたのか。それっきり会うことはないはずだったが、東京で再会する。いや、再会どころか彼は、「学生番」と胸を張る私と、その後ずっとつきあう仲となる。

第二章 〈1968〉の現場

一 学生が勝った中大学費闘争

社内にいた現役中大生

一九六八年一月、学生番記者を命じられた私は、翌六九年にかけて、現場を走り回る。その最初の現場は、「学費値上げ反対闘争」に火がついた中央大学だった。当時の中大のメインキャンパスである駿河台校舎は、国電・御茶ノ水駅の東側、聖橋口を出て本郷通りを南に下った右手にあった。いま跡地には、二十五階建ての三井住友海上保険のビルが建っている。

佐世保に出かける直前の一月十三日、中大はストに突入したが、私は中大で反対紛争が起こっていることさえ知らなかった。伝えてくれたのは石田徹、彼は中大法学部法律学科の三年生だった。中大法学部といえば、いまでこそその傾向はやや薄れたが、当時、司法試験の出身大学別合格数では毎年トップを走り、「検事、弁護士の三分の一は中大ＯＢ」とか、「東京地裁の裁判官の半分は中大法学部法律学科卒」といわれていたものだ。

石田は新潟県の出身で、国立大に落ち中大に進んだ。彼が中大を選んだ理由は、「私大のなかでは驚くほど学費が安くかつ分割払いが利いた」からで、年六万円の授業料を三回に分けて納めていた。子どものころ父親を失い、女手ひとつで育てられた石田は、「中大のこの制度は、僕ら苦学生たちにとって、本当にありがたかった」と、卒業して四十年過ぎたいまも口にする。

彼は西武池袋線沿線、練馬区中村橋の三畳間のアパートを借りていた。持っている電気製品は湯沸しポットと中古の白黒テレビだけ、風呂はなくトイレと洗面所は共用だった。部屋代は電気・水道代込みで月三千数百円ですんだ。

「同じ学生でも、大学によって借りる部屋に差があって、早稲田は四畳半、慶應は六畳間、僕は三畳。でも中央では標準でしたよ」と胸を張った。

生活費稼ぎのために彼は、『オブザーバー』でアルバイトをしていた。前章でふれた通り、東京、新宿、渋谷、御茶ノ水などの駅頭や、駒場、早稲田、三田などの大学界隈で、「大森実の東京オブザーバーです！」と、学生アルバイトが声を張り上げ、一部十円の新聞を売っていたが、その学生たちのまとめ役が石田だった。売るだけでなく、紙面の感想あるいは注文など、読者の意見もしっかり聞いてくる石田には、大森主幹や販売部員はもちろん、編集部のスタッフも信頼感を抱いていた。

私にとっても、頼もしい男であった。いま、大学で何が起こっているのか。在学している中大に限らず、主だった大学や新左翼各派（セクト）の最新の情報を集め、彼なりの分析付きで説明してくれた。年齢は彼より私の方が上だったが、学生運動を追う素人の私にとって、評論家の大野明男と石田徹は大事な師匠だった。

慶應、早稲田、明治でも

石田から学費値上げをめぐる中大の話を聞いて、私の頭をよぎったのは、その前の三年間に慶應、早稲田、明治と三大学で順に起こった学費値上げをめぐる紛争だった。

一九六五年、最初に起きた慶應は、私自身が在学中（三年生）で、「反対」を叫ぶ輪の中にいた。記憶は鮮明に残っている。六六年の早稲田、翌六七年の明治については現場にはいない。

慶應では六五年一月二十日、評議員会が文系学部の入学時の納入金をこれまでの約三倍、三十五万円（入学金七万円、授業料八万円、施設拡充費十万円、無利子塾債十万円）にする大幅な値上げを決め、一方的に発表した。

大卒初任給が二万三千円の時代である。これには、「学生運動不毛地帯」と揶揄されてきた慶應でさえも、多くの在学生から「こりゃ無茶だ。慶應を金持ちだけの大学にしてはならない」と、反発の声が上がった。「息子入学、パパ乞食」、「慶應やめてハワイへ行こう」と、大学をおちょくる立て看板も見かけた。

しかし、怒る学生を見つめる大学側の感度はあまりにも鈍かった。「値上げ反対」を叫んでいるのはごく一部の活動家であり、その煽動に大半の学生は騙されないと、信じ切っていた。だから「きちんと釈明してほしい」と求める学生側に、①学費値上げは評議員会で決定したもので再検討の必要はない、②この件に関して、高村象平塾長は学生と会見しない――と、なんとも素っ気なくあしらった。

大学の姿勢は、さらに学生の怒りと不信を膨らますだけだった。値上げ発表のわずか一週間後の二十七日には、第一回全塾大会が開かれる。八千人もの学生が集まり、「学費値上げ阻止全塾闘争委員会」の結成とスト突入を、圧倒的多数で可決した。

反対闘争の中核となる闘争委員は自治会の枠にとらわれず、学部・学科あるいは専攻やクラス単位で「なりたい人は誰でも」という、それまでの大学闘争では見られない組織形態であった。一、二年生が在籍する日吉キャンパスの闘争委員には、この日、二千人を超える学生が手を挙げ、彼らはさっそく、正門を机やイスを積んだバリケードで封鎖し、管理した。

「なりたい人」で闘争委員会を構成し、封鎖したキャンパスで自主講座などを開く慶應の闘争の形は、三年後、「名乗ったあなたが全共闘」、「やりたい人がやり、やめたい人はやめる」を基本にして、東大、日大をはじめ多くの大学で火がつく全共闘（全学共闘会議）運動に、影響を与えたようである。

二月五日、一万人以上の塾生を集めて三田キャンパスで、第三回全塾大会が開かれた。直前に闘争委員会のメンバー数人が、三田キャンパスの近くに住む小泉信三元塾長を訪ねている。小泉は戦前戦後を通して十四年間、慶應義塾の塾長を務め、その後は現在の天皇の皇太子時代に教育掛として、第二次大戦後の新時代にふさわしい立憲君主としての帝王学を説いた。

小泉を訪ねた学生のなかに、前出の全国学生招待会議の仲間、田澤正稔がいた。彼によると、「お願いに……」と突然押しかけたにもかかわらず、小泉は学生たちと喜んで会ってくれたという。先客があったため、しばらく応接間で待たされたが、この間、学生たちには紅茶とともに、彼らがそれまで口にしたことがなかったマカロンが出され、一瞬どう扱ってよいか迷ったという。

「入学時に十万円の塾債の購入を義務づけられたら、試験に合格してもそれを払えない志望者が、かなり出てくるに違いありません。今日お宅を伺った僕らを例にとると、全員アウトです。お金で縛りをかけると、僕たちのレベルを棚に上げて申し上げるのは心苦しいところですが、入学者の質はかなり落ちるのではないでしょうか。なんとかこの塾債の納入を入学の条件からはずすよう、塾当局に先生から働きかけていただけませんでしょうか」。これが、小泉に学生たちが持ち込んだ〝お願い〟だった。

小泉は、「趣旨はよくわかった」とだけ答えたという。したがってこの申し入れが功を奏したのか、しなかったのかはわからないが、五日の全塾大会で大学側は、「重要な案件を学生と話し合う機関を設ける」、「この闘争での処分は行なわない」などに加えて、「塾債の購入は入学条件からははずす」という妥協案を出してきた。

これを受け入れるか、あくまで白紙撤回を求めるべきか、支持は完全に二分されたが、賛否を取った結果、妥協案を呑むことでスト解除と終結がはかられた。

慶應の一年後の翌六六年一月、早稲田では入学時の学費を、法文系でこれまでの八万円を十八万円（授業料八万円、入学金五万円、施設費五万円）へ、という二倍以上の値上げが明らかになり、火の手が上がった。

一般学生中心の慶應闘争は二週間で幕を下ろしたが、革マル派、日本共産党系の民青（日本民主青年同盟）、社青同解放派が三つ巴となってしのぎを削り、さらに社学同、中核派などのセクトがごった返し、「学生運動のデパート」とまでいわれた早稲田では、そうはいかない。百五十日間もの長期ストになった。にもかかわらず、セクトの活動家は誰もいないといわれた理工学部を含め、早稲田が史上初の全学ストが打てたのは、やはり一般学生の支持があったからであろう。

特に全学共闘会議の議長、大口昭彦は、学生たちの支持、いや女性週刊誌が彼を持ち上げるぐらいだったから、強い人気があったようだ。一月二十一日、寒波襲来でふるえあがるなか、大学本部前の広場に約二千人の学生を集めて開かれた全学スト突入総決起集会で、大口はストライキ突入を宣言した。

当時、早大法学部の学生だったノンフィクション作家、宮崎学は、後年こう書いている。

「私も演壇近くで聞いていたが、早大の学生運動初の全学ストということもあってか、気合いの入ったいいアジ演説だった。第一政経学部学友会の委員長の大口は、同時に剣道部の猛者で三段。この日も普段通り学生服を着込んでいたが、学生服の内側から筋肉が盛り上がっている。頭はスポーツ刈りで、顔もごつい運動部面である。その大口の、全身を振り絞るようなアジテーションは武骨で飾り気のかけらもなかったが、なによりも迫力があった」(『突破者《とっぱもの》――戦後史の陰を駆け抜けた50年』上、新潮文庫、二〇〇八年。初出は南風社、一九九七年)。

十八歳で日共に入党した宮崎は、その頃はもう「日共・民青系のゴリゴリの活動家」だったという。その彼が、犬猿の仲にあった社青同系の大口を活動家として高く評価し、「外連味《けれんみ》の一切ない人間的に信用できる男」(同)と、その人格にも好意を持ったくらいだから、一般の学生にファンが多かったのもうなずける。

大口の影響を受けてか、それまで早稲田での闘争では見られなかった光景が、目の前で繰り広げられた。宮崎によると、

「本部前広場で開かれる集会では、共闘会議のリーダーだけでなく一般の学生も次々登壇してアジ

演説をしたものだが、その数も日増しに増えた。テレビキャスターとして活躍した久米宏などもその中にいた。確か放送関係の研究会と学内の劇団に属していただけあって、活動家連中のよく聞きとれないダミ声と違って、発声からなにから大したものだった。早稲田には珍しいスマートな久米がものなれた仕種《しぐさ》でアジるのを聞きながら、共闘会議の幹部が「達者なもんだな。あいつにずっとアジらせろ」といっていたのを憶えている」(同)。

とはいえ、大学側の対応は極めて厳しかった。二月四日、当局は大濱信泉《のぶもと》総長による説明会(学生側は「団交」と呼んだ)を、文学部キャンパスの記念会堂で開いた。それまで学生との対話を一切拒否してきた大濱が、学生側と話をするというので、「なんらかの譲歩、あるいは妥協案を出してくるのだろう」と、約一万五千人の学生が会堂を埋めた。

しかし反対運動を「一部セクトの活動家の煽動」と断定した大濱は、「反対運動がどれだけ大きくなっても、既定方針は変えない」と、それまで以上に強くつっぱねた。

説明会の直後、一部セクトの活動家が大学本部をバリケード封鎖、対抗して大学側は構内に機動隊を導入、大学本部を占拠する学生たちを排除し、二百人を超える大量逮捕者を出した。三月、この責任を取って大濱はじめ全理事が退任するが、その直後に大学は、大口ら四十人を超える学生を除籍・停学などにする処分を強行した。この後、闘争はセクト間の対決や、セクトの活動家と一般学生の乖離もあって泥沼化し、結局、一般学生はスト解除の道を選ぶ。七月、「値上げ反対・白紙撤回」にはほど遠い形で、早大紛争は幕を下ろした。

なお、政経学部を除籍された大口は、その後京都大経済学部に進み、現在は弁護士として活躍している。

明治大学は社学同の拠点校だった。値上げ案は、文系学部および農学部の学費を、これまでの八万円から十二万円に上げるというもので、大学の理事会は、学生自治会の学生会と話し合いの場を持ちたいとしていた。しかし、学生会は六六年十月末に、一方的に和泉・生田・駿河台（本部）の全キャンパスを次々にバリケード封鎖、全学ストに突入した。のちに赤軍派としてパレスチナに飛ぶ重信房子も、二部自治会のメンバーとしてこれに加わっている。

学生会が話し合いを拒否した以上、もう遠慮はいらないとばかりに大学側は、十二月末に値上げを最終決定した。セクトが牛耳る学生会の独断先行は、一般学生の離反を招き、『朝日ジャーナル』は明大学生会を批判した。

「明治の、こうした学生運動を見る世の目は冷やかである。少なくとも無関心である。それは、慶応のときに、圧倒的な世論が学生を支持し、早稲田のときにも、少なくとも本部占拠前は、学生に同情がわき、そして二つながら、重大な社会事象として真剣な論議を呼んだのと対照的である」（「私大紛争・早慶明三つの型」一九六七年三月五日号）。

朝刊早刷りの衝撃

明大の後を追って、一年後に中央大学当局が学費値上げの方針を明らかにする。六七年十二月、「ワンマン」で知られる総長兼理事長の升本喜兵衛が、学内放送を使って学生に、「値上げは必要」と一方的に通告した。

これに自治会を握る社学同が強く反発、実力行使に出た。十二月二十三日、升本が学外のホテルで開こうとしていた総長の諮問機関、教学審議会（教授で構成）の会場に活動家が乱入、会議を流し、総長から①冬休みの間に学費値上げの最終決定をしない、②一月中旬に総長が値上げ問題で学生と会見する――の同意を取り付けた。

もっともこの頃、一般学生の間では、「値上げ反対」の声はそう大きくなっていたわけではない。石田徹によると、「反対運動の中心は自治会、つまり社学同の面々で、彼らの主張は、「学費値上げは大学の帝国主義的再編を後押しするもので、断固阻止しなければならない」の一点張り。これじゃあ僕らノンポリ（一般学生）はついて行きませんよ」というぐらいだったから、むしろ一般学生と自治会との隔たりが目立った。

ところが、ある日を境に、一般学生が「冗談じゃない。許せない」と、突然「学費値上げ反対」に立場を変える。

その日とは六八年一月九日、大学はまだ冬休み中だった。この日、升本は、「先月二十三日に交わした約束を果たす」と、中大講堂で学生約二千五百人との会見に臨んだ。

「何で今、いきなり学費値上げをする必要があるのか？」と、経理公開を強く求める学生側と、それを拒否する理事会側。両者の間で押し問答が続き、話は少しも前に進まず夜をむかえる。

この時、升本の戦術は、会見の席で学生側に言わせるだけ言わせてガス抜きをはかり、最終的に値上げを納得させればよいというもので、ある程度の長期戦は覚悟していたようである。会見はそのシナリオ通り順調に展開していたが、堂々巡りの最中、一人の学生が立ち上がったことから舞台はひっくり返った。

その席にいた石田の説明によると、一人の学生がいきなり立ち上がり、翌日の新聞朝刊の早刷り

（当時、全国紙の東日本版はすべて東京本社で印刷、青森版など遠隔地に向けての新聞は夜行列車で搬送するため前日の早い時間に印刷は完了していた）を手に、すでに学費改定が新聞に広告の形で出ていると、声を張り上げた。冬休み中は学費値上げの最終的な決定はしない、という約束がなされていたにもかかわらず、こうした広告を出していた大学側。その姿勢に、学生たちは黙っていなかった。

この時の模様は、ある中大生によると、

「たちまち講堂は、非難と怒号で埋めつくされた。学生との話合いの場を経て、その後に決定したとのスジ書きが、すでにできていたのである。学生など全く眼中になかったこの態度に、これこそが理事会の実体だと、一般学生にも非常な怒りを生じさせた」（荒井勉「中央大学闘争――学生の記録」『中央公論』一九六八年五月号）。

一方、石田はこういった。「早刷りの新聞ですが、これは中大の職員が手に入れて学生にこっそり渡したという話も聞きました。理事会はともかく、教授も職員も、突然の値上げ発表にはかなり頭にきていましたからね」。

体育会系学生も四年生も参加

これをきっかけに学内の雰囲気はガラリと変わる。大学側は慌てたに違いない。法、経済、商、文の四学部が陣取る駿河台校舎では、法学部を皮切りにクラス討論が始まり、四学部二百数十クラスの半数が「学費値上げ反対」を決議した。また、文科系サークルも次々に「全学スト、バリケード封鎖」の支持を表明した。

さらに他の大学の学費値上げ反対闘争では考えられない、驚くべき状況が生まれていた。それは、体育会の学生の闘争支持と、卒業が間近にせまりながらなお反対闘争に参加することを意思表示した四年生の存在である。

体育会の学生は大学、特に私立大学では、学生らによってキャンパスをバリケード封鎖されると、必ずといってよいほど反スト派として登場し、「学園生活の正常化」を叫び、バリケードの破壊など力づくでスト破りを仕掛けた。前々年の早稲田、明治での紛争でも、激しくスト派と衝突している。なかでもこの年、六八年の春に全共闘が産声をあげる日大では、大学当局の指示を受けて体育会系学生らが何度も殴り込みをかけ、凄惨な武闘を繰り返すことになる。

ところが中大では、体育会にあたる中大体育連盟が、「一方的な学費値上げ反対および一切の暴力を否定する」との声明を大看板に書いて中庭に出し、反スト派ではないことを明らかにした。

一方、四年生は四年生連絡会議を結成し、ストに突入後、「大学側が学費値上げを白紙撤回しなければ、われわれは卒業試験をボイコットする」とまで言いだした。これは勇気ある決断であったといわねばならない。すでに就職も決まり、あとは卒業試験を受けて卒業式に出席するだけの四年生にとって、万一試験が受けられなかったらどうなるのか。留年、そして企業からの採用中止という最悪の事態にまでは至らないだろうが、大きなリスクを背負わされることに違いはなかった。

大学側がそれでも試験を強行した場合、果たしてどれだけの四年生が落ちこぼれずに闘い続けるのだろうか。連絡会議のメンバーは四年生の結束をはかる方法として、「全員、学生証をクラスの責任者に預けてほしい！」と呼びかけた。といっても連絡会議の方針に賛成できない時には、いつでも学生証は返却するとの条件つきだった。

一月十三日、ストに突入した駿河台校舎に陣取る文系四学部の学生は、手際よく教室から机やイスを運び出し、校舎の出入り口に積み上げてバリケードをつくり、校舎を封鎖した。さらに夜間、大学当局やスト反対派学生らによってバリケードを撤去されたり、封鎖を解除されることを防ぐために、彼らは学内に泊まり込んだ。机やイスが持ち出されてがらんとあいた教室が、クラス単位の宿泊所となり、貸しフトンが持ち込まれた。一月二十三日には後楽園校舎の理工学部もストに入り、中大は全学ストに突入する。

石田の話を聞いて、私が中大の駿河台校舎にかけつけたのはこの頃だった。バリケード封鎖された校舎は、「取材に来た」といっても中庭にも入れてもらえなかった。校舎の北側、中大講堂との間の午後の光も差し込まない道に立ち、私は四年生の動向と大学の対応を聞きまわった。

学生たちの「学費値上げ反対」は、前述の〝広告出稿事件〟という大学の愚かな勇み足が、「反対」の声を一挙に拡大させた。さらにここへきて、卒業を間近に控えた四年生が「白紙撤回しなければ卒業試験をボイコットする」とまで言いだし、反対闘争はますます盛り上がる。

にもかかわらず、大学側は、学生が集められる四年生の学生証は多くても二百程度と踏んでいたようだ。二月十日、後楽園校舎で法学部の卒業試験を予定通り実施すれば、自分の将来を捨ててまでボイコットするのはごく少数であり、法学部四年生のほとんどが受験し、これによって反対運動は崩壊すると楽観視していた。実際は卒業試験の前日までに八百人の四年生が、学生証を連絡会議に預けていた。

セクトの狙いを見抜く

一方、社学同が握る自治会も動き出す。せっかく「値上げ白紙撤回」まで全学が盛り上がってきたんだから、いまこそこれを「大学の帝国主義的再編阻止！」の政治運動に転換する絶好の機会と、セクトの活動家たちは喜んだ。さっそく、狭い駿河台校舎の中庭でハンドスピーカーを握ったが、あいかわらず唯我独尊のアジ演説だった。一般学生たちは耳を傾けるどころか、「ブント帰れ！」のシュプレヒコールは次第に大きくなったという。バリケードの内側から出てきた学生をつかまえて聞くと、こう言った。

「なんで白紙撤回を求めるのか。帝国主義ウンヌンのためじゃない。われわれ学費を払っている者に、値上げの理由を説明しない大学の時代遅れ、このシステムの改善を、われわれは当局に求めているだけです」。

物事を決める手順に問題あり、と嚙みつくこの学生の言い分こそ、戦後民主主義が育てた思考法といってよいだろう。二言目には「帝国主義」を口にするセクトの活動家にとって、大事なのはセクトの仲間（同志）をどれだけ増やせるかだけ。これが極めて非民主主義的で下世話な集団であることを、一般学生はとっくに見抜いていた。

社学同は、このままでは闘争は盛り上がらないと判断したのだろう。自治会は「人寄せ」のために、一般学生にも名の通った大物弁士を連れてきた。この年の七月、全学連（中核派が抜け、社青同解放派〈反帝学評〉と社学同の二派の組織になったことから「反帝全学連」と呼ばれる）の委員長に就任する、同志社大生の藤本敏夫もその一人だった。藤本は前年の羽田事件以後、京都から東京に活動の拠点を移し、その頃、中大とは目と鼻の先の明大の学生会館に泊まっていた。余談ながら、後年、藤本は歌手の加藤登紀子と結婚するが、二人の出会いは、藤本が駿河台暮らしをしていたこの頃だったようだ。

大講堂を揺るがす歓声

二月九日夕、翌日の法学部の卒業試験会場になっている後楽園校舎に、法学部学生ら約六百人が自主登校し、バリケードを構築した。「卒業試験はなんとしてでもやってほしい」と訴える試験強行支持派による、バリケードの破壊や大学当局による撤去もあり得ると、二百名が泊まり込んだ。

幸いトラブルは起きなかった。翌朝、同校舎に登校してきた四年生の半数にあたる卒業試験ボイコット派学生約千人が、隊列を組んで正門を封鎖し、大学側はこの場で、この日の試験の中止を発表せざるを得なかった。これで勢いを得た学生側は、学費値上げの「白紙撤回」をさらに大学側にせまり、受け入れられない場合は「入試の実力阻止」もほのめかした。

「このままでは取り返しがつかないことになる」と、教授会が初めて前面に出てきた。大学と学生の間に割って入ったのである。といっても学費値上げについて、事前にきちんとした説明、相談を受けていない教授たちは、総長兼理事長の升本に大いなる不満を抱いていた。二月十三日、彼らは、助手以上で構成される教職員組合の名で、升本に対し、「もはや学費値上げの白紙撤回しか事態を解決する道はない」と厳しく突き放した。

この提言が事態を動かす。理事会側は二月十六日、中央大学講堂で学生との団体交渉実施に踏み切った。中大の学費値上げをめぐる紛争は、大学側の「白紙撤回」、すなわち学生側の勝利という空前絶後の結果をもたらすが、私は学生たちの力だけでここまで辿り着いたとは思わない。最後通牒をつきつけた教授たちの力を無視するわけにはいかない。

私学史上、歴史的な一日といえる二月十六日、前夜から降り積もった記録的な大雪は、都心でも二十センチ。雪に不慣れな大都会は、電車も車もまったくお手上げで、立ち往生が続いた。

中央大学講堂は、十三年前の一九五五年十一月、自由、民主両党が合流し、自由民主党を結成する歴史的な結党大会が開かれた会場であった。その講堂でこの日開かれる団体交渉は、あくまで値上げの「白紙撤回」を大学側に迫る学生側と、「今年度は中止」で逃げ、なんとか翌年、値上げにこぎつけたい大学当局のせめぎあいとなる。

「今日、午後二時からの話し合いがまとまらなければ、来週から始まる入試は、学生の実力行使でふっとんでしまいます」。

昼過ぎに電話をかけてきた石田徹はきっぱりいった。ところが、私は別の取材と原稿をかかえていた。

「できる限り早く駆けつけるから、起こったことをメモしておいてほしい」と頼んだものの、出稿しなければならない原稿がなかなかまとまらず、遅れに遅れた。私が中大の講堂に着いたのは午後九時を回っていた。残雪で奪われた外の気温は零度近くというのに、講堂内は四千人を超える学生の熱気でムンムンしていた。遅れを詫びる私に、石田はいった。

「二時からここで両者が話し合い、大衆団交が始まりましたが、いつまでたっても平行線。結局、五時頃、大学側が「理事会でもう一度話し合いたい」というので休憩に入ったものの、四時間たっても団交は再開されません。当局や理事会の中も、意見が割れているんじゃないですか……」。

動きがあったのは午後十時を過ぎてからだった。講堂の入口付近でざわめきが起こった。井上達雄学長らが戻ってきたのだった。

拍手が起こった。井上が壇上に近づくとともに、その拍手は規則的な手拍子となり、膨らみ、やがて館内を揺るがした。学生たちは「白紙撤回」を信じ切っている。石田も私の隣りで手拍子を打っていた。

学長がステージへの階段をのぼり切ったとたん、一瞬のうちに場内は静まりかえった。こうこうと光を放ついくつものテレビ・ライト。井上は、赤味がかった顔をさらに紅潮させ、学生たちに語りかけるように口を開いた。

「学費改定はこれを撤回する」。

「ウォーッ」とも「ワー」とも聞こえる歓声が、講堂内に湧き上がった。

前出の中大法学部生の荒井勉は、「天井桟敷まで埋めた四千名の歓声が、大講堂をゆるがした。紙ふぶきが舞い、数十本の団体旗が揺れ、拍手が鳴りつづいた。だき合う者、ばんざいをして跳び上る者、握手をする者、お互いの肩に顔をふせ、涙をおさえる女子学生」(前出「中央大学闘争」)と、感動を記していた。

支援者への手紙

一方、最前列を占めていたヘルメット姿の社学同は、一般学生主導で進められた「白紙撤回」に大きな不満を持っていた。総括と称してヘルメット部隊が壇上に上がり、長々と大学を弾劾する演説を始めた。とたんに一般学生の間から、「ブント帰れ」の唱和が起こった。

社学同の活動家で値上げ闘争の直前、中大自治会の書記長を務めた神津陽は「進んだ大衆と遅れた党派」、と厳しく回想する。

「二月一六日、学費闘争の最終場面の大講堂に着いた私は、見たかった学費値上げ白紙撤回の現場と、見たくなかった党派主義の汚点を見た。井上学長から学費値上げ白紙撤回決定を聞き、大講堂いっぱいの学生大衆は勝利の歓声を挙げた。その直後に田村元行全学学費闘争連絡会議議長・昼自治会委員長が「学費闘争は終わったが、七〇年安保までバリケードを死守しよう」と勝手に演説した」(『極私的全共闘史　中大　1965―68』彩流社、二〇〇七年)。

十一時過ぎ、「バリケードを解こう」の声が湧き上がり、氷点下の中大キャンパスの中庭に一般学生がとび出した。彼らは白い息を吐きながら、積み上げられた机やイスを黙々と片付けていく。これが学生運動なんだ。私は胸を熱くした。

全学ストライキは終わった。石田は、はにかみながらいった。

「国立大を落ちても、中大があれば救われる。僕も、僕のまわりもみんな救ってもらった。だからこれから入学してくる後輩たちも救ってほしい。今回、闘争に参加しなかったら、かならず後悔すると思ったから、みんな闘ったのです」。

この「みんな」を援助した一般の市民がいたことにも、ふれておかねばならない。

「スト中、一日のふとん代だけでも四万円は必要とし、ピークの時は十万円を越えた。闘争にかかった全費用は、二百万円を越えており、ほとんど街頭カンパによってまかなわれた。半日一人が立っただけで千円を越えると言われ、百円硬貨が目立ち、千円札もめずらしくはなくなっていた。ある時など、「一万円札を入れた人がいるんです。どうします」と本部へとび込んで来たカンパ隊員もいた」(前出「中央大学闘争」)。

闘争終了後、署名してカンパをした支援者全員に、感謝と結果報告の手紙を闘争委員会名で送ったと聞いた。「ごくあたり前の礼儀」と石田はいっていたが、この後の学生運動では、こんな礼儀は通じなくなっていく。

なお、升本理事長以下全理事が退任し、その年の中大の入試は二十一日の法学部を皮切りに予定通り行なわれた。

二　ベトナムから王子へ

動きだした「野戦病院反対運動」

ベトナム戦争が日増しに激化する一九六八年二月一日、それはベトナム、サイゴンの昼下がりの路上で起こった。

一目で将官とわかる軍服姿の男の前に、後ろ手に縛られた格子縞のシャツを着た男が引っ張り出された。腰が引けた男の姿に恐怖が滲む。将官は、腰からリボルバー（回転式拳銃）を抜いた。縛られた男の側頭部に吸い付いた瞬間、男の顔は大きくゆがむ。二つの膝は折れ、からだは落ち、崩れた。表情を変えることなく引き金を引いた軍人は、南ベトナム政府の国家警察長官、撃ち殺されたのは南ベトナム解放民族戦線の将校だった。

「サイゴンでの処刑」は、長官を追いかけていた各国報道陣の前で起きた。その日のうちにテレビを通して世界の茶の間に届き、人々を震えあがらせた。私は学費値上げ反対闘争が終盤を迎えていた中大から帰社し、編集局で夜のテレビニュースでこれを知った。

この一瞬に最も衝撃を受けたのは、ベトナム戦争を「南ベトナムを共産主義から守る正義の戦争」と信じ、大きな犠牲を払ってきたアメリカ国民であろう。

その前々日から、北ベトナム軍・南ベトナム解放民族戦線が仕掛けたテト（旧正月）攻勢によって、サイゴンのアメリカ大使館が一時的にせよ占拠されたこともあって、これをきっかけに米国内では反戦の気運が一挙に盛り上がる。この一事をもってジョンソン大統領は、その年の秋に控えた大統領再選への出馬をあきらめざるを得なくなる。

間もなく、米国にとってベトナム戦争は、和平の道を探る以外に次の一手がない局面に立たされるが、日本政府はその潮目の変化の兆しをまったく理解していなかった。いや、わかっていたといったほうが正しいだろう。でも、米国政府に「早く和平への一歩を」と進言するなどもってのほか、黙って後をついて行くしかなかったのである。

わが国は米国政府の要請に応え、ベトナム戦争支援の様々なプロジェクトに取り組んでいた。これを「安保条約にもとづいて」と受け入れる日本政府に対し、身体を張って待ったをかけようと、学生たちは二つの現場に押しかけ、反対運動を繰り広げる。

ひとつは、突貫工事で米軍野戦病院開設を進める東京・北区王子、もうひとつは、ベトナム戦争激化にともない米軍チャーター機が殺到し、大渋滞をきたす羽田空港の混雑緩和のため、新空港建設を急ぐ千葉県成田であった。二月下旬から四月上旬にかけて、私は両現場をかけ持ちで走り回ることになった。

「サイゴンでの処刑」一週間前の一月二十四日、東京・北区の小林正千代区長は、区議会の答弁で、「米国側から本区内の米軍王子キャンプに、近くベトナム傷病兵用の野戦病院を開設するとの連絡を受けました」と語った。

王子キャンプは、国電王子駅からゆるやかな坂を十分ほど上った、北区十条台の住宅密集地の真ん中にあった。敷地は十二万二千平方メートル（東京ドームの二・六倍）で、かつては米陸軍極東地図局が陣取り、約千人もの日本人技術者が働いていたこともある。一九六五年の同地図局のハワイ移転後は空き家状態だったが、今回、その建物を約四百床を持つ病院に改築・改装し、埼玉の入間・狭山両市にまたがるジョンソン基地から、東南アジアでの軽傷者を主に収容していた陸軍の第七野戦病院の一部を移転させる、というのが北区への米軍の説明だった。

しかし、王子の住民はこの説明をそのまま信じてはいなかった。ジョンソン基地とは別に、王子の北西十キロ余、東京に隣接する埼玉・朝霞の米軍朝霞基地（キャンプ・ドレイク）内に、すでに病院があることに目を向けていた。

米軍は同病院を「総合病院」と呼んだが、実際はベトナムから負傷兵を運び込む野戦病院であることは、朝霞の住民に知れわたっていた。病院のベッド数は開設時二百床、それがベトナム戦争の激化にともない増え、六八年当時は約二千床に膨れあがっていた。

「それでも足りないため、今回、王子に新たに野戦病院を作ってしまおうという狙いが垣間見える」と言う住民もいた。

言い換えれば、米国にとって、ベトナムの戦況のますますの深刻化を示すもので、朝霞基地周辺の住民によると、

「一日二回、沖縄経由でベトナムから、極東最大の輸送基地である米軍立川基地（現・陸上自衛隊立川駐屯地）に着いた負傷兵を、輸送ヘリでここにどんどん搬送してくる」。

実態はほとんどピストン輸送、米軍はそれだけ野戦病院を必要としていた。

今回、病院が開設されようとしていた王子は、民家の家並みがぎっしりつまる住宅地で、キャンプの東側は金網に沿ってすれすれに都営アパートが建ち、西側は国電赤羽線（現・JR埼京線）の線路に接する。しかも大学から小学校、養護学校まで集まる文教地区で、地元住民は神経を尖らせた。保守系といわれる自治会の会長も言っていた。

「朝霞では、運ばれてくる傷病兵は検疫なしなので、マラリアなど伝染病の心配があり、汚水・汚物の処理についても不安は膨らむ。また、入院兵の外出にともなって風紀上の問題も起こりかねない。日本人女性との自由恋愛は制約しないといっているからなおさらだ。なかでも問題なのは輸送ヘリの騒音、朝霞では付近の小学校の授業が、離着陸のたびに中断されると聞いた。住宅や都営アパートが建て込んでいる王子では、被害はもっと大きくなる。都心にベトナム戦争はふさわしくない。持ち込まないでほしい」。

すでにこの頃、正門を入って左側に外科と内科の病棟、右側にヘリコプターの発着場が設けられ、病院の詳細がわかってきた。地元ではPTAの連絡組織、商店会連合会、各町内会、さらには保守系区議会議員も巻き込み、超党派で「絶対反対」運動は動き出した。

実はこの二年前の六六年頃、地元では米軍の病院設置の動きをすでに察知し、社会・共産両党や労働組合が、野戦病院設置反対連絡会議を結成したものの、反対運動は動員でかき集めた参加者が形ばかりの行進をして解散するという、盛り上がりに欠けたものだった。

しかし、今回の小林区長の答弁、テト攻勢や「サイゴンでの処刑」などベトナム戦争の激化を背景に、「米軍野戦病院反対」の声が広がり、ついに二月二十日、第一回反対集会の開催にこぎつける。

路地裏を駆け抜けろ

王子野戦病院反対闘争の皮切りのその日の夕、私は、集会が開かれる王子駅東口に近い柳田公園に立っていた。寒い日だった。

集会の主催者は地元の北区労連だったが、「ベトナム反戦・米軍野戦病院阻止」を掲げる三派全学連と革マル派全学連も参加すると聞いていた。

ところが、佐世保で顔を知った三派全学連のある幹部によると、「ヘルメットを被らず角材も持たずに丸腰で参加する」という。主催者の顔を立てたのだろうか、佐世保で警官隊の壁に角材片手に突撃する彼らしか見ていない私にとって、非武装で闘う彼らはまったく想像がつかなかった。私は東京では初の現場となる、集会を開く公園に二時間も前に出かけた。機動隊との衝突もありうるので、佐世保と同様、「報道」と記したヘルメットを被り、『オブザーバー』の腕章を巻いた。

ところが、様子がおかしい。集会開催の時間なのに、学生たちの姿が見えない。しかし公園界隈はざわつき、公園の近くに待機していた機動隊が、ゆっくりと王子駅方面へ移動を始めた。私は意外な動きに驚き、慌てて機動隊について行くと、駅を降りたばかりのヘルメット姿の一団が角材を手にして突撃してきた。

この日、王子駅で降りた学生は三派全学連の約九百人。その半分近い四百人が約束を破って角材を手にしたため、残りの丸腰で降りてきた非武装派までがそのとばっちりで機動隊に追われ、蜘蛛の子を散らすように細道に逃げ込んだ。

武装派は、王子キャンプの正門をめざす。途中、規制しようとする機動隊は、学生めがけて催涙ガス弾を撃ち込んだ。これに対し学生側は石を投げ、角材を振り回して突撃、機動隊と何度も激しくぶつかり、三十人を超える学生が逮捕された。

二月二十七日、三月三日と、学生たちは同様の攻防を機動隊と繰り返すうちに、彼らは警備当局の裏をかくゲリラ戦術をとるようになる。

小グループに分かれ、一グループが突撃し、機動隊が規制に出ると、学生はいっせいに回れ右で退去、それに代わって別グループが横から飛び出す奇襲戦法だった。この時、学生たちにとって幸いしたのは、付近一帯は迷路のように狭い道が入り組み、民家がびっしり密集していたことだ。機動隊に追われて逃げ場を失いそうになると、彼らは民家の庭に逃げ込み、なかには屋根によじ登り、隣りの家へ飛び移る者も出てきた。ある民家は、逃げ場を失った学生数人に表のガラス戸を蹴破って侵入され、居間と寝室を通り抜けて裏口から逃走されるという巻き添えをくっている。

さらに驚いたのは、「群衆」あるいは「ヤジウマ」といわれる見物人が日ごとに、それも異常に増えたことだった。二十七日には数百人もいただろうか。それが三月八日になると、二千人以上になる。しかもゲリラ戦に出た学生たちに代わって、彼らが機動隊との対峙の前面で石を投げたり、逃げ遅れた学生を人垣の中に逃げ込ませたり、見方によっては学生とともに王子闘争を担い始めていた。

八日午後、王子キャンプ正門近くで、私は学生たちを待っていた。昼頃から早大の大隈講堂（社青同解放派、社学同）、法政大（中核派）、国学院大（革マル派）で集会を開いた三派および革マル派の全学連は、昼過ぎには国電で出発していたのに、まだキャンプ周辺に姿を見せていなかった。

「西門に向かっている！」との情報が、正門前に張りつく記者の間に流れたのは午後二時過ぎだった。私は急いで西門に向けて走った。

この日、学生は三派全学連の二隊と革マル派全学連が奇襲攻撃をくわだて、入れ替わり立ちかわり野戦病院に押しかけた。その第一波は社学同と社青同の合同部隊約四百五十人で、午後二時、赤羽線板橋駅に着くと、佐世保闘争と同じようにホームから線路に降り、石を拾い、走って同線わきのキャンプ西門めざして北上した。

西門内では装甲車を並べ、その陰に機動隊が待機していた。学生は門内に向けていっせいに投石し、機動隊員がひるんだ一瞬の隙をついて、数名が金網のフェンスを越えて基地内に侵入、南ベトナム解放民族戦線の旗を立てた。

しかし、西門前の学生の背後には、すでに機動隊の別働隊が囲み、学生たちの退路を絶った。機動隊が一斉にその包囲網を絞りに出ると、学生たちは線路をはさんで向かい側の東京家政大学の構内や、民家の庭や屋根へと逃げ込んだが、その多くは捕まった。

次の一隊は中核派の六百人で、タオルで覆面し、ヘルメットを被り、角材を持って完全武装していた。午後四時前、京浜東北線の東十条駅で下車すると、デモ行進しながら約一キロを南下、王子本町交差点を右折して一キロ先の正門に向かい、基地突入をはかる作戦だった。

警備当局は、もちろんそれを読み切り、キャンプ正門の数百メートル手前に機動隊約千五百人を配置していた。学生たちはまず投石、ついで角材を振り上げて、機動隊員の分厚いバリケードの突破をはかったが、阻止線はビクともせず、逆に警棒が学生に襲いかかった。ふだんから鍛えられた大柄の制圧部隊と、「全員検挙は覚悟」と玉砕もいとわない貧弱な体格の角材部隊の力の差は、歴然としていた。学生たちは蜘蛛の子を散らすように逃げた。

一方、独自に動く革マル派全学連約二百人は突然、王子駅周辺に現われた。数人ごとに小部隊をつくり、どこからか調達してきた角材を持ってヒット・アンド・アウェーに打って出た。

荒れる群衆

この日、群衆はさらに大きな変化を見せた。社学同、社青同、中核派の三派全学連は夕方、逃げた学生たちを再結集し、機動隊と王子本町交差点付近で再度衝突する。

この現場を、なんと二千人から三千人の群衆が取り巻いた。学生らしい青年、フーテンふうの若者、地元の商店関係者、サラリーマン、職人、老人、主婦らで、投石する学生を機動隊が追うと、学生は人込みの中に逃げ込んだ。さらに機動隊が排除にかかろうとするたびに、「ウォー」と声をあげ、「帰れぇ!」のヤジを飛ばした。たまりかねた警察の広報車が、「関係のない方は早くお帰りください」と、スピーカーのボリュームいっぱいに呼びかけるが、群衆はいっこうに立ち去らない。ヤジは次第に激しくなり、ついに学生と一緒になって投石する者まで出てきた。午後九時頃のことだった。交差点角の王子署王子本町交番の窓ガラスがすべて吹き飛んだ。

さらに九時半頃には、群衆の一部がキャンプ正門に移動した。約三百人が、正門前に陣取る機動隊めがけて投石を始める。規制のため機動隊が前へ出ると、たちまち群衆は細い路地に逃げ込んだ。機動隊が深追いをやめ、正門前に引くと、群衆はまた正門に戻り、激しく投石する。門前のサーチライトも粉々に吹っ飛ぶ。機動隊との一進一退は十時過ぎまで続いた。

王子本町からキャンプ正門へと動く群衆に、私はひとつの質問をぶつけた。

「あなたはいま、なぜ、ここにいるのですか、来たのですか?」。

　答えはおおよそ次の四つに分かれた。

「学生もひどいが、警察はやりすぎだ。われわれが見ていないと警察官はもっとひどい仕打ちをしかねない。そうさせないために来た」。

「身を粉にして「ベトナム戦争」反対を叫び、地元住民を守ろうとする学生たちの行動に打たれたので」。

「忍者ばりに出没して、警察を翻弄する学生たちを見ていると痛快だ」(警察への反感が感じられる)。

「地元の人間だ。野戦病院はまったく歓迎しない。反対するきっかけをつくってくれた学生たちには感謝するが、これ以上こんな調子で続けると、町は生きていけない。後は、地元にまかせてほしいと訴えに来た」。

　私は週刊新聞の記者である。毎日発行する日刊紙の記者と同じように、「何が起こっているか」をこぼさず追いかける取材をやっているようでは、とても競争相手になるものではない。起こった事実を繋いだだけの原稿を出したら、せいぜい主幹の大森実から大きな雷を落とされ、ボツになるだけである。

　この日私は、王子や成田の現場に、群衆ともヤジウマとも、また時には一般市民とも呼ばれる不特定多数の人たちが、何のために現われるのかという、彼らの行動とその動機を探っていた。

　翌九日の朝刊は、各紙「王子」の衝突を一面、または社会面を使って大きく扱っていた。いずれも学生暴力を批判するが、違いも出ていた。見出しを比較してみよう。最も厳しいのは『読売』。社会面トップで、《全学連デモで通行人失明　国電運休、商店も被害　王子で投石、乱闘七時間》。「学生たちの荒れ方はひどく、通行人を投石さわぎに巻き込み失明させ国電赤羽線四本を運休させたり、警官に追われて逃げる際、土足で民家になだれ込むなど、一般の人たちに多くの迷惑を及ぼした」ことを強く批判した。

一方、『毎日』は社会面の二番手（四段）で、見出しは、《群衆も警官へ投石　野戦病院反対　学生は〝ゲリラ戦〟》。

「八日夕刻から夜にかけて学生たちと警視庁機動隊との激突がめまぐるしく繰返された。そのうえ、この騒ぎを見ようと集まった群衆がデモ解散後、機動隊に「警官帰れ」と激しく投石をはじめ、機動隊がさんざん手こずる始末だった」と、反警察の群衆にスポットをあてていた。また、「いくら追い散らしても警官が基地内に引揚げると再び集まり、騒ぎを繰返し、なかには電車で乗りつけた中学生などもかなり見られた」とも書いていた。

『朝日』のトーンは、『読売』と『毎日』の中間といってよいだろう。社会面トップで、《王子・学生デモ大荒れ　群衆に混じり投石　土足で民家駆抜ける　巻きぞえに怒る地元民》とある反面、《数千人の群衆　野戦病院への反対ムードも》の見出しも立っていた。

市民とヤジウマ

三月十八日、王子キャンプの米陸軍野戦病院は、米陸軍王子病院として開院した。理由は不明だが、「仮」の店開きである。その日から傷病兵が、ヘリでどんどん運び込まれてきた。

これに対し、地元の病院反対運動はなお続く。主婦、商店主ら地元住民だけの整然としたデモも広がりをみせ、正門ゲートへ押しかけた。

三派、革マル派全学連は四月一日夜、学生約七百人が王子本町交差点付近で機動隊と激突した。この日も学生を数千人の群衆が囲み、彼らを味方にした学生の行動はエスカレートする。投石で付近の商店に被害が続出した。交差点の近くの音無橋上ではパトカーをひっくり返して放火し、丸焼けにしてしまった。さらに王子本町交番を襲い、書類を持ち出し、これを焼いた。

この日の正午前（日本時間）、ジョンソン米国大統領の全米テレビ・ラジオ演説が行なわれ、北爆停止と大統領選不出馬を表明した。沖縄返還をジョンソン大統領の決断にかけていた佐藤首相のショックは大きかっただろうが、ベトナム戦争の終結を願う日本の国民にとっても、もちろん王子にとっても、歓迎すべきニュースのはずだった。しかし学生のデモや集まった群衆は、まるで関係ないとばかりに荒れ狂った。

三月八日以降、その数が次第に増え、その存在が次第に不気味なものと化する群衆。『毎日』（四月二日）は《正体不明の〝群衆〟》の見出しを立て、疑問と批判を投げかけていた。

「一日夜の全学連デモには、これまでに見られなかったほど複雑な〝群衆〟が介在して混乱を増大させた。この人たちはヘルメットも角材も持たず、ジャンパーや背広、カーディガンからドテラ姿、ナイトガウン、それにサンダル、ぞうりばきといったさまざまな服装。しかも全学連の学生と同じように激しく警官隊に投石し、ヤジり、交番まで襲撃した」。

さらに「学生デモ隊が動き始めると、労働者ふうの〝群衆〟が行動を共にした。学生たちが無届集会を開いた王子本町交番前交差点付近では、さらに他の〝群衆〟が待ちうけ、学生たちをぐるりと囲み、機動隊と学生たちの間に〝サンドイッチ〟のようにはさまり、機動隊の学生デモ隊排除を困難なものにした」（同）。

米陸軍野戦病院に反対する三派と革マル派の両全学連は、二月二十日から四月十五日まで八回、王子周辺に押しかけた。このうち七回、現地に走った私は、日ごとに膨れ上がる群衆の行動やその背景、地元住民のホンネを追いかけ、探った。その結果見えてきたのは、佐世保での原子力空母エンタープライズ入港反対闘争との違いであった。

二カ月前のあの時、学生たちは「入港阻止」を叫び、玉砕覚悟で正面から米軍基地に突っ込んだ。全身に催涙ガス液を浴びせられ、警棒で完膚なきまでにたたきのめされた。このまっしぐらな敗北は、メディアや世論の同情をかきたてずにはおかなかった。

警備当局の過剰警備から学生を守ろうと、機動隊との間に割って入ったのが佐世保の人々だった。私が見た限りでは、石を投げるどころか持つことさえなく、たずねれば住所や名前、職業を答える人も多かった。彼らを群衆と呼んでは失礼だ。責任ある市民であった。

地元の商店街はどうだったのか。学生たちが姿を見せるまでは、「あの暴徒の全学連が来たら……」と戦々恐々であった。ところが、学生は繁華街を抜けることなく基地への鉄道引込線を走り、商店街は被害を受けることはまったくなかった。駅前でカンパを呼びかける学生たちのヘルメットには千円札、なかには一万円札まで入れられたのも、全学連が住民に直接迷惑をかけなかったからだろう。

一方の王子で、学生は自分たちを過信しすぎたといわざるを得ない。最初の反対集会では、三派・革マル派を問わず、ヘルメット、角材抜きの非武装でデモを行なうことを条件に、主催者から参加を認められたが、一部は約束を守らず、集会に加わるどころか、国電を下車するやいなや角材と投石による武闘を警備陣に仕掛けた。

出だしがこうなると、武装そして衝突はエスカレートする一方となる。初回に、彼らが全員、丸腰で参加し、デモを組んで病院正門にいちずに突撃していたら、地元や都民は彼らをもっと支持していたに違いない。

投石やゲリラ戦は、地元の商店や民家に多くの被害を与えた。なのに彼らは戦術を転換するどころか、ますます同じ作戦におぼれていく。しかも群衆まで巻き込みはじめ、機動隊に追われると群衆の中に姿を隠した。

群衆のなかには、王子駅などで開かれる駅前討論集会で地元住民による反対運動のあり方を語り合う、市民と呼ぶべき人々もいたが、大方は「ヤジウマ」といってよい観衆であった。〝観戦〟する彼らは、もっぱら警官に罵声を浴びせ、このうち何割かは逃げる学生をかばい、一緒になって投石する〝フーリガン〟に過ぎなかった。

「わたしたちは東京で「佐世保」を見た。三月八日、風の強い夜だった」と書き出し、『朝日ジャーナル』（一九六八年三月二十四日号）は、学生のデモ隊が立ち去った後も立ち去らず、路上を埋めた機動隊にヤジを浴びせ、「ポリ公帰れ」と罵声をあげ、機動隊員につかまりかかった若者を数人が奪い返すなどの光景をあげ、「佐世保でみられた学生の行動に誘発された市民の行動への立上りが、王子でも再現した」と評価した。しかし私には、とても「市民」という言葉は使えなかった。

当の米陸軍王子病院は、六九年十二月に閉鎖した。わずか一年半で米国がまるで捨てるように使うのをやめてしまう施設をめぐって、日本人は暴動まがいの衝突をさせられた。

八回の衝突で約四百五十人が検挙され、一人が死亡、多くの負傷者を出し、戦場にされた地元は大きく傷ついた。思い出すたびになんとも情けなくなる。ただ、閉鎖の背景はベトナムから手を引きたい米国の事情もあろうが、地元住民や全学連（地元の心に火をつけたことに限って）の反対運動があったからでもある。

あれから五十年後、すでに日本に返還されているキャンプ界隈を歩いてみると、緑とマンションやビル、しゃれた住宅が並び、かつての迷路のような街並みを思い起こせないが、キャンプ正門や王子本町交差点音無橋では、あの時の衝突がよみがえってくる。

佐世保と王子の断層。後述するが、成田でも、さらにそれ以降の様々な闘争でも、この距離が埋まることはない。

金嬉老と記者の距離

王子と同時に進行していた成田取材については次節で述べるが、この間、もうひとつ、本来ならば私がカバーすべき事件が起こっていた。

二月二十一日に起きた金嬉老《きんきろう》事件で、その前夜、静岡・清水のナイトクラブで、手形トラブルにからんで借金返済を強硬に求める暴力団員二人を射殺した在日韓国人二世の金嬉老（三十九歳）が、同県北部の寸又峡《すまたきょう》温泉の旅館に逃げ込み、湯治客や旅館従業員十三人を人質に立て籠った。

同日朝、この一報が入ると、『オブザーバー』も記者一人の現地派遣を決めた。そして「土屋を行かせろ」となったようだが、私は不運にも社内にいなかった。前夜、激しい衝突のあった王子に出かけ、住民の話を聞き歩いていた。

「それじゃあ、ボクが……」と言い出したのが、前章で紹介した中島照男である。決まるやいなや、彼はズダ袋とカメラを担いで飛び出した。

一足違いで編集局に戻った私は、「王子、成田取材があるから……」と納得したつもりだったが、次の現場行きは二十六日の成田。中四日あることを思うと、口惜しさがつのってきた。

しかし、中島からの第一報は、『オブザーバー』の置かれた立場の厳しさを象徴していた。日刊各紙、テレビ、放送各局は、ヘリコプターをはじめ現場から原稿送稿ができる無線機をのせたラジオカーまで総動員し、現地の旅館を前線基地に〝電撃作戦〟を展開していたが、悲しいかなわが社の特派記者には、自分の足以外にアシはなかった。凍てつく山道十キロを数時間かけて歩くハメになったという。

容疑者の金は、常時ライフルを抱え、弾丸千二百発、ダイナマイト十数本を腰に巻いているというので、警察も近寄れず、説得を続けていた。現場は立入禁止ラインが敷かれたが、裏道から林をくぐって旅館に近づこうとした記者は発砲され、銃弾が肩をかすめた。危機一髪だった。

しかし、一方で金は報道スタッフを利用しようとした。何度も記者会見を開き、在日韓国人への不当な差別を訴えた。テレビのワイドショーへの電話出演は二つ返事で受けた。籠城四日目の二十四日、記者団に紛れ込んだ複数の刑事が金にとびかかり、記者団もそれを助けた。報道陣が逮捕のお先棒をかつぐ、賛否両論が渦巻いた。

編集局に戻ってきた中島は、逮捕支援よりも、金嬉老に甘い言葉を投げ続けた記者団に怒っていた。

「百五十人を超える報道陣がいたけど、結局、金に異様な媚態をしめしただけ。もちろん人質の命がもっともたいせつだけど、「金さん、ライフル構えて！」と機嫌をとって写真をとったり、金からインタビューの指名を受けようと、肩までポンとたたく記者をみていたら、ホストクラブを思い出した。相手は殺人鬼だというのに！」。

そんなこともあってか、彼は「刹那的」とか「主体性がない」とか言って、日刊紙の社会部記者を嫌った。その指摘がマトを射ているかどうかは別として、『オブザーバー』休刊後、仲間の多くが各新聞社の記者に転身をはかったにもかかわらず、彼がそれを拒否したのは、こんな記者観が理由だったのかもしれない。

三　成田闘争の泥沼とその後

新空港決定の経緯

「読売カメラマンら、警官に殴られ、負傷した報道陣も出ている。警官隊が暴行現場を写されるのを阻止したものだ。東京オブザーバーの一記者は警官隊に殴られたあげくに、カメラを取りあげられ、フィルムを抜かれて感光された。勿論、腕章はつけていたという」。

前章で紹介した共同通信社社会部デスク、原寿雄（筆名・小和田次郎）の『デスク日記　5』にはこうあった。

「東京オブザーバーの一記者」とは、学生問題担当の私であった。三月十日、私への暴行を含め、成田で何が起こったか、詳細は後述するとして、新空港建設が成田に決まる経緯にふれておこう。

国際線の増便や、本国とベトナムを結ぶ米軍チャーター機の離着陸の増加で、パンクしそうな羽田空港をカバーするため、新国際空港の建設が池田内閣で閣議決定されたのは一九六二年だった。翌年からその候補地を、河野一郎建設相、綾部健太郎運輸相、友納武人千葉県知事らがそれぞれの思惑によって、あるいはシガラミに引きずられて、次々にぶちあげた。千葉・木更津沖および浦安沖、茨城・霞ヶ浦、さらに千葉・富里の案も出てきた。

しかし、霞ヶ浦案はボーリング調査で不適と判定され、東京湾千葉県沖案も羽田と航空管制域が重なることからはずされた。そして六五年十一月、政府は残る富里案を建設予定地に絞るが、これに相前後して想定外のことが起こった。政府の予想と期待に反し、地元の富里町が土地収用に激しい反対運動を起こしたのである。農民が五十台のトラクターを連ねて千葉県庁に押しかけ知事室に乱入、さらに住民千五百人も隊列を組んで突入、逮捕者を出すほどだった。

あまりの激しさに、首相の佐藤栄作も一歩退く。日記（一九六五年十二月十七日）によると、「友納千葉県知事、空港問題でやって来た。仲々反対論が強い様なので、ゼスチュアもあり閣議決定を本年中はしない事とする」（『佐藤榮作日記』第二巻、朝日新聞社、一九九八年）。

しかし、年が明けても、首相は「富里」の閣議決定に踏み切れない。それどころか地元の反対運動にほとほと手を焼き、政府は六六年六月、新たに浮上してきた三里塚地区（成田市、芝山町、大栄町〈現・成田町〉）案に飛びつく。同地区は、暗礁にのりあげていた富里地区に隣接していた。

六四年末の閣議は、一九七〇年の新空港完成を目標としていたが、その後これはとても無理だとして七二年完成に延ばした。それでも残された時間はわずかしかない。佐藤は急いだ。三里塚案が出てきた十日後には、三里塚の御料牧場の栃木（高根沢・芳賀両町）への移転を内奏、六六年七月四日に同案に決定してしまった。

この間の首相の日記を見ると、六六年六月初めに「六月一日　水　富里空港の問題で、川島［正次郎自民党副総裁］、赤城［宗徳元農相］、森［清衆議院議員］、水田［三喜男元蔵相］君等と協議するが、議まとまらない」。川島が、持論の「政界一寸先は闇」を地で行く優柔不断な態度を見せたためか、佐藤は「川島君の態度面白くない」とのぼやきもあり、あせりさえ伝わってくる。

ところが、同月中旬、三里塚案が浮上してきたとたん、様子はガラリと変わる。
「六月二十二日　水　中村［寅太］運輸相は富里空港の打合せに友納知事がくるので、その前に打合せに。

友納知事と川島、橋本［登美三郎官房長官］等と三里塚を中心にしての空港建設を相談する。今度は知事も腰をあげるか」（前出、同）。
「二十五日　土　参本［参議院本会議］に出席。柳岡［秋夫］（社会）君から第二空港選定の経過につき緊急質問あり。丁度いい機会と思ふので、三里塚中心に空港を造るとＰＲする」と余裕まで出てきて、ついに「七月四日　月　過日来第二空港の目はなもついて来たので、閣議決定と本格的に最終決定」。

三里塚地区決定の決め手は、同地区ならば空港予定地の四〇パーセントを占める御料牧場が国有地で、さらに転用が可能な県有地もあり、富里地区よりも土地の収用がずっと簡単に進むと踏んだのだろう。

それだけではない。急ぐ政府は空港の規模を原案の二分の一に縮小してしまった。空港の敷地面積は富里案では二千三百ヘクタールだったものが、三里塚案では一千六十ヘクタールと半分以下になる。世界基準をいく空港ということで当初五本と発表した滑走路も、三本に減らしてしまった。おかげで買収交渉が必要な民有地は、富里案の千戸から三百戸へ。政府はこれで大幅に時間がかせげると踏んだのだろう。

ところが急ぐあまり、政府は取り返しのつかない失策をしでかした。土地の買収について十分に説明し、ていねいに話を進めていかなければならない約三百戸の農家への対応が、あまりにもいいかげんだった。地元住民への説明会はわずか一回だけ、しかも、提示しなければならない耕作代替地の候補地さえ用意していなかった。

成田での取材を通じて感じたことだが、人間は「急ぐ」ことを「目的」にしてしまうと、まわりがまるで見えなくなってしまう。「急ぐ」自分の足を引っ張る「遅らせる」動きが出てくると、理由のいかんを問わず、それを排除しないではいられなくなるようだ。

三里塚案決定後の政府は、運輸省（現・国土交通省）、警察を含めてのことだが、時代劇の悪代官のように肩をいからせた高姿勢が目立ち、地元への配慮や優しさはまったく伝わってこなかった。

学生武装化の不安

政府の対応に、農民を中心とした地元住民は怒り、猛反発した。彼らは「三里塚芝山連合空港反対同盟」を結成し、農機具販売店を営むクリスチャンの戸村一作を代表者に選んだ。

一方、「条件によっては（空港建設）賛成」という条件派の農家もおり、こちらも協議会をつくった。発足当時、反対同盟は支援農家・商店・住民を含め「千戸以上」、条件派は同じく「百数十戸」といわれたが定かではない。

本格的な工事は、六七年十月十日、測量用の杭打ちから始まった。反対同盟側は、社会、共産両党の支援部隊を含め約千二百人がこれを「断固実力阻止」するためにスクラムを組んで座り込んだが、空港公団が出動要請した機動隊千五百人によってごぼう抜きされ、杭打ちは予定通り執行された。

この時、共産党系の支援者は、「挑発に乗るな」と実力闘争を避け、周辺で「反対」のシュプレヒコールをあげるだけだった。この日をきっかけに、反対同盟は共産党と袂《たもと》を分かつ。「党派を問わず、同盟の指導下で闘うならば、支援は受け入れる」と規約にうたい、三派全学連とも共闘する同盟と、三派などとの共闘を拒否する共産党の共存は、あり得なかった。その後、同盟は、「たよりにならない」と社会党とも袂を分かった。

六八年二月二十六日、私は成田市営グラウンドにいた。前夜、会社に泊まり、早朝、上野発の京成電車で成田へ向かい、バスで大挙してやってくるという中核派の学生を待った。

午後、グラウンドでは反対同盟が、「三里塚空港実力粉砕」の総決起集会を開いた。学生たちは貸し切りバス十六台でかけつけ、農民を含め約千八百人が参加した。集会はプログラム通りに進行し、「暴徒の学生といっしょには……」と心配していた農民たちをほっとさせた。

ところが、集会終了後、グラウンドを出てデモ行進に移ったとたん、学生たちは踵《きびす》を返し、二百メートル先の高台に並ぶ新国際空港公団分室と市役所めがけて角材を振り上げ、走った。これを警棒で阻止しようとする機動隊と激しく衝突、両者に負傷者を出した。警棒は、丸腰の戸村反対同盟代表の頭上にも振り下ろされ、戸村は重傷を負った。

その晩、三里塚・芝山地区の農家に一泊二食付二百五十円で投宿した学生たちは、翌二十七日にも再度、高台へと突撃することを反対同盟に明らかにしたが、同盟の幹部が説得し、やっとのことで思いとどまらせた。

しかし、翌日、驚くべきことが起こった。彼らは芝山町の農協施設で開かれた集会に参加したものの、その合い間を縫って行なわれた隊列づくりの訓練で、何人かが竹槍を持っていたのだ。後ろめたさからか、報道陣の視線に気がつくとすぐに姿を消した。

竹槍は佐世保でも王子でも見ていない。初めての登場だった。「単なるデモンストレーションですよ」と幹部は弁明したが、地元農民の不安はかえって膨らんだ。

佐世保で学生が市民の支持を受けたのは、彼らの革命理論に共鳴したわけではない。警棒の犠牲になることがわかっていても、正面からバリケードにぶつかって行く彼らの、一途さに対してだった。

成田で、「佐世保では市民が支持してくれたのに、ここは冷たい」と彼らは言う。当然だと思う。成田での彼らの行動を見ていると、佐世保の市民が学生たちに寄せる思いを理解しているとは、とても思えない。これに気づいていれば、さらなる武装化を選ぶはずはない。学生が重武装すれば、警察はそれに対抗してますます警備体制の強化をはかる。やがて両者の武装拡張は歯止めがかからなくなり、学生たちがテロに走ることにもなりかねないと、私は思った。

佐藤首相は、翌二十八日の日記に書いた。

「昨日の成田空港デモは学生［に］対する批判の声多い。然し朝日は相不変学生より。何としても朝日征伐にかゝらねばなるまい」（前出、同）。

「朝日征伐」とはなんとも物騒である。しかし、当の『朝日』（二月二十八日朝刊）は《成田空港デモの二日間》《農民の空気微妙　続くか全学連との共闘》の見出しで、

「二十六日の激突のあと、同盟の中の空気には微妙なものが生れてきた。はじめ三派受入れに消極的だったある幹部が「君たちの毅然《きぜん》として権力に向かって行く姿に感心した」と語る。二十七日、芝山地区の決起集会でも何人もの幹部たちが「よくやってくれた」と学生たちを称賛した」とあるものの、「その半面「学生たちの乱暴な行動についてゆけない」との声も生れてきた。学生たちが二十七日に警官隊との激突を中止したのも、反対同盟の幹部が、社会党などと一緒に「あれ以上やると市民にソッポを向かれる」と徹夜で説得したせいもあったことは確かだ」。

さらに「（警察は佐世保で）きびしい批判を受けた経験から警棒の使用をきわめてきびしく制限し、受身に回る方針だった。このため二十六日の衝突では警備陣ははじめのうち一方的に押しまくられ、市民からも「頼りないなあ」と批判された」と、警備当局を擁護までしていた。

にもかかわらず、佐藤は「征伐」と口走ってしまう。よっぽど『朝日』が嫌いだったのだろう。そういえば、彼は総理退陣表明の記者会見で「僕は（テレビを通して）国民に直接話したい」、「新聞記者の諸君とは話さないようにしているんだ」、「偏向的な新聞は嫌いなんだ、大嫌いなんだ」と、新聞記者全員が退出した会見場で一人、テレビカメラに向かって演説した。これももとをただせば、『朝日』を特に意識していたのだろう。

機動隊の無差別攻撃

三月八日夜、機動隊と衝突を繰り返す学生たちを王子で追った私は、中一日おいて十日、再び成田にやって来た。

前回、二月二十六日に出動してきたのは、三派全学連の中核派だけだったが、この日は同全学連の他の二派、社青同解放派、社学同もかけつけた。他のセクトを含めて約千八百人の学生をはじめ、さらに労働者や支援農民団体をあわせると約四千五百人が、市営グラウンドに集まった。群衆もかなりいた。

集会が終わると、この日もまた、学生たちは二百メートル先、彼らが「粉砕」を叫ぶ空港公団分室をはじめ市役所、消防署が並ぶ高台へ突撃した。高台に通じる道路には長く太い丸太が何本も埋められ、そのまわりを有刺鉄線をがんじがらめにしてバリケードが築かれていた。さらに高台の周囲は、高さ二メートルの金網の柵でしっかりと囲ってあった。まさに要塞、警察はバリケードの内側に装甲車四台と放水車二台を並べていた。

午後三時前、青ヘルメットの社青同解放派の学生たち約四百人が、バリケードめがけて前の斜面を一気にかけあがった。ペンチ、ハンマー、ノコギリ、ロープさらにはハシゴまで用意してきた先頭の「工兵隊」が、後方の「投石隊」の援護を受けてバリケード破壊を始めたとたん、放水車が催涙ガス液の放水や、催涙弾の発射を開始。たちまち工兵たちは全身びしょぬれ、涙で目を腫らすが、ひるまない。一時間半後には、有刺鉄線や柵の間に穴があき、十数人が要塞内に飛び込んだ。

しかし、その瞬間、突破口は要塞内に待機中の機動隊約二千人の出撃路に一転した。続々とバリケードの中から出てくる機動隊に慌てた学生たちは、斜面の枯れ草に火を放った。しかしこの機動隊の出撃にあわせて学生たちの後方、京成成田駅方面から別働隊が現われ、両者は一斉攻撃の合図とともに挟撃作戦をとった。

学生や農民、労組員、群衆は総崩れとなり、市営グラウンドに逃げ帰った。

問題の事態が起こるのは、この後だった。

スリ鉢の底に広がるようなそのグラウンドで、総括の集会が始まったのは、夕闇が濃くなりはじめた五時半頃だった。参加者は三派全学連の学生らのほか、農民、反対同盟支持の住民、社会党の代議士や、当時は同党系だった反戦青年委員会の労働者ら千数百人がいた。

集会で、反戦青年委員会の代表が宣伝カーの屋上ステージから話を始めた時だった。

「この集会は無届けで公安条例違反です。すぐに解散してください!」。

機動隊の指揮官車のスピーカーが、警告を三、四回繰り返したかと思った瞬間、突撃ラッパが夕闇を裂いた。たちまち、土手の上から集会を包囲していた約三千人の機動隊が、三方からスロープを駆け降りる。一隊が参加者の中央に突っ込んで集会を二つに割り、他の部隊が参加者を塊りごとにそれぞれ包囲した。

あとは無差別といえる攻撃だった。警棒が唸りを上げた。殴られて動けない学生にも手錠がかけられる。「ケガをしているんです。引きずるのだけはやめてください」と若い女性が懇願しても、聞き入れられなかった。なかには負傷した学生を庇って包囲網の外に出してやる警官もいたが、ほんの一握りでしかなかった。

　これがさんざん石を投げつけられた学生への意趣返しか、警棒を振り下ろす表情には剝きだしの憎悪が詰まっていた。この日、百九十八人が逮捕され、警官、学生、労組員、一般人ら約五百人が負傷した。非武装の農民、労働者らも乱打された。

　翌日の『毎日』は、機動隊の急襲をこう伝えた。

「不意をつかれて逃げまどう素手の学生たち。突飛ばされ、悲鳴をあげる婦人。抵抗するものの頭上には警棒が振落とされた。血だらけの学生が引立てられていく。「年寄りを殺す気かよ」「それでも人間か」……老人が苦しそうに叫ぶ。木原実代議士（社会・千葉一区）も突飛ばされてよろめく」。

　警察の規制は、佐世保と同様、過剰だったといえよう。しかし、佐世保のように学生と機動隊の間に割って入り、流血に待ったをかける成田市民は現われなかった。

『読売』は社会面トップで、集まった群衆を《混乱に輪をかけたヤジ馬》と書いた。

「市営グラウンドを囲む丘、道路、屋根……、高い所は、集会の始まる三時間も前の午前十時ごろから、三派全学連対機動隊の衝突を見ようという見物人がつめかけ、正午過ぎには立すいの余地もなくなった。

　なかには弁当持参や酒まで持ち込んで一パイひっかける人もいたほど。ほとんどが目前にくりひろげられる激突を「おもしろい、おもしろい」と、まるで活劇でも見るように〝楽しんでいる〟無責任な見物人だった」。

『東京オブザーバー』は、記事の前段で竹槍の登場などを例にあげて、武闘路線を走る学生たちへの疑問を投げかけたうえで、自分の目で見たこの日の機動隊の過剰警備の実態を記し、「一般市民に対してまで暴力をふるう警官側の権力乱用行為も不問にふすことはできまい」（六八年三月十七日付）と書いた。

私服警官の暴行

この日、成田で取材中の私は警察官から暴行を受けた。三月十日午後四時半ごろだった。

私は、市営グラウンドから京成成田駅に向かう坂道の途中、三叉路に近い電柱の陰で腰を低くして、学生・市民と機動隊との投石、乱闘を取材していたが、機動隊についていた私服警官のひとり（キルティングふうジャンパーに戦闘帽ふうの帽子をかぶり、機動隊の警官に指示を与えていた）が、ポケットから卵大の石を二個とり出して、学生たちに投げようとしたので、とっさにカメラをその方に向けてシャッターを切った。

ほとんど同時にこれに気づいたその私服警官は、「何をする」と叫びながら近よって私の左腕をつかみ、「お前はどっちを撮っているのだ」と言うなり、その場にいた機動隊数人とともに私を機動隊の隊列のなかにつきとばし、蹴とばし、首からかけていたカメラ（ニコンF）をひったくった。

私は警備本部から発給された報道関係者用の腕章を左腕に、『東京オブザーバー』の腕章を右腕に巻いていたので、これらを明示し「私は記者として正式に届け出ており、学生と警官のどちらも撮る。それで何が悪いか」と抗議したが、警官は「うるせえ！」の一言。同僚とカメラの操作を話し合いながら、マガジンをとり出して路上でふみつぶし、フィルムをぬき出すと一気に感光させてしまい、「こんなマネはするな」と言ってカメラをつき返した。

私は、「何も悪いことはしていない。正当な取材をしただけだ」と抗議したが、警官は「このやろう、なめるなよ」と暴言を残して、足早に市役所方面へ立ち去った。

私の連絡を受けた本社では、ただちに社員を成田に派遣、この事件を「法の「番人」たるものの違法行為だ」とし、その日の午後五時すぎ、現地で警視庁の村上健公安一課長に口頭で厳重抗議するとともに、翌十一日、文書をもって畠中達夫警備本部長（千葉県警本部長）に正式抗議した。

「秦野（章）さん！　これ、どういうことや?!」。大森主幹は、その日のうちに警視総監に電話し、厳しい声をぶつけた。

翌週、『東京オブザーバー』を発行する大森実国際問題研究所を、山本鎮彦警視庁公安部長（後に警察庁長官、駐ベルギー大使）、警視庁の村上公安一課長が訪ねてきた。大森主幹、中村康二編集局長、そして末席に座る私に向かって、「事実でした」と頭を下げた。

なお、冒頭で述べたが、十一日、『読売』のカメラマンも警官の暴行を受けた。同紙によると、グラウンドで警察が逮捕をはじめたところを取材中の同社のカメラマンは、「なぜ写真を撮るのだ」と警官隊の一人に足ばらいを食い、そばにいた数人の警官からも二回にわたり蹴られたという。同社の腕章を示し、抗議すると、「逮捕する」と連行されかけたが、他社を含む記者がかけつけて抗議すると、ようやく手を離した。

この日、警察から暴行を受けた記者は他の二人を含めて四人。調べてみると、四人とも機動隊の背後から現場を見たり、撮ったのではない。いずれも学生の近くから、向かってくる機動隊を見つめていたのだ。

われわれは目の前で見た機動隊のすさまじい一挙手一投足を、フィルムに焼きつけようとした。警察官からすれば、生々しい写真がそのまま世間に届いてしまうことは、なんとしてでも阻止したい。なぜなら、記者が原稿用紙百枚を使って「逃げまどう学生に警棒を振り下ろし、抵抗できなくなった者まで足蹴にした」と書くよりも、カメラがとらえた一瞬のカット、数秒のニュース映像のほうが、人々の心をつかむことがわかっているからだ。

七月十一日にもカメラマンや記者への暴行があった。空港建設予定地内で、空港公団職員らによる家屋への立入り調査を阻止しようとする反対同盟の農民、学生らと機動隊が衝突した。この現場に、記録映画「日本解放戦線――三里塚の夏」を撮影中の小川プロダクションのカメラマン二人がいた。農民を規制しようとする機動隊にレンズを向けたところ、たちまち「公務執行妨害だ！」。

二人は近くの農家の台所に逃げ込むが、十人を超える警官が押しかけ、殴られ逮捕される。この模様を撮ろうと、『朝日』の記者がカメラを向けると、彼もまたやられたという。

殴られた二人のうちの一人は、ドキュメンタリー監督、小川紳介とともに小川プロを設立した吉田司（現・ノンフィクション作家）だった。その吉田が当時をこう振り返る。

「機動隊に殴られ続けたよ。小川プロは金ないから、撮影現場じゃ貸カメラを使ってた。こわされたら弁償するのに何十万円もかかる。小川プロは潰れる。それを知っているものだから、三里塚では機動隊は真っ先にカメラ打ちこわしに群がった。小川紳介によく言われた。「吉田、お前より機材が大事だ」。撮影中に機動隊がワーッと襲ってきたらカメラマンごと抱きかかえて、身代わりにボコボコに殴られるのが助監督のわたしの役目だった。わたしの頭にはあの時代の機動隊からのプレゼント＝合計二十七針の頭傷が残っている」（「特集60年代の青春――ハチャメチャな時代にサンキュー！」『文藝春秋SPECIAL、季刊秋号』、二〇一〇年）。

「成田二十四時」の放送中止

誤りを犯したのは警察だけではない。「過剰警備」を批判する報道に携わる者も、勇み足を犯していた。三月十日、TBS（東京放送）のドキュメンタリー取材班が、製作スタッフのマイクロバスに、新国際空港反対集会に向かう反対同盟の婦人七人、ヘルメットを被った若い男性三人、およびプラカード十八本を乗せ、警察の検問所でひっかかった。

さらにまずかったのは、集会取材のスタッフに「昼食を届けるために婦人を便乗させた」といつわり、同乗を目撃した他社の記者やスタッフに口止めをしていた。

新空港早期建設にかける自民党は、このチャンスを見逃すはずはない。機関紙『自由新報』（三月十五日。現『自由民主』）には、《TBSが角材を運搬》の大きな見出し、記事には「真実と公正な報道を使命とする報道機関が、事もあろうに全学連の凶器とする角材運搬に一役買い」と書いた。

さらに、「その時、全学連の名入りのベニヤのプラカードのついた角材十数本が持ち込まれたが、（取材班は）気にもとめなかったという」。

当のドキュメンタリー取材班はテレビ報道部の所属で、番組は「カメラ・ルポルタージュ」の「成田二十四時」。三月十二日放送の予定だった。しかし、「成田二十四時」は急遽中止、かわって一年前製作の「六七春・東京大学」が再放送された。

七〇年にTBSを退社して、わが国初の番組制作会社「テレビマンユニオン」を起こした萩元晴彦らが書いた『お前はただの現在にすぎない――テレビになにが可能か』（田畑書店、一九六九年。後に朝日文庫）によると、当日は、「視聴者から電話殺到。待機した職制が応対。中止の理由は担当者急病」と答えたという。

三月二十二日、会社側から予想をはるかに上回る処分が発令された。番組担当者（テレビ報道部員）は無期限休職、上司の報道局次長兼テレビニュース部長はニュース部長に、報道局長は報道局次長にそれぞれ降格させられた。これに対して、三日後の二十五日、「報道局職場集会声明」が出された。

「我々は報道の自由を貫くためには、取材の過程において取材対象との関係に疑念を持たれる行動を一切避けるべきだと考える。そうでなければ、もともと自由な立場から行った報道さえ正当な評価を受けられなくなるからである。その意味で、全学連、農民と、警備陣とのきびしい緊張のさなか、取材用マイクロバスに、プラカードを持った反対派農民を同乗させたことは、我々の自由な立場からの報道についてすら、疑念を持たせる原因を作ったことになる。この種の不注意な行動によって、我々の正当な放送内容に疑念を持たれることは、報道機関の自殺行為というべきであろう」（前出、同）。

その後は、韓非子の「蟻の穴から堤も崩れる」であった。わが国政府を含めいずれに対しても歯切れ良くモノを言い、番組を作ってきた「報道のＴＢＳ」は、残念ながらその影を次第に薄くしていった。

三月三十一日、三派全学連はまた、成田にやってきた。三里塚で集会を開いた後、学生約千人は八キロをデモ行進、成田市内の空港公団分室へ向かった。途中、警察のバリケードを破って分室のある高台に突入、二月二十六日、三月十日に次いで三たび衝突、血を流した。

夕方、電車で帰京した学生たちは、翌日、王子に出動、群衆を巻き込んで激突を繰り返す。

変質する学生運動

その後の三里塚闘争はどうなったのか。新国際空港の開港は、佐藤首相が掲げた七二年にはまったく間に合わず、六年遅れの七八年になる。

その間、反対派農民、「労農連帯」と彼らを支援する新左翼セクト活動家による闘争は、次第に過激化し、もはや学生運動と呼べるレベルではなくなる。二つ例をあげておこう。

ひとつは、七一年九月、停滞した用地買収を打開するため、政府が行政代執行に乗り出す。その日、九月十六日早朝、東峰《とうほう》十字路事件が起こった。

成田市東峰地区で後方支援にあたっていた神奈川県警の特別機動隊二百五十人が、鉄パイプ、火炎ビンで武装した学生たちに襲撃され、三人が死亡、八十人が重軽傷を負った。部隊は常設のプロの機動隊ではなく、ふだんは刑事、防犯、交番やパトカー勤務の若手警察官で、臨時に編成されたアマの応援部隊だった。

現場の状況はどうだったのか。朝日新聞取材本部で、前線の記者から入ってくる情報のまとめ役をしていた岩垂弘は、ネット連載の『もの書きを目指す人びとへ――わが体験的マスコミ論』でこう伝えている。

「「逃げ遅れた機動隊員が手錠をはめられ、角材でメッタ打ちにされた」「火炎びんで火だるまになった機動隊員もいた」

刻々と出先の記者から入ってくる情報を受けながら、私は暗い気持ちにひきずりこまれた」（「ボタンの掛け違いから欠陥空港に」二〇〇六年二月）。

『朝日』のその日の夕刊一面トップには、《学生５００人待伏せ》《取囲みメッタ打ち》《神奈川県警の一小隊ほぼ壊滅》（九月十六日）の見出しが並んだ。

私は現場にいなかった。『東京オブザーバー』はこの一年半前、すでに休刊、私は隣りの埼玉県で、『産経新聞』の地方記者として仕事を始めていた。

浦和支局でこのニュースを耳にした時、「やっぱり……」という気分が私の胸を塞いだ。六八年二月二十七日、成田で学生たちが竹槍を持ち出した時、幹部ははっきり言っていた。

「決してテロまではいかない。学生のとるべき戦術ではない」。

権力にまずいことがあれば、まっすぐものを言う。耳をかたむけてもらえないならば、角材一本を持って真正面からぶつかり、ものの見事に叩きのめされる。やっと世論が、世間がことの重大性を知り、それぞれがそれぞれの思いをもって抗議の声をあげる。

これが学生運動だと思っていたが、もはやその時代は過ぎ去ってしまったのかと思うと、さらに胃が痛んだ。

もうひとつは、開港予定日の四日前、七八年三月二十六日に起こった成田空港管制塔占拠事件である。成田の市街地から空港につながる地下水道に数日間、身をひそめていた「決死隊」を名乗るセクトのゲリラ部隊が、空港内のマンホールからはい上がり、管制塔に乱入。管制官を屋上に追い上げておいて、管制室の機器類を鉄パイプとハンマーでメチャクチャに破壊した。空港の開港は五月二十日に延期された。

開港後もゲリラ・テロ事件は続き、やっと収まる気配が出てきたのは、九五年、村山富市首相が、政府が地域住民を無視した空港建設を強行してきたことを謝罪してからだった。

しかし、当初の計画決定から五十一年、完成予定の七二年から四十年過ぎた二〇一三年の今になっても、建設計画通りの完成はしていない。この間、世界でいくつもの新空港がはばたいていった。政府の住民無視の拙速主義というボタンのかけ違いは、未来にまでその禍根を残そうとしている。

おかげで、成田空港を取り巻く環境は大きく変わりつつある。はっきりいえば、その地位は確実に低下しつつある、といってよいだろう。いまや、都心に近い羽田空港が拡張され二十四時間運用、国際線も飛ぶようになった。半世紀前、「羽田がパンクする」といって建設を始めた成田は、いま、その座を羽田に返上しかねない立場に追い込まれている。

「成田」に残った人々

いま思うと、「成田」はヤジウマばかりではなかった。

四十年前、機動隊の壁に突撃した学生で、その後も農民とともに闘い続け、ずっと成田で暮らしている人たちがいた。『朝日』夕刊の連載「ニッポン人脈記」（二〇〇九年七月九日）では、その夫婦にスポットをあてた。長い引用になるが紹介したい。

〈相原亮二（61）が成田空港反対闘争に加わったのは1971年、東大生のときだ。（略）集会、デモ、機動隊と衝突。何もない日は農家の稲刈りや畑仕事を手伝う。そのうち、10人くらいいた相原たちの学生グループは1人去り、2人去り、とうとう中央大生の永子《ながこ》（58）と2人だけになる〉。

〈ある日、永子がいった。

「私は残るけど、あなたはどうするの？」

「ぼくも残る」〉。

福島の農家の生まれの永子は、

〈「農民は、学生とちがって、家族をどうするかという問題を抱えている。かれらに寄り添って闘うなら、同じように家庭を持って、子どもを産んで、普通に暮らす。それが大事だと」〉。

若い夫婦の新居は滑走路近くの掘っ立て小屋だった。

〈相原は工事現場へ。永子は畑を借りて耕した。まもなく女の子と男の子が生まれる〉。

空港が開港すると、相原が住む集落をすさまじい騒音と排ガスが襲う。

〈このまま暮らしていけるのか。どこかで決着をつけなければ。そんな思いが募ったころ、農民と国との間でシンポジウムが始まった。91年のことだ〉。

シンポの席で相原はいった。

〈「子どもを学校に連れていくときも検問で20～30分止められる。人権侵害だ」。国が過去のいきさつを謝罪し、強制収用の申請を取り下げた〉。

九八年、集落に残っていた二戸とともに立ち退いた相原は、いま、空港近くで行政書士と建築士を営む。里山をよみがえらせる運動にも携わる。

〈「シンポでは百％の勝利を望まず、現実的な勝利を選んだ。そうした話し合い解決にかかわってみると、学生時代の運動がいかに現実の生活を大事にしていなかったか」〉。

相原夫妻は世間の視点を大事にして、社会とのかかわりを持ち続ける。彼らにとって、もっともっと多くの若い人に切り拓いてもらいたい生き方であろう。

第三章　日大闘争の明と暗

一　インターナショナルではなく校歌を

二億円の使途不明金

「わが日大こそ全国の大学で唯一、学生運動のない大学」が口癖で何よりの自慢だった日本大学のドン、古田重二良《じゅうじろう》会頭。その日大で、六八年五月、紛争に火がついた。

きっかけは、四月、東京国税局が、六三年から六七年までの五年間に日大で二十二億円の使途不明金がある、と公表したことからだった。しかも国税局の調査に立ち会った経済学部の経理担当課長が失踪、その二日後、理工学部会計課の女性主任が、「私は潔白です」との言葉を残して自殺した。

国税局の調査により、使途不明金の額は三十四億円に膨らみ、ここから教職員に十九億円にものぼるヤミ給与が、三年間にわたって支給されていたことがわかった。

驚いたことに「この給与は上に厚く、下に薄く、また教官よりも事務系幹部に多いという傾向も明らかにされ、実際には二十人ほどの高級幹部が半分近い額を受け取っていた。理事、事務局長、学部長、本部役員など十六人は一千万から五千万円、二人に五千万円から二億円、そして一億円以上受け取っていた者が三人おり、最高は一億五千万円を上まわる金額を受け取っていたことがわかった」（日本大学新聞研究会編『日大紛争の真相――民主化への歩み』八千代出版、一九六九年）。

一方、警察の家宅捜索では、日大本部のロッカーから二億円もの現金が出てきた。ある教授が集めたもので、学生に一点一万円で試験の点数を売りつけ、裏口入学でも文系で八百万円は取っていたらしい。

この一連の不祥事に、学生たちは怒りを爆発させた。怒りの先には一人の男がいた。柔道部出身、事務職員から経営トップにのぼり詰め、日大をほしいままにしてきた古田会頭である。彼にとって大学経営とは「利潤の追求」、およびそれを支えるための「管理体制の強化」であった。

日大は学生数約十万人。当時、わが国大学生の十人に一人は日大生、とまでいわれた。しかも、どの学部も学生数は定員を大きく上回り、なかには三倍を超える学部さえあったと聞く。古田はこの学生数という「量」の増加に熱心で、学部ごとの独立採算制を導入、稼ぎを競わせた。これで日大はますます拡大する。

本来、教育には「環境の充実」という「質」の向上が欠かせないはずだが、古田は、効率の足を引っ張る投資にはそっぽを向き通した。学生は入学して間もなく、大学のあまりに貧弱な施設に絶望する。『朝日』社会部の高木正幸（後に編集委員）が、約九千人の学生をかかえる経済学部で学生から耳にした話によると、「ひざづめですわっても八、九十人がやっとという教室の定員が一五〇人。はじめからサボるのを見込んでいるのですよ」。また、「図書館のイスはたった二五〇人分。食堂は定員五〇人」（高木正幸「日大王国の破綻――学生は〝日大精神〟に挑戦している」『朝日ジャーナル』一九六八年六月三十日号)。

一方、利潤のためには、学生に不満、文句をいわせない秩序を敷く。その規制ぶりは凄まじかった。学内での政治活動はまったく許されず、集会の開催(講演会の場合は講師の決定についても)、印刷物の発行、ビラの配布、立て看板の設置、署名活動などは許可制で、内容についてはすべて検閲を受けなければならなかった。学生会(他大学では自治会)は存在したものの、大学の御用組織として認められていたにすぎなかった。他大学ではあたりまえに認められていた「学生の自治活動」さえ、日大ではスッポリ抜け落ちていた。

日大史上初のデモ

使途不明金の発覚は、日大生にとって基本的人権を確立する、すなわち日大を変える絶好の機会の到来であった。五月に入ると、神田三崎町の日大本部から離れた市ヶ谷や三田で、経済学部学生会委員長の秋田明大《あけひろ》ら、経済、法、文理学部の学生二十人余が秘かに会合を持ち、三学部が連携して立ち上がることを決めた。

十八日、経済学部学生会は、使途不明金問題を話し合う集会願い(五月二十三日開催)を大学に出したが許可されず、彼らは二十一日から神田三崎町の経済学部校舎の地下ホール(食堂兼学生ホール)で、無届けの抗議集会を開いた。私は毎日、日大に出かけていたわけではないが、前章でふれた中大の石田徹や、次章に登場する時事通信の平松茂ら他社の記者の助けを借りて、できる限りのマークはしていた。

〈五月二十一日〉経済学部生約三百人が参加。そこへ体育会系学生四、五十人が乱入、殴る、蹴るの暴行。参加していた学生によると「「赤狩りだ」と叫んでいた」。

〈二十三日〉地下ホールに他学部生を含め千数百人参加。集会終了後、体育会系学生が激しいヤジで妨害、暴行もあった。抗議して、一号館前の白山通りをデモ、校舎が近い法学部生らが加わって隊列は約二千人に膨らんだ。

しかし、誰もデモのルールやスクラムの作法を知らない。とにかく整列して動き出す。ちょっぴり手にしかかった自由にとまどい、恥じらい、緊張、喜び、不安……なんでもありの約二百メートルの行進で、最後に全員が歌った。

〽日に日に新たに　文化の華の……

反戦歌でも労働歌でもない、日本大学校歌である。日大史上初のデモには、「偉大なる二百メートルデモ」の名がついた。

〈二十四日〉経済学部で八百人の集会。そこへ押しかけた体育会系学生がまたもや殴る、蹴るをくり返す。法学部校舎から学生がかけつけ、二千名が近くの錦華公園へ向けてデモ。

〈二十五日〉経済学部は学生会委員長の秋田ら十五人を、「学部の秩序を乱した」として自宅謹慎処分にふす。この時、大学当局から電報で広島・倉橋島（現・呉市）から呼び出された秋田の父親、有《たもつ》は、

「親としたら、こがいな大けなことに立ち向うのはほんとは賛成しとうないんですわ。（日大当局とことをかまえるのは）アメリカと日本と戦争するのと同じようなものじゃいうたんですが、どんなことがあってもやる、後悔はせんいうから、それから先は何もいわんかったですわいの」（略）

「まことのあることしかいわん男ですからの、あれのいうことは絶対信用しとるんですわい」（立花

隆「実像・山本義隆と秋田明大」『文藝春秋』一九六九年十月号）。

この日、経済学部は校舎をロックアウトして学生の立ち入りを禁止する。それでも集会開催の際は、体育会系学生が実力行使で阻止することになる。これがかえって学生の反発を生み、経済学部一、二号館に挟まれた道路を三千五百人が埋めつくす。その半数は、支援にかけつけた法、文理、商の他学部生か。

〈二十七日〉二十五日と同じ路上に経済、文理、法、芸術、商、農獣医、理工、歯の各学部代表五千人が集まり、「全学総決起集会」が開かれた。日本大学全学共闘会議（日大全共闘）、結成。議長に秋田明大が選ばれ、①古田会頭以下全理事の退任、②経理の全面公開、③使途不明金に関し大学と学生の話し合いを行なう、の三点が当面の闘争方針になる。「検閲制度の撤廃」、「集会の自由を認めよ」はこれらの前提であり、当たり前の要求と位置づけられた。

セクトは要らない

この要求を、一カ月後に全共闘が発足する東大と較べてみよう。日大生が求める「学内の民主化」は終戦直後から東大をはじめ多くの大学に行き渡り、むしろ言論の自由など、世間からすれば、ずっと民主的な環境が整っていると思われてきた。『毎日』記者の鈴木英生は自著でいう。

「東大の全共闘は、そうした「進歩的」な見かけを「欺瞞だ」と暴くところから始まっている面がある。

だが日大の場合、言葉のうえでは、その「欺瞞」こそが全共闘のとりあえずの要求だった」（『新左翼とロスジェネ』集英社新書、二〇〇九年）。

日大全共闘は、いかなる全学連（民青系、三派系、革マル系）組織にも加わらず、また支援も求めなかった。特に闘争初期にあっては、日大全共闘を自派の傘下に引きずり込みたいセクト各派は、闘争の指導に押しかけようとするが、一般学生たちは、「プロはいらない」とケンもホロロで、組織に入り込めなかった。

大学当局が潰そうとしたのは、校歌を唱ってデモをする日大生のささやかな要求だった。しかも古田は、君臨する帝国を守るために、武装した体育会、右翼、時には暴力団まで送り込むことになる。

〈二十八日〉経済学部前の路上で全学総決起集会三千人。各学部ごとに闘争委員会結成を決める。

〈三十一日〉日大全共闘は、世田谷区下高井戸の文理学部で大衆団交開催を大学側に申し込んだが、当局は「全学共闘会議は非合法団体」と拒否。昼過ぎ、同学部で開かれた抗議集会に体育会系学生が殴り込み、集会の二十人以上が負傷。三時前、経、法、商、芸術など各学部の学生約六千人がかけつけ、体育会系学生の妨害を突破、文理学部生と合流。

〈六月四日〉各学部で決起集会後、神田三崎町の日大本部前で全学決起集会。約一万人参加。翌五日から十日にかけて、各学部の学科やゼミ単位で闘争委員会を結成。

全学ストライキ突入

悲劇が起こったのは、六月十一日午後だった。経済学部本館前の路上に座り込み、大衆団交を要求して集会を開く全共闘の学生二千人と、本館内に立て籠る体育会系の学生ら約二百人が激突、集会に集まった学生百人近くが負傷した。

『毎日』（六月十二日朝刊）をみよう。

「校舎内にいた体育会系学生は玄関など三つの出入口に机やイスを積上げてバリケードを築き、共闘会議の侵入を防ぎ、さらに四階から放水をはじめた。

共闘会議側はいったん集会をやめ、二百メートル離れた同大本部前へデモ。そこで体制を立て直し、午後四時すぎ再び経済学部前へ激しいジグザグデモをかけた。ヘルメットに角材の約三十人は玄関わきの窓ガラスを破って学内に乱入した。

これに対し、校舎内の体育会系学生ら約二百人は、猛烈な放水と角材、木刀で乱入学生をメッタ打ち。さらに四、五階の窓からデモ隊めがけてイスや机を投げた。校舎内の乱闘は約三十分。共闘会議側の〝特攻隊〟は追出された」。

私も現場にいた。校舎の上から見さかいなく投げ落とされるコーラのビンやスチール製のゴミ箱、机、イスなどが路上ではね上がり、路上から上の校舎の窓に向けて投げつける石も流れ弾のように飛んでくる。まるで市街戦だ。とても近づけなかった。全共闘の学生によると、投げられたもののなかには「（陸上競技用の）砲丸もあった」。

夕方、機動隊が出動。「やっと校舎内の体育会系の暴力学生を追い出してくれる」ものと思い、歓声で迎え拍手を送る学生たち。ところが、警官が排除したのは路上に集まる彼ら、全共闘の学生たちだった。もっともこの規制、警視庁は「まずい」と直観したのかもしれない。

その夜、警備部長名で「体育会系学生が校舎内に立て籠るなどは再び乱闘を起こす原因になるため今後はやめるよう」、「大学当局が紛争解決に根本的な措置をとってほしい」と、大学当局にクギを刺す異例の申し入れをした。大学側は「今後、校舎の警備は職員で行ない、体育会系の学生は入れない」と回答するものの、この後も、しばしば全共闘との衝突現場に彼らを送り込んだ。

日大紛争はこの日を境に性格を変えた。それまでは、大学側に使途不明金問題など「説明と話し合い」を求め、大学側の対応を待ったが、この日の流血の衝突を通して、全共闘は、ただ待ち続けても何ら事態の進展はのぞめないと判断する。日大建学以来初めて、大学当局に対し要求実現のため、ストライキ突入による「力での対決」を宣言した。

日大全共闘は体育会系学生に対抗するため、新左翼をまねてヘルメットを被る。ただしその色は学部別で、党派の色ではなかった。十一日の集会後のデモは、

「デモ隊は掛け声とともにザッザッザッザッとリズムをきざんで白山通りを進んだ。その時信じがたいことに、歩道も車道も地震のようにボヨ～ン、ボヨ～ンと波のように地面が揺れたのだった。こんな体験は生まれて初めてだった。いくら地盤が弱いとはいえ、神保町から水道橋までの白山通りを埋め尽くす日大生の重みで、道路が波打つように揺れるとは思いもしなかった」（中野正夫『ゲバルト時代since1967～1973』バジリコ、二〇〇八年、後にちくま文庫）。

「商店街の人も総出で見物、というより大学の不正と戦う学生たちへの「暗黙の支持」という態度で見ていたし、中には拍手している人もいた」（前出、同）。

夕方、法学部生約三百人が先頭を切ってスト権確立を宣言、法学部三号館を教室のイスや机を使ってバリケード封鎖、ストライキに突入した。この日からバリケード内に泊まり込む法学部政治経済学科三年の三橋俊明は、ノンポリ学生の一人だった。彼は『路上の全共闘　1968』（河出ブックス、二〇一〇年）に、日大全共闘発足の前後の行動を綴っている。

「私や多くの友人たちの気分は、共に抗議行動はするけれど、終了したら仲間を誘ってパチンコか雀荘か喫茶店にでもしけ込もうといった程度のものだった」。

しかし十一日、バリケードが築かれると、法学部三年生闘争委員会から、体育会系学生の襲撃を警戒する見回り組の役割を与えられる。

「私は中学から（附属）高校と体育会一筋で、学業の方はさっぱりだったが体力と腕力には十分に自信を持っていた。（略）日大全共闘の中には、剣道や柔道の有段者など、私と同じように高等学校まで体育会系だった人材に溢れていた」（前出、同）。

そんな彼が、この日から八カ月後の六九年二月に、バリケードが機動隊や職員らによって撤去されるまで、日大闘争を闘い続ける。

翌十二日、経済学部が無期限ストに突入。続いて文理学部、商学部、芸術学部、文理学部三島校舎および農獣医学部が、次々とストに入り、バリケードを築いて校舎を占拠。さらに七月に入って駿河台理工学部、生産工学部（習志野）と続き、九月に入って工学部（郡山）、医学部、歯学部がバリケード封鎖され、全学部がスト体制に入った。

この間、六月十三日午前、警視庁機動隊がひそかにデモ隊規制訓練をやった。警視庁記者クラブに加盟していない『オブザーバー』には、このような情報はまったく入ってこない。時事通信社の平松茂が教えてくれた。二年後に控えた七〇年安保を想定してだが、六八年に入って佐世保、王子、成田、東大、日大と、セクト系学生からノンセクトの一般学生へと拡大する戦線への対応も意識してのことだろう。

演習地は練馬の陸上自衛隊第一師団グラウンド。ここに機動隊二千人が集まった。白ヘルメットを被った学生部隊役の警官は角材を振り上げ、スポンジ製のボールを投げながら突撃、これを放水車、警備車で反撃、第四機動隊が学生の背後へ回り、第五機動隊はジュラルミン楯を前面に学生を正面から押しまくった。

命令伝達が速く正確に届き、各部隊間の連携に磨きをかけるのが狙いのようだったが、訓練を見てきた他社の記者は、「市民や報道陣役も用意され、彼らに手を出さずに対応するのも演習のポイント」といっていた。

三日後の十六日夕、すでにストに突入していた経済学部を、「朝日ジャーナル記者」を名乗る男が取材におとずれるが、たちまちニセ記者と見破られる騒ぎが起こった。「朝日新聞東京本社出版局朝日ジャーナル編集部　矢野尚一」の名刺を全共闘の学生に渡したのはなんと、日大鶴ヶ丘高校の現職の教諭（野球部長）だった。同教諭は組合運動と学生運動の関係に個人的に興味を持ち、名刺を偽造して全共闘の学生をたずねた——と、『朝日ジャーナル』に対し釈明したというが、教諭の弁明には矛盾が多い。同誌はこれをまったく信用していなかった。

自主講座を開く

例年なら七月十日から入る夏休みを、大学当局は一日からに繰り上げた。休みに入った各学部では、それぞれ自主講座が開かれていた。農獣医学部（現・生物資源科学部）では、学生たちがこんなカリキュラムを組んだ。

▼七月十七日＝「日本経済の問題点」（日本経済大教授・北田芳治）▼十八日＝「大学の自治と学

生の任務」（東京都立大教授・阿部行蔵、後に立川市長）▼二十日＝「文化大革命」（早稲田大教授・安藤彦太郎、後に日中学院長）▼二十三日＝「社会運動の中の学生の役割」（思想家・田川和夫）▼二十四日＝「現代教育の問題点」（教育評論家、児童文学者・国分一太郎）▼二十五日＝テーマ未定（評論家、翻訳家・松岡洋子）

芸術学部では、橋本克彦『バリケードを吹きぬけた風——日大全共闘芸闘委の軌跡』（朝日新聞社、一九八六年）などによると、

▼六月二十九日＝「大学教育の問題点」（三上治）▼三十日＝講演（ＴＢＳディレクター・今野勉）▼七月一日＝同（藤原嶺雄）▼三日＝同（石子順造）▼四日＝同（丸山邦男）▼八日＝同（石堂淑朗）。

橋本は「どの講演も、ぽっかりとあいた自由の空間で、熱っぽかった記憶が私自身にも残っている」（前出、同）と回想する。

バリケード内で、学生の食事隊が食堂を開く学部もあった。理工学部（駿河台）では夕食のみだが、毎夜、約五十人が利用していた。

メニューでもっとも出番が多かったカレーライスは四十五円。

「二十円の牛乳も先日から二十三円に値上げをした。ここも世の波をさけられなかったらしい。しかし最近の一連の物価値上げと違い、利潤がすべて闘争資金となり、一人一人に還元されるとあって苦情は出ないそうだ」（前出、同）。

三橋俊明が加わっていた法学部三闘委（政治経済学科三年生闘争委員会、当初三十人所属）では食事は、彼らが泊まり込んでいた部屋の一角に、ガス水道完備の調理台があり、食事は各自がこれを使って調理することになっていたという。もっとも食事会がたびたび開かれ、その時は、

「調理と買い出しは、バリケードに常駐している連中が、順番で持ち回って担当した。そうなると、食材にそれそうとうの金額を投入し、かつ丁寧に調理する私と、いい加減な材料を適当に調理する連中との間に、大きな違いが生じた。でも、そうした食事内容の違いは、担当者の経済状態や生活環境も反映していたので、文句を言いつつも受け入れながら、食事会はなごやかに継続された。そんな仲間たちとの付き合いの中から、それぞれの家族関係や故郷の様子や将来の夢を、お互いに語り合い理解し合っていった」（三橋俊明、前出）。

バリケードの内外

ほんの半月前まで、デモの作法すら知らなかった学生たちは、バリケードの中の生活をどう受けとめていたのだろう。農獣医学部獣医学科の広田高二（仮名）の言を紹介したい。彼は、闘争終末期に暴行傷害で逮捕された。七一年二月、法廷の最終陳述でこう述べている。

「過去数十年間、世に「ポン大生」「暴力団」「遊び」「ダラク」＝日大生のイメージを与え、呼ばれたことに対し、多くの学生は反論する事もなく、下を向き沈黙を守る他なかった毎日、そして、それへの問いかけは、完璧な支配機構の前に、再び沈黙をさせられ、それのハケ口は、再び遊びの中にしか見出す事は出来なかった。

（略）日大生は、たとえ一時的であったにせよ、心身共に解放したのは云うまでもなく、我々の生への叫びを守り抜いた武装バリケードであった。そして、その中で自らの人生を問い返し、誰に命令される訳でもなく、生きた講座を開き、討論に熱を入れた。これは、日大生が、ポン大生から、人間としての自己変革を開始した象徴である」（日本大学全学共闘会議農獣医学部闘争委員会ウェブサイト『資料集』)。

三橋はさらに語る。

「バリケードは、退屈でつまらない授業や理不尽な規則によって日大生を拘束していた日常的な教育環境から、完全に学生を遮断してくれた。そのまま大学に通っていれば、知らないうちに自動化されたであろう人生を、中断してくれた。(略)おかげさまで私は、バリケードの内側で混沌とした世界の面白さや新鮮な人物たちに出会うことができた」(前出、同)。

それまでうつむいて毎日を送っていた彼らが自主管理するキャンパスで、夜を徹して討論し、食事をする。生きていることを実感し、熱い連帯感に感動する。「自由」を求める「フツーの学生」である自分を見つけ出した。日大闘争は上を向き始めた学生たちによって、新しい性格を持ち始めたといってよいだろう。

なお、広田はその後、北海道で豚を放牧で育てるユニークな道を拓き取り組んでいる。

この時期、世論は日大全共闘に同情的であった。学生が掲げる「全理事の総退陣」「検閲制度の廃止」「経理の全面公開」「集会の自由を認めよ」「不当処分の白紙撤回」の五つのスローガンは、左翼の要求とはほど遠く、一般学生の闘争参加は、支持者を増やした。全共闘の学生は「不倶戴天の敵」でしかなく、力づくで「成敗」に走った体育会系の学生の中にも、全共闘シンパが出始める。といっても、それを口にしようものなら、鉄拳制裁ぐらいではすまない。彼らはキャンパスの隅で、「隠れ全共闘」に徹していた。

一方、大学当局は日大生の父母の理解を得ることで、事態の沈静化をはかりたかった。身の潔白を訴えるパンフレットやチラシを次々に父母宛に郵送したが、日大教職員二千余人に十九億余円もの源泉徴収非課税のヤミ給与が支払われていたことまでばれてしまい、父母を説得するどころか批判の声は大きくなるばかりだった。

教員の間にも全共闘の支持者がいた。

農獣医学部獣医学科のＯＢ（獣医学博士、空手部出身）で、非常勤講師として母校の教壇に立つ中川直（仮名）もその一人である。

彼は、学生が目の仇にする日大会頭の古田と親しい間柄にあった。成田空港の南十キロ、千葉県横芝町（現・横芝光町）にあった古田の別荘に、たびたび呼ばれた。「大根掘りなど、お百姓さんをやらされました」。古田とのつきあいを、亡くなった彼に代わって夫人が思い起こす。

ところが中川は、学生とのつきあいも濃かった。時には、彼の指導を受けていない学生までが、約束なしで「相談にのって下さい」と、国電大久保駅に近い中川の自宅をたずねてくることがあった。彼はそれに応じ、夕食を食べさせて帰すこともあった。

その中川宅へ、十人を超える獣医学科の学生が押しかけたのは、校舎をバリケード封鎖した六月二十二日の直後であった。

「ぼくたちはバリケードの外にいるか、内に入るか、迷っています。決断がつきません。どうすべきでしょうか」。

中川と古田の仲を知らない学生たちは、彼にまっすぐ悩みをぶつけた。

「どちらを選ぶかは、人間の生き方にかかわる選択だ。俺は答えを出す立場にない。自分で決めろ」。

相談すれば、いつも満足のゆく何らかの道を見つけてくれる中川が、額にしわを寄せ、つれない答えを出すことを、学生たちは全く予想していなかった。

「せめて、ヒントだけでも……」。

彼は苦笑しながら答えた。

「ちょっと先に生まれた先輩として俺がいえることは二つ。ひとつは、歴史が動いているのを外からながめているよりも、輪に入ってこうあるべきだという日大づくりに加わる、同時にその中で自分に磨きをかける方がいいと思う。ただし、どちらを選んでも、卒業だけはすることだ」。

この夜、バリケードの中に飛び込むことを決めた学生たちに、中川は酒をふるまった。彼らの前に置かれたのはウイスキー、「ジョニ赤」（「ジョニー・ウォーカー」赤ラベル）二本。学生たちは歓声をあげた。誰一人、それまで呑んだことのない酒だった。深夜まで話し込み、学生全員が世田谷・下馬の獣医学部の校舎に向かった。

ボトルは二本とも空になっていた。といっても「ジョニ赤」はビンだけで、中味は「サントリーレッド」だった。「わが家の苦しい家計ではこれが精一杯だった」と、この事実を中川が学生たちに白状したのは、彼らが卒業し、何年もたってからだった。

二　米国の過激派への取材

洋上大学の「船学連」

大学が夏休み中の八月中旬から四十日余、私は日本を離れた。大森実国際問題研究所が開いた「太平洋大学」（正式には太平洋大学セミナー、大森実学長）に、事務局スタッフとして乗船したからである。

太平洋大学は、日米間を三十五日間で往復するチャーター船「マルガリータ」（一万二〇〇〇トン、ギリシャ船籍）の船上で、学長のほか大宅壮一（名誉学長）、中屋健一（東大教養学部教授、アメリカ史）、秋山ちえ子（評論家）、浜口庫之助（音楽家）、草柳大蔵（評論家・ノンフィクション作家）、荻昌弘（映画評論家）、梶山季之（作家）ら当代切っての講師に学び、米・英国人らネイティブの講師から英語の特訓を受け、ハワイとサンフランシスコで併せて十日間、現地実習――という洋上大学であった。大学の夏休み期間にあたる七月上旬から九月中旬にかけて、一九六八年には二回開かれた。

第一回の出港の際、晴海埠頭の岸壁で、学長の大森は、「奇しくも咸臨丸がチョン髷《まげ》を乗せてアメリカに渡ってからおよそ百年たつが、諸君はいま何をなすべきか、何を持って帰るべきか、よく考えて出発して欲しい」と受講生にハッパをかけた。

この第一回の航海から戻るやいなや、大森は留守番役だった私を部屋に呼んでいった。

「君なあ、力貸してくれんか。船内に〝センガクレン〟が生まれたんや！」。

「えっ？　〝センガクレン〟って何ですか？」。

「船の全学連、学生が船学連を作り、ごっつう暴れよった」。

第一回開催の洋上大学には、七百五十五人の受講生（うち女性約三百人）が参加した。その航海中、受講生、といっても慶應、日大、早稲田、東大などの大学生が圧倒的に多く、騒動のきっかけも彼らがつくった。船学連運動は彼らが、英語を教える外国人講師にクレームをつけることから始まった。

「まるで一に船旅、二に彼女探し、三、四がなくて五が授業。彼らはまったくやる気がない。教えることを放棄している。高い受講料に見合っていない」と抗議してきたという。

大学側はただちに外国人講師を集め、「時間だけこなし、質がともなわない講師は解雇、ホノルルで降ろす」と厳しく伝えることで、なんとか難を乗り切ることができたが、受講生と講師の間に生まれた気まずさは消えなかった。しかもこれで一件落着とはいかなかった。

「われわれの船室は窓もない船底の大部屋、ここに四十名も詰め込まれ、二段ベッドで雑魚寝している。乗船前、事務局から「部屋はドミトリー（学生寮）」と聞いてはいたが、支払った受講料からすれば、せいぜい多くても八人程度の相部屋と思っていた。ひどすぎる」と、彼らは再び不満をぶつけた。

二部屋あるドミトリー・クラスの受講料は最も低かったが、それでも二十三万円した。三万円だった当時の大卒初任給を考えれば、高いではすまない、とびきりの額であった。

とはいえ、当時は一ドル＝三百六十円の固定相場の時代、ドル建ての船のチャーター料は、日本円に換算すると極めて高いものとなり、受講料を押し上げていた。したがってドミトリーの二十三万円は特別価格で、ほかの受講生はいずれも三十万円以上を払って参加していた。事務局は、この説明で納得してもらおうとしたが、彼らは首を縦に振らず、早稲田と東大医学部の学生二人をリーダーにドミトリー・クラスの受講生らが集まって船学連結成におよんだ。どこから手に入れたのか、紙、マジックペン、テープ類をそろえて物々しいビラ貼りまでやりだした。

最終的には、学長の大森が船学連と話し合った。その頃はやりの「大衆団交」を受け入れたのである。

大森を取り巻いた受講生は約五十人。厳しい表情で見つめる彼らに、大森は諭すようにこういった。

「大宅名誉学長以下僕たちは、受講生が学費以上のものを得ることができるよう、君たちに教えることも、君たちとつきあうことも、さらには大学の運営もやっている。学費に十分見合っていると思う。しかし、君たちは、見合っているレベルで満足してはいけない。それ以上のものを摑むために、学ぶことも、一流の講師たちや仲間の受講生とつきあうことも含めて、もっと努力すべきだと、僕は思う」。

いくつかの質問が出されたが、大森はそれにていねいに答えたようだ。質問は大森のベトナム報道にまで脱線、一時間後には散会した。彼らが実力行使に出ることはなかった。

アメリカ行きの目的

大森の「力を貸してくれんか」とは、第二回の大学〔航海〕に「学生担当として乗ってほしい」、つまり、船学連結成などの学生運動を起こさせない、万一起きてしまったら、穏便に収めてくれないか、ということだった。

大学は夏休み中とはいえ、私が追いかけている日大にしても、東大にしても、全共闘運動が盛り上がり、それは全国の大学にも飛び火しつつあって、目を離すべきではない時期にあった。しかし乗船は社命である。従わなければならないが、私は、学生運動担当としてひとつの願いを認めてほしいと申し出た。

それは、サンフランシスコ寄港の六日間は、「全日、自由行動を許してくれませんか……」、この間、米国の学生運動を取材したかったからである。いささかムシのよすぎる話であったが、私なりに理由はあった。

六八年五月、パリの街路は百万を超える学生、労働者で埋めつくされた。ド・ゴール（大統領）体制を追い詰める五月革命の始まりであった。カルチエ・ラタンでは、学生と警官隊が連日、激しい衝突を続けていた。そしてドイツのボン、イタリアのローマへと、学生の叛乱は飛び火していく。パリ大学のナンテール校では、なんと女子寮への男子立入禁止の撤廃を、学生が要求していた。

ベトナム戦争のお膝元、米国でも学生の叛乱は激しかった。四月二十三日、ベトナム戦争に関連して、ニューヨークのコロンビア大学校舎五棟を学生約千人が占拠し、封鎖したが、一週間後、学長は警官隊を導入、やっとのことで排除する。この一部始終は『いちご白書』として、ジェームズ・クネンがまとめた。同書が学生の心に火を放ち、叛乱はさらに全米へと広がる。

広がりの中にひとつの特徴があった。この年六八年、非暴力の黒人解放運動と共闘していた学生運動に、非暴力を捨て、過激派と共同歩調をとるよう呼びかけるグループが現われた。

過激派のリーダーは、ストークリー・カーマイケル、トリニダード・トバゴ生まれの黒人で二十七歳。彼は、黒人解放運動の指導者でノーベル平和賞を受賞した牧師、マーティン・ルーサー・キング二世に共鳴、非暴力の学生運動を指揮していたが、公民権運動の指導者が次々に狙撃、暗殺される現実に耐えられず、「非暴力闘争は限界に達した」と、その戦列を離脱してしまった。そして暴力によって警察権力に対抗することを目的に生まれた「ブラック・パンサー党」に加わった。

カーマイケルの選択をキング牧師は非常に悲しみ、惜しむが、その牧師自身、六八年四月四日、テネシー州メンフィスで白人男性に暗殺された。たちまち全国で抗議集会が開かれ、暴動に火がつく。非暴力主義を批判するものの、個人的にはキング牧師を深く尊敬していたカーマイケルは四月六日、ワシントンの集会で、「黒人は銃で武装して街へ出よ。われわれは報復しなければならない」と激しく呼びかけた。

六八年夏、カーマイケルはブラック・パンサー党のリーダーに就任、「主席」と呼ばれる。各国の学生運動のリーダーが集まる世界大会に、この年、彼はアメリカ代表として出席した。同党の本部があるオークランドは、「マルガリータ号」が入港するサンフランシスコの対岸、いってみれば目と鼻の先である。六日間の休暇の間に「ブラック・パンサーの取材にぜひ、行かせて下さい」と、大森や編集局長の中村に頼み込み、了解を得た。

船内の私の部屋は、私が希望した通り「ドミトリー」になった。場所は入口近く、二段ベッドの上段、ベッドの周囲は四方とも通路だった。いつも廊下の灯りが射し込んで明るく、人通りが絶えず、しかも出入りの要所だったので、私は自分の狭い城を「銀座四丁目交番」と名付け、「よろず相談員」を名乗った。

第二船は、すべてが手探り状態で準備した第一船の轍を踏むなと、外国人講師の採用基準を厳しくしたり、カリキュラムにさらにバラエティを持たせたり、寮長（私のこと）を置いたりと、加える部分が多くなった。

一方、差し引く部分もあった。乗船する受講者数である。第一船同様、申込者が殺到したが、丁重に謝り、七百人以下に止めた。これが功を奏し、受講生に不穏な動きはほとんど起こらず、私の出番もなかった。トラブルといえば、ドミトリーのトイレとシャワーが共用で、朝の集中時間帯にトイレの前で足踏みを強いられたことと、帰りに台風に追いかけられ、日本帰着が三日遅れたことぐらいだった。

土嚢で守るブラック・パンサー党本部

一方、アメリカでの取材は緊張の連続であった。でも、「ツキにツイていた」といってよいだろう。

船がサンフランシスコに着いた翌日の八月二十五日、日曜。この朝、私はオークランドに向かった。ブラック・パンサーの党本部に近い公園で、同党主催の集会が開かれると聞いたからだ。幸いサンフランシスコ駐在の洋上大学事務局スタッフが、車と運転手を用意してくれた。

さらにツイていたのは、私が取材に出かけることを耳にした受講生の一人、中年の女性が「よろしければですが、通訳を含めお手伝いさせていただけませんか？」と声をかけてくれたのである。

正直言って、私は英語を使っての取材にはまったく自信がなかった。主幹の大森から「英語でなくてもいい。外国語をもっとやれ」と、たびたびはっぱをかけられたが、私はあいまいな返事で逃げまわっていた。そのツケがこんなところでまわってくるとは。米国の過激派の取材ができる嬉しさよりも、満足に質問ができそうもない不安に悩まされ、「どうしたらよいか」と絶望しかけているところに、彼女、田中文子（仮名）が声をかけてくれた。私にとってはまさに天の声であった。

車はサンフランシスコ湾をまたぐベイブリッジを渡り切ると、もうオークランド市内。最初の降り口からフリーウェイを出て、三、四キロ走っただろうか、車は市内西部、ブラック・パンサーの党本部がある黒人住宅地に入った。サンフランシスコ港に停泊中の「マルガリータ号」から三十分余りのドライブであった。

一帯は、いまは再開発の手が入って道路が広がり、倉庫など大きな建物が建っていると聞くが、当時は庭つき、ペンキで白く化粧した小ぎれいな一戸建ての住宅が、道路の両脇に立ち並んでいた。私がイメージした薄汚れたアパートが建て込む黒人居住区とは、まるで違っていた。

エレベーターもない四階建ての公団住宅が次から次へと建つ、その頃のわが国の住宅事情よりも、見た目には、オークランドの方がずっと豊かに映った。といっても、この翌年あたりから同市は犯罪発生率が急上昇し、最近、カリフォルニア州はもとより、全米でも危険な都市のひとつに数えられるらしい。

黒人居住区の一角に、私たちはブラック・パンサーの党本部を見つけ出した。私の取材の予定は、この居住区にあるメモリアル・パークで開催される同党の集会を、徹底的にマークすることだった。しかし集会は午後一時からで、まだ時間はたっぷりある。この間に党本部を訪ねてみよう。相手にされなくてもともと、当たってくだけろと決め、やって来たのである。

本部は住宅地にすっかり融け込んだ二階建てで、とても過激派のアジトとは思えない住宅だった。壁面はグレーで地味、一、二階のどの窓にもレースのカーテンがかかり、外部から屋内の様子を探れないようになっていた。玄関脇や庭の立木の一部も伐採され、外部への視角を広げていた。その空き地には車もおいていない。道路から玄関まで、私の足で十四歩、十一メートル弱だった。内部に人の気配は感じられなかった。

「ギ、ギ、ギー」。ブザーが不快な音を立てた。腕時計を見る。三十秒たっても何の反応もない。

「ギ、ギ、ギー」。また、三十秒たった。誰もいないのか、引き上げよう。私は田中に目くばせをし、回れ右をした瞬間、玄関ドア越しに野太い声が響いた。

「誰だ！」

「日本のジャーナリストです。ゼンガクレンを取材している記者です」

私ではない。田中が答えてくれた。いくつかのやりとりの後、錠前をはずす音がし、ゆっくりとドアが開いた。部厚い鉄製の扉だった。一八〇センチ以上もある黒人の大男が、ギョロリと目をむいて立っていた。ジャケットもズボンも黒、頭は丸くふくらんだアフロヘアー。視線は私たちを上から下までなめまわした。

「入れ！」。

「えっ⁈」。思わず声を出してしまった。まさかが本当になったからである。おそるおそる中に入ると、彼はいくつも施錠し、廊下の突きあたりの部屋に私たちを案内した。途中、左右の二部屋のドアは開いたまま、私たちははっきり、見てしまった。両部屋ともに、外壁に沿って土嚢が窓枠よりも高く積まれていた。

私たちが通された応接室も、同様に土嚢で防御されていた。銃は見えなかった。案内してくれた男に代わって、「広報を担当している」別の黒人が現われた。二人とも名乗ることは拒否したが、交替した男は身長一八〇センチ弱、前に現われた男が武闘派タイプだったのに対し、こちらは知的な顔つきをしていた。

「ここは本当に党の本部か？　まるで最前線の砦のように見える」。

「正しく見てくれてありがたい。まさしくわが党はいつでもどこでも戦場、それも最前線にある。本部とて同じこと、警察やＦＢＩがいつ襲ってきても、応戦できるようにしてある」。

「申しわけないが、捜査当局が襲ってくるなんて、私たちには信じがたい！」。

「いくらでもある。例えば、昨年、十七歳の男性党員がオークランドの街中を歩いていて射殺された。ショッピングに出かけた彼は丸腰で、それを証明するために裸になったが聞き入れられず弾丸を撃ち込まれた。わが党にとって「黒人を守る」と「警官と闘う」は、同じ意味だ。われわれの居住地にパトロールにやってくる警官が、黒人に暴力をふるわないよう、党員が銃と六法全書を持って、警官の行動を見張る逆パトロールを行なっている」。

「党員はどのくらいいるのか？」。

「二年前の結党当時は数十人だったが、いまは一万人に近い」。

また、同党は白人の権力者に対し武装闘争を展開すると同時に、黒人の貧困層に対しては、子供への朝食の無料配給や、治療費を取らない「人民病院」の運営も行なっていた。

さらにその後のやりとりで、本部は、やはり土嚢が積まれた二階に主席の部屋や事務局があり、地下は武器・弾薬や食料品の貯蔵庫になっているように受け取れた。

党首カーマイケルへの取材

私たちは、ブラック・パンサー党の集会が開かれるメモリアル・パークに向かった。公園は、集会開催までに一時間もあったが、すでに四千人以上（党発表）の黒人や白人のヒッピーらが集まっていた。党本部のスタッフと同様、上下の衣服はもとよりかぶるベレー帽も黒の、同党のユニフォーム姿が目立った。

私たちは公園の入口に連なる屋台に並び、ハンバーガーとコーヒーを買い、昼食をすませた。

突然、ジャズの演奏が始まった。中央のステージは六トン積みトラックで、アルトサックス、トランペット、ギターにドラムスが絞り出すジャズビートにのって、黒人女性歌手が唄う。マイクを握りしめ、身体を大きく揺すり声を絞る。哀愁が胸に響いた。彼女の足のくるぶしまで隠すワンピースは、原色の黄と赤のシマ模様で、アフリカの声と色彩に、私は押しつぶされるような重さを感じた。

「日本のゼンガクレン、フランスや西ドイツで闘う学生たち、そしてわが国のブラックパワーと、いま、世界の各地で革命の火の手が上がっている。われわれは自由になる権利がある。秋の大統領選挙にうつつを抜かす政治家たちは単なるペーパーパワーにすぎない。わが国の変革は紙の力ではなく、目に見える実際の力、そうだ、ブラックパワーによってしかできない。勝負をつけるのはいま、いまをおいてない。仲間たちよ。戦列に加わり、団結し、闘おう！」。

集会は、司会役の雄叫びの演説で始まった。武装蜂起を掲げる革命派がなぜ、大統領選にふれるのか。理由があった。大統領選に向け、民主党の大統領候補指名選挙を優位に闘っていたロバート・ケネディ上院議員が、二カ月前の六月五日、狙撃され、翌日死亡した。

彼は黒人差別撤廃に強くかかわった政治家の一人で、この二カ月前、メンフィスでキング牧師が白人に射殺された時は葬儀にかけつけ、葬列に加わり、黒人たちと悲しみの分かちあいもしていた。

黒人たちの夢は膨らんだ。ロバートが大統領になることは、自由になる機会の到来であると。しかし、それは一瞬にして暗転する。キング牧師についで「ロバート暗殺。われわれは自由になる道を失った」と集会参加者は語っていた。大統領選は、「国民的な人気は薄い」リチャード・ニクソンが辛勝した。

ステージには、ロサンゼルスのワッツ、ニューヨークのハーレムなど全米各地の黒人街や黒人団体、さらにはヒッピー代表が、次々に「ブラック・パンサー支持」のあいさつに立った。一段落したところで、拍手と歓声が湧き起こる。党主カーマイケルが壇上にあがった。

「私はＦＢＩの監視下にある」。目つきは精悍だが、決してあせらない。ゆっくり、優しくたたみかけるように、米国がかかえる矛盾と、そのために黒人がどれだけ犠牲を強いられているかを、淡々と説く。

「黒人はもてはやされては駄目だ。自分たちの教育レベルをもっと、もっと、高めよう。そして米国の人種差別、帝国主義と闘おう。しかし、私たちは単に好戦的な人間、すなわち単発的に暴発する、信念のない集団であってはならない。私たちは革命家だ。あくまで大衆のために、社会制度を変革するという信念を持って、いっさい妥協することなく闘おう」。

私と田中は、万雷の拍手のなかを降壇したカーマイケルを追った。テレビ・カメラを含め記者団は二十人を超えたが、十人以上の側近やガードマンに囲まれる彼に、なかなか近づけない。

「記者会見してくれないか」と記者団。

「忙しいから駄目だ」とそっけない側近。

記者団があきらめて引き返すのを見た私たちは、単独会見もありうる、とさらにぶらさがった。

「彼を追うために日本からやってきた。インタビューさせてほしい」。

「一社に応じると、全社に応対しなくちゃならなくなる。かんべんしてほしい」。

通じようが通じまいが構わない。私は大声をあげた。

「私はゼンガクレンを追う記者だ。みやげなしには日本に帰れない……」。彼はガードの壁をかきわけ、私数メートル横を歩くカーマイケルがこちらを向き、うなずいた。と田中の前に立った。私は名乗りをあげ、さっそく質問をぶつけた。

「ブラック・パワーは急進的な方向に向かい、走り続けるのか」。

「われわれは、みんなに銃を持て、と呼びかけている。しかし、この銃は、米国が侵略したベトナムで使われている銃とはまったく違う。われわれの銃は、他人を殺し、傷つけるためのものではない。あくまで自衛、弱者を守るためのもので、米国という〝殺し屋〟集団と闘うのだ。平和主義、自由主義を得るために、銃は絶対欠かせない」。

「しかし、銃を持たせたら危ないといわれる黒人が結構いるようだが……」。

「確かにそうだ。黒人の中には人を殺したり、盗みを働く者もいる。こんなことでは駄目だ。そのためには社会的、文化的に向上が必要だ。ただ、その原因を社会環境だけに押しつけるつもりはない。音楽家でもスポーツ選手でも、弁護士、宗教家としてもわれわれの仲間は活躍している。「われわれはもっと黒人としての誇りを持とう」、これをわが党はいつも叫んでいる」。

「ブラック・パンサー党の理論的支柱はマルキシズムか、毛沢東主義か」。

「われわれは、どちらからも必要なものだけを学んでいるつもりだ」。

ここで、どっと戻って来た記者団から逃げるように、彼は「ありがとう」の声を残して足早に去った。

なお、カーマイケルは、九月に入って党内の思想の不一致を理由に同党を離党する。その後、アフリカのギニアに渡り、九八年死去。

一方、同党はその後、警察官らとの銃撃戦を重ねるが、有力党員の逮捕などで七〇年代に消滅する。まるで、日本の過激派の行く末を暗示しているようだった。ブラック・パンサー党の流れを汲む組織がその後、米国各地で爆弾攻撃を行なったが、これも八〇年代初頭に姿を消したといわれる。

この夏、わが国では三派全学連が二つに分裂した。一方は委員長に秋山勝行を送り込み、なお彼の続投を主張する中核派、他方は同委員長の罷免を要求する反主流派（社学同統一派、社学同ML派、社青同解放派など）で、調整はつかず、それぞれが全学連定期大会を開催、「全学連」の名乗りをあげた。

分裂の理由は主導権争いだった。反主流派によると、羽田から成田に至るまで、現地に全国から学生を動員、強気の武闘戦術をとってきた中核派が全学連を私物化しており、「このままでは組織を潰しかねない」と、強く批判した。これに対し中核派は、「かろうじてデモをやってきたかつての全学連が社会的支持を得、七〇年への展望を切り開くところまでもってこられたのは、秋山委員長の指導にほかならない」と切り返す。

結局、六六年暮に結成された三派全学連は、わずか一年半で解体した。秋山体制でいく中核派全学連に対し、反主流派は「反帝全学連」を名乗り、委員長に社学同統一派の藤本敏夫（同志社大）を選出する。二章でふれたが、後に藤本は、歌手、加藤登紀子の夫君となる。この二つのほかに革マル系と民青系を加えると、学生運動は全学連が四つもあるややこしい状況を迎えていた。

三　日大全共闘、目前の暗転

空気が変わった

船上大学のスタッフとしてアメリカへ向かった私が、日大の取材現場に復帰したのは九月中旬だった。この間、わずか四十日しかたっていなかったが、現場の空気はすっかり変わっていた。

五月下旬、赤旗なし、校歌を歌ういかにも日大らしい「偉大なる二百メートルデモ」をきっかけに、学生たちは「日大民主化」に立ち上がる。セクトと無縁の日大全共闘を立ち上げ、バリケードの中で初めて大学の素晴らしさを知る。

この時、彼らからは、初々しさと明るさが伝わってきた。世論は学生のいう「われわれの授業料は、父や母の汗の結晶である」とのひとことに胸を熱くし、彼らに同情的であった。いや、警察内部にも同情論はあった。東大安田講堂攻防戦や連合赤軍浅間山荘事件では、警備幕僚長として前線で指揮をとった佐々淳行はいう。

「警視庁は最初はどちらかというと、「これじゃあ日大の学生たちが怒るのも無理はない」と、内心ひそかに秋田明大日大全学共闘議長の率いる学園民主化運動に理解を示していた。

そしてわがまま勝手で無責任な大学当局の機動隊出動要請に、やや中っ腹で対応してきていたのだ」（『東大落城——安田講堂攻防七十二時間』文春文庫、一九九六年）。

しかし、帰国直後、日大全共闘の出発点となった神田三崎町の経済・法両学部、そして本部界隈を歩いてみると、屋上や校舎から顔を見せるのは、かつてとは違ってタオルで深々と覆面をしたへルメット姿が目立った。初々しさよりも、重苦しさ、暗さが漂う。

この現場歩きには、中大法学部四年の石田徹が同行してくれた。私は留守にしていた間、石田に日大のマークを頼んでいた。

経済学部本館前で石田は言った。

「この一カ月の最大の変化は、アマチュアが作った日大全共闘が、いまや組織的にまるごと引っ張り込もうとする反代々木系セクトの強い誘いを受け、プロ化しつつあること。この本館の封鎖にも、いまでは日大全共闘だけでなく、各派の外人部隊が入っていますよ」。

石田は、私が留守中の九月四日を例にあげて説明した。その日の未明、経済・法両学部をバリケード封鎖する学生を、警視庁機動隊は仮処分執行のため強制排除した。学生は百三十二人の逮捕者を出し、校舎から追い払われたが、その日のうちに両学部の校舎を再び占拠する。「その部隊の中に、すでに外人部隊がいた」という。

日本大学新聞研究会編『日大紛争の真相――民主化への歩み』（八千代出版、一九六九年）はこう伝える。

「再占拠に先立って行なわれた抗議集会には日大闘争がはじまって以来はじめて反代々木系全学連の〝外人部隊〟（主に法政、明治、中央の各大学の社学同ML派、マル学同中核派、反帝学評派、四トロなど）が、角材、竹ざおで武装して直接支援に登場」。

石田が指摘する「もうひとつの変化」は、バリケード内の規律のゆるみだった。バリケードの中の取材が許されなかった私にはわからなかったが、芸術学部闘争委員会のメンバーだった橋本克彦によると、当初は「午前八時起床・清掃、一〇時すぎから各種の集会と討論、自主カリキュラム、カンパ隊の派遣など各パートにわかれて活動し、夜八時には全員参加の活動者会議、一〇時すぎから拡大執行会議」（前出『バリケードを吹きぬけた風』）と、規則正しい毎日があったが、それが七月中旬には、同学部で購買部荒らしが発覚した。

「（芸闘委執行部内では）購買部の体育実習用シャツが勝手に分配され、（略）、着るようになる、略奪も続く。

私自身も、『広辞苑』、エイゼンシュタインのモンタージュ論、コーヒーサイフォン、壁掛け時計などをアパートの部屋へ持ち帰った。使途不明金に対するささやかな取り返し、無駄にした授業料の何十分の一かを現物で返してもらったつもりだった」（前出、同）。

セクト化や規律の緩みは、「母校の民主化」に燃えていた一般学生の気持ちに沿うものではなかった。バリケードを離れる者が出始めた。彼らははっきり言ったという。「全共闘は参加するのも辞めるのも自分次第、僕はもうここにはいられない」。

四カ月前、パリのカルチエ・ラタン闘争とほぼ同時に日大闘争の火の手が上がった時、支持してくれた一帯の商店街は、九月に入って態度を変えた。仮処分執行の四日を皮切りに、一週間も続いた機動隊との市街戦で、商店はガラスを割られるなど被害が続出、休業せざるを得ない状況に追い込まれた。

特に地元の中心の三崎町商店街は、日大本部と経済・法両学部周辺に、次の抗議文を張り出した。

「私たち住民が現在受けている迷惑は絶対にがまんできません。一日も早く紛争を解決し昔の平和な学生街に戻ることを望んでいます。私たち住民はいずれにも偏したりするものではありません。

日大当局にたいしては厳重な抗議書を手渡して解決を要求してきました。学生の皆さんも大学生としての良識を堅持し、周辺住民の生命、財産の危険、営業の妨害になるような行動はやめてくださ
い」（前出『日大紛争の真相』）。

そして九月二十九日、日大全共闘を見つめる世論をいっそう厳しくする事態が起こった。

九月四日の仮処分執行に出動した警視庁機動隊・西城秀雄（三十四歳）が、経済学部本館のバリケードを解除中、四階から投げ落とされた十キロもある人の頭大の石を頭部に受けて倒れ、病院に運ばれたものの、二十五日後に死亡したのである。警視庁公安部公安一課長・村上健は、その当日、二十九日の会見で言った。

「われわれはこれまで学生にいい分があろうと理解をもって手加減してきた。もうこれからは手加減はしない」。

《学生紛争で初の死者　公安事件で戦後三人目の犠牲者》。翌三十日の朝刊各紙はこう報じ、未亡人にすがりつく二人の子供の写真が、世間の心に刺さった。

日大全共闘のショックも大きかった。「日大民主化」のスローガンに心を動かされて、バリケードの内に飛び込んで来た一般学生の多くは、闘争の未来に暗さを、なかには絶望を感じる者も出てくる。

セクトの活動家のように政治活動として日大闘争をとらえていない一般学生たちにとって、機動隊や体育会系学生らとたとえ激しい衝突があったとしても、決して死者を出さないということは、「人間解放」「自由」を叫ぶ彼らにとって、暗黙のルールだった。それが、大学当局が機動隊を導入したとはいえ、直撃すれば確実に生命を奪うであろう大きな石を、隊員めがけて投げ落とした事実

は、彼らに重くのしかかり、やがて学生たちがバリケードを去る理由のひとつになる。

三万五千人との団交

九月三十日がやってきた。この日、日大が民主化に向けて改革の扉を開くのか、それともこれまで通り、前近代的な体制に甘んじるのかを決める、言い換えれば、日大の未来を決定づける「大衆団交」（大学側の呼び方は「学生集会」）が開かれた。

開催にこぎつけられたのは、大学当局に大幅譲歩があったからだ。全共闘から出されていた「全理事退陣」「集会の自由」を認めよ——などの要求書に対して、二十一日夜、古田会頭は記者会見で、「定款改正後すみやかに十七人全理事の退陣」などを表明したのである。春から日大を取材してきた私たち記者にとって、当局のこの変わりようは意外のひとことだった。これまでの古田会頭のやり方からして、とてもそのまま信じることはできなかった。

その日、日大の両国講堂（旧国技館）は、三万五千人の学生で埋め尽くされた。体育会系学生らがかけつけたこともあって、開催直前まで場内は騒然としていた。

「四階にいる学友は、あまりそこに密集して入っているので、底が抜けそうなので下へ来て下さい」。マイクを握った学生が訴える。団交の最中も「四階の学友諸君、建物が揺れておりますので、至急三階か二階に移って下さい」など、移動を要請するアナウンスが飛び込んだ。

午後三時十分、会頭、古田重二良が入場、壇上に理事らが並び、翌十月一日午前三時まで十二時間に及ぶ団交が始まった。

冒頭、団交の仕切り役、学生代表はいった。

「すべての両国講堂に集まった学友諸君、いま、われわれの前に憎むべき古田理事会の筆頭である古田会頭が登場した」。

学生の言葉の切れ間から、「やっとここまで来られた」という感動が伝わってきた。すでに当局から得ていた回答書では、大幅に譲歩し、学生側の意見に沿って日大を改革することを約束していた。ここまで来れば解決はもうそこだ、と思っても決して不思議ではない。そんな思いもあったのだろう。

団交での話し合いの結果は、おおよそ次の三つに分けられよう。ひとつは、学生の主張を当局が全面的に認めた項目。体育会系学生による暴力事件の容認（六月十一日）、約束ずみの大衆団交への出席を突然拒否（八月四日）、仮処分執行および機動隊の学内導入（九月四日）の三点について、古田会頭は、「大いに反省いたしまして、心から遺憾の意を表する次第であります」といい、三点について「弾圧を行なったことを徹底的に自己批判いたします」など、全共闘が用意した「自己批判書」をゆっくり読みあげ、署名、捺印した。

体育会の解散もそのひとつだ。

「本部体育会を解散しまして、体質改善をいたしたいと考えております」（拍手）。

「はっきりと聞きとれませんでしたので、再度いいます。本部体育会を解散することを宣言してほしいと思います」、との学生の求めに、古田は「本部体育会を解散することを宣言いたします」（大きな拍手）。

ふたつ目は、甘い回答しか得られなかった項目。例えば、学内ばかりか世間を騒がせたヤミ給与問題について。古田は「お詫びするとともに反省しています」と、騒がせたことへの謝罪だけで逃げ切った。

三番目は理事総退陣。

「われわれはあなたが一人の人間として回答してほしいのだ。ただちにやめるのか、やめないのか」、とせまる学生に、古田は「私はいま退陣するというような無責任なことはいいません。近く実行したいと思います」。

このような押し問答がどこまでも続き、午前零時を過ぎる。この件に関しては十月三日、再度、団交を開催し、確認することになった。最後に確認事項の履行を誓約する確認書に、古田や理事が署名、捺印すると、講堂内は紙吹雪が舞い、歓声があがった。

もっともこの間たびたび、古田ら理事に対してマイクが突き出され、そのたびに彼らは抑揚のない声で「自己批判します」。学生たちの押しつけともいえるこのやり口は、少し前まで中国で吹き荒れていた紅衛兵の吊るし上げの儀式を思い起こさせた。

理不尽な統制に対して「人権を」「自由を」と立ち上がった学生たちが、いまその立場をまったく逆転して大学側に言葉の暴力をふるう。若さからだろう、調子に乗って責め立てる学生たち。とことんいじめられている気の毒な教育者を演じてみせる老獪な理事たち。果たしてこれで両者の溝が埋まり、問題の解決に向かうのだろうか。

翌日の『読売』（十月一日朝刊）は、社会面トップで扱った。

見出しは《日大、大学が全面譲歩》《深夜の団交、解決へ近づく》。

「紛争を続けている日大の全学集会は三十日午後三時すぎから東京・両国の日大講堂に約一万五千人の学生が参加して開かれた。大学側では共闘会議（秋田明大議長）からの大衆団交要求を拒否し続けてきたが、紛争解決に残された問題は、団交開催だけになったため踏み切ったもので、共闘会議側はこの集会を実質的に大衆団交方式ですすめ、これまでの大学側の態度をきびしく追及した。古田重二良会頭は、率直にこれまでの紛争責任に対する大学側の態度を〝自己批判〟し、秋葉、鈴木両学長らこの日、出席した五理事がそろって即時辞任を約束するなど全面的に譲歩し、百十余日にわたる紛争は、急転、解決へ近づいた」。

佐藤首相の怒り

朝刊を見た佐藤首相は怒る。日記（前出『佐藤榮作日記』第三巻）によると、

「十月一日　火　閣議。今朝の新聞は日大の団交を報じ、古田君以下完敗。このまゝではまづい。発言し三時から閣僚懇談会を開いて対策をねる。但し今日は灘尾文相は福井の国体に出かけてるす」。

その日の夕刊各紙は、佐藤は閣議で「大学紛争はいまや文教改革の範囲で処理できない。政治全般の立場から解決すべき」と指摘したことを伝える。『朝日』は「一日の閣議で首相みずから、しかも文相不在のうちに大学紛争を取上げ、対策に乗出すことにしたのは、やはり大衆団交式の日大紛争の成行きに大きなショックを受けたためだろう。／日大の古田会頭は、首相が関係している日本会の有力メンバーで、首相とは非常に親しく、そのことが首相をよけいに奮起させたのではないかとみる向きもある」（十月一日夕刊）と解説した。

ここに登場する「日本会」とは、「世界平和と人類繁栄」をめざす日大と政財界人の集まり。当時、佐藤が総裁、古田は会長に収まっていた。

佐藤の団交批判発言で、日大当局は確認書を白紙撤回、「必ず出席する」と約束した三日の大衆団交への欠席を決めた。

欠席の理由を、「理事会側は「三十日の〝大衆団交〟では、大学側は共闘会議の暴力によって十分意思を表明出来ず〝大衆団交〟を行っても冷静な会話を期待することが出来ない」といっている。／再度の誓約破棄について大学側の一幹部は「閣議での佐藤首相の大衆団交批判発言が影響している」とのべた」（『朝日』十月三日朝刊）。

やせ細る日大全共闘

時間を元に戻すことはできないが、すでに話が煮詰まった段階で開かれた三十日の団交で、学生たちがもう少し自己顕示欲とエゴイズムを抑えた対応をしていれば、と私は思う。

日大当局と日大全共闘の立場は再度逆転する。学生たちにとって日大闘争の舞台は暗転し、陰鬱な気分に落ち込んでいく。日大全共闘にとっては、この二日後の十月四日、秋田明大ら全共闘幹部八人に仮処分執行（九月四日）の際の公務執行妨害などの容疑で、警視庁から逮捕状が出されたからなおさらだ。

学生との約束を一夜にして反故《ほご》にしてしまった瞬間、古田は何でもありと、牙をむきだす。全理事は居座り、体育会系の学生や右翼に大動員をかけ、バリケード封鎖されたキャンパスに突撃させた。十月十四日の工学部（郡山）への火炎ビン攻撃に続き、十一月八日未明には江古田の芸術学部を、そろいの作業服に「関東軍」の縫い取り、白ヘルメットの一団約二百人が襲った。ナイフ、チェーンなどで武装し、「殴り込みのプロ」といわれる右翼団体のメンバーらしい男に先導された、日大、拓殖大、東海大など体育会系の学生たちでバリケードを破壊、逃げ遅れた籠城学生に暴力をふるった。幸い全共闘の応援部隊四百人がかけつけ、「関東軍」を撃退する。

下高井戸（文理学部）、江古田（芸術学部）、下馬（農獣医学部）などへの応援部隊が持ち込んだ主力兵器は、火炎ビンだった。砲兵部隊の役割を担った理工学部の学生が、各キャンパスに出張してきて、コカ・コーラのビンにガソリンと布切れを詰めて製造したものだった。

部隊の主力メンバー、萩原義昭（萩原電気前社長、現会長）は、「強力なパチンコを使って、パチンコ玉を打ち込んでくるなぐり込み部隊に対抗するには火炎ビンしかなかった」と振り返る。

しかし、日大全共闘は百パーセント確実と思っていた自分たちの勝利が、時の権力者の鶴の一声で一転、敗北をつきつけられると、ショッキングなふるまいが目立ち始める。この後、江古田キャンパスで起こる結果に、一般学生は目をそむけた。全共闘の学生は、逃げ遅れて捕虜となった反スト派の学生らに、両手を潰すなどのリンチを加えたのである。半年前、体育会系の暴力をあれだけ怒り、批判した学生たちがいま、歯には歯をとばかりに憎悪の復讐をぶつけた。これは全共闘の手づまりを打開するどころか、せっかくのその機会をもしぼませるだけだった。

一般学生たちの間にはますますあせりが膨らんだ。十一月十八日までにスト解除、授業が再会されなければ、四年生は全員留年となるからだ。「全共闘から離れて」という家族の悲痛な願いもあって、バリケード内に泊まり込む者はますます減っていく。芸術学部では、わずか三人の当直で夜を明かすこともあったという。日大全共闘は確実にやせ細っていった。

手詰まり状態を打破する道を、日大全共闘は東大全共闘との共闘に求めた。十一月二十二日、東大安田講堂前で「日大・東大闘争勝利全国総決起大会」が開かれた。

「午後六時半ごろこの日主役の日大全共闘、反代々木系学生（筆者注・途中合流した中核派、社学同）のデモ隊約五千人が東大正門前へ到着、革マル、反帝学評、ＭＬなど約一万人が拍手で迎えるなかを入場した」（前出『日大紛争の真相』）。

また、「この日大全共闘の隊列を見ていた東大全共闘の学生のなかには、泣いている者がいた」（島泰三『安田講堂　１９６８―１９６９』中公新書、二〇〇五年）とあるが、

「しかし日大生がこの日感じたのは各派の激しいイデオロギー論争であった。日大闘争が真の民主的大学への変革として闘ってきた学生はこの東大での集会に対し各派のイデオロギー論争に違和感を感じたことは否定できなかった。これも闘争が硬直状態に陥たる原因の一つであった」（前出『日大紛争の真相』）。

十一月末から経済学部は四年生を対象に、軽井沢日大寮、栃木県塩原日大研修会館などの施設を使って疎開による授業を再開、十二月中旬には法・商両学部でも疎開授業を開始した。

大学当局は、出動を要請した機動隊や自前の日大教職員らによって、翌年一月末までに各学部のバリケードを解除し、授業再開にこぎつけるとともに、日大の入試が始まった。

すでに日大内に拠点を失い、他大学の世話になっていた日大全共闘に当局と戦う力は残されておらず、「入試粉砕」のスクラムを組むこともできなかった。

慶應大教授の小熊英二はこうまとめている。

「六八年春には「一般学生」の素朴な怒りに立脚していた日大全共闘が、「一般学生」を軽蔑する傲慢さを宿した集団に変質していたことが、「一般学生」の共感を集められない一因になっていた

ことを、彼らがどれだけ自覚していたか疑わしい」(『1968——若者たちの叛乱とその背景』上、新曜社、二〇〇九年)。

残念ながら、私はこれを否定する言葉を持たない。

秋田明大、潜伏の弁

崩壊への道を歩み始めた日大全共闘で、逮捕状が出され潜行中の議長、秋田明大に、「心の内を聞かせて欲しい」と、私は単独会見した。その日は六九年二月八日の未明、この数時間後、全学部の先頭を切って農獣医学部の入学試験が、機動隊に守られて両国講堂など三会場で実施された。

時計が零時を回って間もなく、前出の石田徹から電話がかかってきた。

「四十分後にインタビュー、受けるといっています」。

午前一時、神田三崎町の指定場所にむかうと、寒風の中、入口で石田が待っていた。通された一室に座っていると、時間をおかずに「今晩は」と秋田が入ってきた。グレーのシャツの上にこげ茶色の薄手のセーター、グリーンの細身のズボン。なかなかおしゃれである。

潜行四カ月余に及ぶが、顔色は悪くない。本人によると、「もっぱら昼寝て、夜起きての毎日です。バリケードの中は機動隊さえ来なければ、こんなに住み心地のよいところはありません」。

二時間にわたって質問をぶつけたが、そのいくつかは次の通りである。

——夜が明けると、今日からいよいよ入試が始まる。全共闘は「入試粉砕」を訴えているが、本当に阻止するのか。

秋田　しません。阻止するのなら、入試会場の近くに密かに出力が強力なスピーカーを取り付け、答えを流したらおじゃんになる、という声もあるがやりません。僕らの闘いの目標は、入試阻止ではなく、あくまで古田体制打倒です。

——ところで、昨年春と最近では、日大闘争に変化を感じる。君自身は、この闘争をどうとらえ、闘ってきたのか。

秋田　日大は現代の資本の要請に応じた中堅労働者、つまりサラリーマンの専門養成所であり、この八十年間、支配者は「中道の精神」の名のもとに、「自由を！」「学問を！」という学生の声を圧殺してきた。こうしたどうしようもない状況に対して、否定された自分を取り戻すために立ち上がったのがこの闘争です。

——しかし、昨年秋のデモでは、セクトのヘルメットがかなり幅をきかせていたようだが。

秋田　そもそも全共闘といっても、闘うために組織がほしいということから生まれた出入り自由の組織です。セクトのメンバーは入っているかもしれませんが、母体である組織とはなんら関係ありません。

——では、一般学生はいま、どう考えていると思うか。

秋田　大方の日大生は、大学といえばバリケードの内側だと答えるはずです。しかし一方では、塩原温泉などで行なう二泊三日の疎開授業に出かける級友たちもいます。なんとしてでも卒業したいという者、なんとか進級したい者、単位をくれるから参加するという者、下宿にいたらさびしくてたまらないから仲間に会いに行く者、いろいろです。

ところが、授業をやっているところへ全共闘の連中が入り込んで、学生に「帰ろう」と呼びかけると、百人中九十人以上が東京に戻ってくることもありました。

――このところ、日大当局によるバリケード撤去が続いているが、全共闘はほとんど無抵抗で明け渡している。もはや組織的に機能することがむつかしくなっているのではないのか。だから学生の足並みがそろわなくなっているのでは。

秋田　そんなことは決してありません。一時より動員力が減ったのは確かだが、日大生が戦列を離れたというより、「いまはオレの出る幕じゃない。一朝事あらば……」と待機しているといってよいでしょう。

――潜行中の君が逮捕されると、全共闘は崩壊するという人が多いが……。

秋田　血の出るような闘いに立ち上がり、十カ月の長い間、戦ってきた。そう簡単に崩れるものではありません。

秋田は、正直で優しい男であることが伝わってくる。ほとんどの質問に、「答えられない」と口に出したかったはずだ。それでもなんとか答えようとした。結果は、日大全共闘が苦境に置かれていることがますます見えてきた。

この一カ月後、三月十二日、秋田は逮捕され、九カ月間勾留された。秋田の父親は逮捕された後も、

「少しでも息子の気苦労は取りのぞいてやろうと、月三万円の仕送りだけは昔通りつづけている。一万円は下宿（もう一年近く住んでいない）に直接下宿代として送り、二万円を東京に住む親戚の者に託している。そのうちの一万円は獄中の明大に渡され、残りの一万円は差入れに使われてい

る」（前出「実像・山本義隆と秋田明大」）。

二十代の終わりに戻ってきた郷里の倉橋島（広島県呉市）で、秋田はいま、自動車修理工場を営む。そして、日大闘争をこう振り返る。

「一生懸命やったが、最後は学生がバラバラになり、自分もバラバラになった。だれに恨みやつらみがあるわけではないけど、悔しさのようなものがありますね」（臼井敏男『叛逆の時を生きて』朝日新聞出版、二〇一〇年）。

日大闘争を数字でまとめてみると、

「日大闘争支援弁護団と日大闘争救援会の調査による犠牲者は、逮捕者一六〇八名（勾留五九五名、起訴一三二名）、死亡者一名、負傷者七七一六名（重傷七一三名、失明三名）」（日本大学文理学部闘争委員会書記局『新版　叛逆のバリケード』編集委員会編著『新版　叛逆のバリケード——日大闘争の記録』三一書房、二〇〇八年）。

なお、古田は翌六九年九月、会長職に就き、在職のまま翌七〇年十月、日大の附属病院で亡くなった。日大全共闘を意識してか、「古田二郎」の偽名を名乗っていた、と聞く。

第四章　東大闘争の現場から

一　ソクラテスの逃走

始まりは小さな火

時計を一年近く巻き戻したい。東大紛争に火がついたのは、一九六八年一月二十九日、それまでのインターン制度に代わる登録医制度の導入阻止、附属病院の研修内容の改善を掲げて、医学部の学生らが無期限ストに突入したことからだった。翌日、新聞各紙が取り上げたが、いずれも二、三段の見出しの地味な扱いだった。この小さな火が、やがて山火事のように燃え広がり、全学を包み込んで入学試験も燃やしつくし、日本をゆさぶる大火災になるとは、誰も予想していなかった。

かくいう私も、その一人。一月末から四月中旬にかけて、学費値上げの中大、米軍野戦病院開設の王子、空港建設の成田と、激しい反対闘争の現場を走り回ることに追われ、東大とはいえ一医学部の、それもややこしいストにつきあっている余裕はなかった。いや、むしろ「たいしたことにはならない」と決めつけ、様子を見に行くことさえ面倒だった。

そんな私が慌てて本郷の医学部に走ったのは、成田で警察官に殴られた翌々日、三月十二日のことだった。この一件で警視庁への抗議など、編集局で処理に追われているところへ、昼過ぎに電話が入った。

「おい、そんなところに座っていていいのかよ。東大医学部でひどい処分が出ているらしいぞ」。

知らせてくれたのは、時事通信社会部記者（後に編集委員）の平松茂だった。彼とは佐世保の後、間もなく新宿ゴールデン街の酒場で知り合った。私より十歳近く年上、酒癖はおせじにもよいとはいえなかったが、他社の私に学生運動の情報を気前よく教え、解説までしてくれる、親分肌のありがたい先輩であった。

本郷にかけつけると、医学部本館前の掲示板に、医学部長、豊川行平の名で、十一日付けの告示が貼り出されていた。

「昭和四十三年二月十九日から二十日にかけて附属病院内で起こった事態については慎重な調査の結果、一部の学生および研修生の暴力に加え、（略）医局を長時間にわたって占拠し、個人の自由を奪い、本人を強要してその意思に反する行為をなさしめ、さらに高声を発するなど故意に病院内の平静をおかしたことが明らかにされた。（略）医学を修めんとする学生として絶対許すべからざるものであるので一部の学生を懲戒処分に付した次第である」とあり、最後に学生四人の退学を含む、懲戒処分にした学生、研修医十七人の氏名が並ぶ。

「……？」

附属病院内で何が起こったのかさえ知らない私は、この厳しい懲戒処分をどう受けとめたらよいのか、さっぱりわからず告示の前にたたずむばかりだった。

夕方、電話で平松に救いを求めた。「それは春見事件に対する処分だ」と彼は言い、「事件って何ですか?」と問う私に、簡単ではあったがその内容を説明してくれた。さらに平松は「処分はひどすぎる。しかし、もっとひどいことがある」と、声を厳しくした。

それは、処分を受ける者のほとんどが医学部全学闘(全学闘争委員会)の主要メンバーで、反代々木系の活動家だったことだ。「医学部の狙い打ちが透けて見える。このままじゃ、収まらないな!」、平松は断言した。

私は「春見事件」を軸に、それまでの東大医学部および東大当局の動きを調べ始めた。幸い三月末にかけての二週間、王子や成田でデモの予定はなく、聞きまわる時間があったので、おおよその経緯は摑むことができた。

問題の「春見事件」が起きたのは、医学部が無期限ストに入った後の二月十九日。スト突入後、豊川医学部長や上田英雄医学部附属病院長は、学生と顔を合わせたくないためか、めったに大学に姿を見せず、医学部教授会も、学内の他学部の施設や学外のホテルの部屋を借りてこっそり開いていた。

ところが、その日、たまたま附属病院前を歩く上田病院長を学生が見つけ、話し合いの場を持つよう求めた。もちろん上田はこれを拒否、急いでその場を立ち去ろうとしたが、学生らに取り囲まれてしまう。そこへ上田を守ろうと、上田内科の医局長、春見健一ら医局員がかけつけ、学生らともみあいになった。

その時の状況を、学生側は全学闘名で出した「東京大学の全学友と教職員に真実を訴える!!」で伝える。

「そこへ上田医局員数名が、突然学生の中に突入し、暴力的に学生を排除しようとした。特に春見医局員は、学生の顔面を肘で打ったり、えり首を持って引き廻し、眼鏡を壊す等の暴力」(東大闘争全学共闘会議編『砦の上にわれらの世界を――ドキュメント東大闘争』亜紀書房、一九六九年)をふるった。

怒った学生たちは、その日の夕方、上田内科医局に押しかけ、春見医局長に対し暴力行為について追及、抗議した。そして翌朝まで医局内に缶詰めにし、謝罪文に署名させた、ということになる。

一方、医学部を取材すると、見解はまるで正反対だった。学生が春見医局長の背後から蹴りを入れ、夕方には多数の学生、研修生が医局に侵入、バリケードを築き、医局長を十五時間にわたって拘束した、というものだった。

医学部は、早々と処分の検討に入っていた。当時、若くして医学部の教授になったばかりで、学生委員やスト対策委員を務めていた山本俊一によると、

「(事件は)研修生・学生と医局員との間の争いで、教授会は中立の裁判官の立場にあった。「喧嘩両成敗」の原則に立って、双方に対して軽く譴責処分をして置けば、これが東大紛争にまでエスカレートすることもなかったであろう。でも、教授会は研修生・学生だけを処分する片手落ちの方向に動いた」(『東京大学医学部紛争私観』本の泉社、二〇〇三年)。

「すいません」といえない

事件直後に開かれた医学部教授会で、医学部長の豊川は厳重処分の方針を打ち出し、教授たちはこれに同意、処分原案の作成を学部長に一任した。豊川はわずか二週間で、監禁事件の現場にいた

十七名を割り出し、いかなる暴力をふるったかも洗い出したとして処分案をまとめ、三月五日の東大全学部の学部長会議に提出した。

同会議は、処分の対象となった学生や研修医から、事情聴取をまったく行なわずに処分原案を作成していることを指摘、医学部に再検討を求めた。豊川はいったん同案を持ち帰ったものの、再検討には応じず、十一日開催の東大の最高決議機関、全学評議会（十学部、研究所などの代表で構成）に、原案のまま提出する。

さすが『スタミナのつけ方』（実日新書）という著書まである男である。豊川の馬力とむこう気の強い申し立てに、優柔不断で気が弱いといわれる東大総長、大河内一男は簡単に押し切られる。総長を議長とする評議会は、医学部案をそのまま了承し、可決してしまった。

ところが、とんでもないことが起こる。処分された学生の一人、粒良邦彦が事件当日、「自分は九州に行っており、事件には加わっていない」と訴え出たのである。

二十三日、大河内の記者会見は、中野区江古田の自宅で開かれた。学生らに缶詰めにされることを恐れていた総長は、その頃から東大構内に姿を見せなくなり、ついには会見さえ自宅で行なうと言いだした。これは異例というより、異常な感じさえ私にはした。

もちろん、東大記者会のメンバーに入れてもらえない私は、記者会見が開かれたことさえ知らなかった。総長宅にかけつけたメンバーの記者によると、玄関で「社名、氏名をチェックし、さらに名刺を提示するよう求められた」という。こんなところにも、気の弱い神経質な総長の一面が透けて見えた。

会見では、粒良邦彦の事実無根の訴えについて、総長は「大学としては医学部が慎重に調査して決めたもので、誤りがあるとは思えない」。そして同席する医学部長の豊川は、「これ以上の調査は必要ない」と強調した。当の総長は気になる卒業式に話をふり、「学生が卒業式を妨害するようなことがあれば、排除する措置を心ならずも準備しなければならない。これは警察力に依存するということになる」と、機動隊の学内導入をほのめかした。

春見事件の学生処分にかたくなな姿勢を崩さない大学と医学部に対して、「処分を受けた本人が事件現場にいなかったと言っている以上、再調査すべき」という声が、おひざ元の医学部内から出てきた。

同学部の若い講師二人が、「何はともあれ当日、九州にいたという本人の証言をもとに、当人の行動を現地で調査してみよう」と、総長会見の翌日、自発的に粒良のアリバイ調査のため九州に飛んだ。その結果は「処分には当局側に誤認の可能性がある」というもので、講師はこれを報告書にまとめ、学内で開かれた各学部教授懇談会で報告した。

その内容をスクープしたのが『朝日』(三月二十七日朝刊)だった。《事実誤認?の東大処分　医局長カン詰事件》と、五段の見出しを立て、さらに《九州にいた粒良君》《二講師、現地調査し報告》。記事は社会面のほぼ半分を埋めていた。

「報告書は①粒良なる人物が、同事件と同じ時間に久留米市にいたこと②その人物が、処分をうけた東大生粒良邦彦君であること③粒良君が、飛行機などを使ったとしても東京―久留米間の往復が不可能である。この三点からなっており、ほとんど三十分刻みで粒良君の久留米市での足跡を追い、確度の高い数多くの証人によって、その三点を立証したもの」で、「この報告書が公表された教授懇談会の席では、調査の精密なデータを認める空気が強く「被処分者本人の弁明を聞かずに、一方的に処分を行なったのはなぜか」が、あらためて大きく問題にされた」。

世間の常識からすれば、この段階で医学部はまず、誤認の可能性が指摘される調査を実施したことを謝罪、処分を一度撤回し、そのうえで再調査を実施、結果にもとづいてこの問題の決着をはかる――という順序を踏むはずである。しかし、医学部教授会は、「学生のいうことだから信用できない。教授会の決定はまげられない」とつっぱねた。それどころか、調査した二名の講師を、「教授会に対する叛逆行為」とみなす教授たちさえ出てきた。

三月二十八日、卒業式当日の早朝、これに反発した医学部全学闘の学生らが安田講堂に乱入、卒業式典は中止となる。

この年、六八年十一月、無期限スト中に開かれた東大駒場祭のポスターに、「とめてくれるなおっかさん　背中のいちょうが　泣いている　男東大どこへ行く」のコピーを書いて注目され、後に作家となったのが橋本治である。二十年後、彼はこう書いた。

「あれはどうすれば解決がついていたかっていうと、教授会が「すいません」て言えば、それで片がついたことなの。でもなんか、やっぱし、体面があったり、官僚的であったりとかっていうのがあるから、「すいません」てなかなか言いにくいんだよね。（略）他人に対して自分から腰を曲げちゃうっていう発想がないんじゃないかなとかって思うんだけど、やっぱり「すいません」て発想がない人っていうのもいるのね。（略）長い間普通にエスタブリッシュメントやってると、そういう発想生まれなくなっちゃうんだよね」（『ぼくたちの近代史』河出書房新社、一九九二年。初出は主婦の友社、一九八八年)。

医学部の教授たちが、「すいません」のたったひとことを口にしなかったために、医学部の紛争は、確実に東大全学を巻き込んでゆく。まるで初診の誤診が、気がついた時にはもはや手遅れの症状になっていた、というように。

学生側が求める「処分白紙撤回」は無視され続けた。無期限ストを続けて五カ月、学生や研修生と、医学部および大学当局の関係は、膠着状態のまま六月を迎えた。

機動隊出動要請が火をつけた

「相手が何も応じてくれないものだから、こちらの独り相撲でだんだん闘争自体が尻すぼみになっていた」(NHK取材班『東大全共闘　26年後の証言〈NHKスペシャル　戦後50年その時日本は　第3巻〉』日本放送出版協会、一九九五年)と振り返るのは当時、医学部六年生の今井澄《きよし》(後に東大全共闘・安田講堂防衛隊長、医師、参院議員)。「起死回生の手を打たなくてはだめだということ」(同)で、総長室をはじめ大学の事務機能が集中する安田講堂占拠の方針を打ち出し、大学側に通告するが、またもや黙殺された。このままでは引っ込みがつかない全学闘側は、イチかバチかの大勝負に出た。

六月十五日、土曜日の早朝、ヘルメットをかぶり角材を手にした約八十人の学生らが、安田講堂を占拠、机やロッカーを積み上げ、バリケード封鎖した。ただし「決行中」の医学部の無期限ストには、学部学生、OBの研修生ら約九百人が参加していたものの、安田講堂占拠に加わったのはわずか三十人だった。残り半数を超える五十人は、東京医科歯科大からかけつけた応援部隊だった。

この占拠の実態は、今井ら占拠派を、起死回生どころかますます不利な立場に追い詰めた。

十五、十六日は土、日曜日だったにもかかわらず、医学部生たちは本郷に集まり、クラス会を開催、「(講堂占拠は)クラス会決議違反だ」、「他大学から「外人部隊」を呼んでの暴挙は許せない」と、非難の集中砲火を浴びせ、今井ら医学部執行部の総退陣を決議した。

学生から孤立してしまった今井らは、無期限スト突入以来、最大の窮地に追い込まれた。逆に医学部、大学当局からすると、占拠派の失点を突いてストを収拾する絶好の機会到来であった。

当局は黙って事態を見守っていれば、週明けの十七日にも、登校してきた他学部を含めた多くの学生が安田講堂を取り巻き、封鎖解除へ向けて動き出すであろうことは容易に読めた。

ところが、大学当局はじっとしてはいられなかった。「春見事件」の処理であれだけの失敗をしておきながら、またもやその轍を踏み、対応を誤った。

十七日に日付が替わって間もなく、大河内総長は警視庁に機動隊の出動を要請してしまったのだ。同日未明、機動隊約千二百人が安田講堂を囲んだ。東大にとって、警官が構内に入るのは十六年ぶりのこと。もっとも、直前に警官導入の情報を摑んだ占拠学生はさっさと退去し、講堂内はもぬけの殻だった。結果的に占拠学生排除のために出動を要請した総長の決断は、何の意味も持たなかった。いや、それだけではすまない。医学部をめぐる紛争を、わざわざ東大紛争に拡大させてしまうことになる。

この朝、出社後、機動隊導入を知った私は現場へ走った。といっても大森実国際問題研究所は、上野・池之端から渋谷・宮益坂上のビルに移転したばかりだった。以前なら東大はまさにお隣りさん、十分以内で駆けつけられたのに、いまやそうはいかない。渋谷駅から地下鉄銀座線で上野広小路へ、小走りで不忍池を半周して弥生門から構内に入り、病院の北側を抜けて安田講堂に辿りつくまで小一時間はかかった。

すでに講堂周辺に機動隊の姿はなかったが、職員らが忙しく出入りする。三階が正面入口になっている講堂内には、四階の総長室をはじめ、一、二階に事務局各部課が入り、管理本部の役割を果たしていた。学生は講堂内各室を二日占拠する間に、バリケード用に机を運び出し、ロッカーに詰まった書類は引き出しごとひっくり返し、食べ散らかした缶詰の空き缶がごろごろするなど、総長室を中心に破壊の限りを尽くしていた。「ゴミの運び出しと修理にかなり時間がかかる」。片付けにかかる職員はため息をもらしていた。

講堂前には、学生が集まっていた。午前七時過ぎにはニュースで知ってかけつけた学生が百人もいたという。その数はどんどんふくれあがる。昼前にはざっと千人になっていた。

かつて警察の介入を許した苦い経験を持つ東大は、トラウマと言ってよいだろう、警察に対するアレルギーは強かった。ところが大河内総長はそんなことはおかまいなし、講堂を占拠する医学部生らに自ら向き合うこともせずに、さっさと機動隊を学内に呼び入れた。

総長の無神経なこの選択は、状況を大逆転させた。今井らはいっぺんに息を吹き返し、医学部執行部へ復帰する。「警官導入は単に医学部だけの問題ではない。このような事態を招いた大学を糾弾する」。本郷で、駒場で、一般学生までもが強く反発、一斉に蜂起した。今井らプロの活動家も舌を巻くほどの素早い動きだった。

この日、安田講堂前では何回も抗議集会が開かれ、約三千人が参加、シュプレヒコールが渦巻いた。学内デモもあり、本郷構内は夜八時過ぎまで騒然とした空気に包まれた。

総長の進歩的なポーズ

大河内総長といえば、マルクス主義経済学者で進歩的文化人と呼ばれた一人である。六四年の卒業式の告示、「太った豚になるよりも痩せたソクラテスになれ」（報道配布の原稿。本人はこの一節は口にしていない）には、私も胸を熱くした。

毎日新聞社社会部編『ゲバ棒と青春――これが大学紛争とゲバルトの実態だ』（エール出版社、一九六九年）によると、六三年、総長就任時の記者会見では、「最近の学生はあまりに実務的で、こりこうすぎる。すぐに役に立たないようなアホウな研究に打ちこんだり、勉強をほったらかしにして学生運動をやったりする学生がもっといてもいいのではないか」。

学生の胸の内を鷲づかみにし、期待感を持たせるひとことだったが、それがいま、機動隊導入後、勉強をほったらかしにして学生運動をやったりする学生らによって袋叩きにあっていた。なんとも皮肉なめぐりあわせとしかいいようがない。さらに、卒業式の告示も同書から引用すると、「知識の切り売りを慎め。出世コースの坐り心地のよさに負けず、ユガミやひずみを直せ。自分の信念を貫くことによって出世街道をはずれたとしても東大はそういう諸君に声援を送る」（六四年）。「タダメシを食うな。社会の日かげをなくせ。人間疎外のいまの社会から人間というかけがえのなく尊いものを救い出す。そのことに情熱を燃やしてほしい」（六六年）。

まさに「やせたソクラテス」にふさわしい、耳に心地のよい言葉が毎年並ぶ。しかし同書は、こうした「眩しい」ひとことがすんなりと出てくる大河内の一面とはまるで違う、「別の一面」についてふれていた。

総長になれば、私立大学の講義、新聞雑誌への寄稿、政府の各種委員会、審議会の委員を引き受けられなくなり、総長の給料一本で食べていかなくてはならない――と、なげく彼に対し、同書は「東大総長といえば、官僚のなかでは日本最高の給料を保証されたポストである。その給料だけではやっていけない。これからはアルバイトができないのでつらいという、まるで金の亡者的な、このグチ。これがあのきれいごとを並べ続けた同じ人だろうか」と疑問を投げかけ、さらに総長就任後の姿勢についても、「政府の審議会委員をその後も数多く引き受け、新聞雑誌への寄稿はさらに単価を高め（略）、講演旅行は東奔西走。「知識の切り売りを慎め」「金などに目もくれるな」といいながらの知識の切り売り講演、金儲け目当てのアルバイトに精を出していた」と手厳しい。

反権力を訴える進歩的なポーズを取りながら、裏ではしっかりと金儲けに精を出し、自分の身に危うさを感じれば警察力にすがりつく。ここに、学生たちは憤激した。そしてこの一瞬が、ささいな「医学部紛争」を、全学を巻き込む巨大な「東大紛争」へと看板をつけ変えさせてしまったと、私は思った。

さらに翌年の安田講堂攻防戦へと、紛争がどんどん拡大するのを見せつけられていくうちに、原因は、これは総長だけに限ったことではないことがわかってきた。東大の権威を笠に着て金儲けにつながる研究に精を出し、時にはもっともらしく「大学の自治とは……」などと説く教授たち、原因はその驕る体質にあったとの思いが深くなっていく。

評論家の青地晨は、何人かの東大教授から話を聞いてこう記す。

「そのとき教授たちは口をそろえて、学生がいかにバカで、始末におえぬ〝怖るべき子供たち〟であるかを語った。またバカな学生たちを説得することは時間の浪費で、それより自分の研究に没頭して、時間のロスを防ぐのが賢明であることを力説した。

東大紛争は、これらの教授たちにとっては他人事にすぎず、そこには身に迫る危機感は感じられなかった。学生の中に入ってゆくのは執行部か、物好きで功名心の強い俗物教授にまかせればよいという態度であった。私はそうした言説に東大教授の抜きがたい権威主義とエリート意識を見ないわけにはいかなかった」(「東京大学と日本大学」『中央公論』一九六九年一月号)。

一方、一、二年生が通う駒場キャンパスも機動隊の導入への衝撃は大きく、終日、授業どころではなかった。どこのクラスでも熱い討論がいつまでも続き、次々に「機動隊導入反対」を決議する。機動隊アレルギーがこんなにも激しいとは、信じられなかったに違いない、総長はその日の午後、「疲労」を理由に入院してしまった。

「名乗ったあなたが全共闘」

六月二十日、法学部を除く九学部(医、文、経済、教育、理、工、薬、農、教養)が一日ストライキに入った。その日、安田講堂前で開かれた全東大総決起集会には、チャーターバス四十台でかけつけた駒場の学生も合流、あわせて約六千人、空前の大集会となった。

スト権を確立できなかった法学部では、午前、学生大会が開かれた。「授業総辞退」を主張する学生もいたがまとまらず、各人「自分の判断」で授業を欠席、統一集会に参加した。

午後、安田講堂前で法学部四年の高崎通浩をつかまえた。佐世保以降、何度か「王子」や「成田」について電話でやりとりはしていた。彼は私の顔を見つけるなり、自虐気味に愚痴った。

「ストに入れなかったのは法学部だけですよ。開闢以来一度もストをやったことがない東大きっての保守派ですからね。きょうは一日ストですが、いずれ無期限ストになるでしょう。他学部に後れをとらないよう、いまからガンガン行かないと……」。

一方、紛争の拡大化に驚いた総長は、六月二十五日、「総長談話」の形で、「六月二十八日に安田講堂で総長会見を行なう」むね発表した。

「大学側のチョンボで招いた事態である以上、総長はかなり思い切ったことを言わざるを得ないだろう。きちんと謝罪すれば事態の収拾もあり得る」と私は思い、その日の午後、安田講堂にかけつけた。期待感の現われか、講堂は三千人で満杯、あふれた学生は法文系の大教室で中継されるスピーカーに耳をかたむけ、それでも入りきれない学生は講堂前に座り込んだ。

しかし「会見」は、予想も期待も裏切るものであった。総長はまず、「機動隊の導入はやむを得なかった」とし、ついで医学部処分問題にふれ、誤認処分を下した医学部長らの責任にはまったく言及せず、誤認の可能性がある粒良の処分は「医学部教授会に差し戻す」と、従来の主張を繰り返すだけだった。

激しいヤジと怒号のなか、大河内は約一時間二十分にわたり所信を表明し、学生の質疑に応じた。しかし午後四時過ぎ、持病のある心臓の調子がよくないことを理由に、会見を切り上げ、退席した。

七カ月後に「本郷学生隊長」として安田講堂に立て籠る、島泰三（後に房総自然博物館長）も出席していた。「大講堂の後ろのほうで、大河内総長とはどんな人間だろうと興味を持って見ていた。しかし、私たちは一様に落胆した。はっきり言えば、総長の人格を見限った」（前出、島泰三『安田講堂　1968―1969』）。

『読売』（六月二十九日朝刊）は、「集会は紛争解決への一つのヤマとみられていたが、学長発言について、学生側はマチマチの反応を示しているものの、大勢は大学の自治、処分の責任など本質問題にふれなかったことが不満足で、とくに強硬派の学生は「紛争の背景が語られなかったことは、解決の〝後退〟だ」と逆に態度を硬化させている。さらに学生は粒良君だけでなく、処分者全員の白紙撤回を要求し続けており、紛争はさらに泥沼化しそう」。

なお、この日の夕方、医学部は粒良を「処分以前の状況」に差し戻すと発表した。

その後、局面の打開はなく、七月二日、安田講堂は再度、封鎖された。五日、同講堂に約四千人の学生、研究者が集まり、東大闘争全学共闘会議（東大全共闘）が結成された。東大全共闘の組織形態は、いうまでもなく在学生全員が加盟する大学の自治会とはまるで違う。あくまで全共闘に集う個人が主人公で、「やりたい人がやり、やめたい人はやめる」、「名乗ったあなたが全共闘」。自分の責任と自覚の範囲でそれぞれが闘おう、行動しようという組織であった。したがって入るのもやめるのも、まったく自由であった。

全共闘の唯一の舵取り役は「代表者会議」、学部学生、大学院生、研究生やセクトらの代表によって構成されていた。この代表者会議のまとめ役を務めていた理学部大学院生（博士課程）の山本義隆が、世間から「東大全共闘議長」と呼ばれるようになる。

夏休みに入って五日目の七月十六日、全共闘は前日開催の「代表者会議」で決めた医学部処分の撤回、機動隊導入の自己批判など七項目の基本要求を、「共闘会議ニュース第1号」で発表した。

また、八月（夏休み）の闘いとして、バリケードの強化やパトロール防衛隊の確立、時計台（安田講堂）会議室を合宿等に解放することなどを訴え、積極的な参加、活用を呼びかけた。「一九六八年解放講堂」、安田講堂はそう呼ばれるようになり、その屋上のスピーカーを使った「時計台放送局」が開局した。

講堂の周辺には、テント村が生まれていた。工学部都市工学科の大学院生らが中心となって、「ノンポリよ集まれ」と呼びかけ、七月中旬には機動隊導入の監視もかねて、十二張のテントが張られた。学生たちが交替で泊まり込んだ。

二　せめぎあう勢力

「ブル新、帰れ！」

九月中旬、私はカメラを肩に二カ月ぶりに東大（本郷）をたずねた。迎えてくれたのは、罵声だった。

「ブル新、帰れ！」。

赤門をくぐり、左に教育学部、右に経済学部、両校舎の間のイチョウ並木を抜けて、医学部本館の前庭にさしかかった時だった。八月二十八日以来、東大全共闘が封鎖中の同本館、その中央入口の前に屯《たむろ》していた数人の若い男が声を上げ、私をじっとにらみつけた。

いきなりの「ブル新（ブルジョア新聞）！」には驚いたが、その理由には思いあたるふしがあった。それは、医学部本館が封鎖された翌日の八月二十九日、医学部内で起こった〝読売新聞記者暴行事件〟だった。

『読売』によると、同日午後、医学部図書館で取材中の同社記者、谷川俊を、医学部全共闘の学生たち二十数人がとり囲み、さらに「後ろからはがい締めにし、こづいたり、コブシで同記者の腹部などを次々なぐりつけた」。谷川記者は「顔、胸、腕などに打撲傷をうけたうえ、腹部を三十回近くも強打され」(三十日朝刊)たという。

「事件」のきっかけとなったのは、二十八日午後七時過ぎから医学部南講堂で、四時間にわたって医学部長小林隆と全共闘の間で行なわれた大衆団交だった。二十九日の『読売』(朝刊)は、《医学部長かん詰め五時間》《角材手に〝大衆団交〟》の見出しで、「(医学部長の)記者会見の席上にヘルメット、角材で武装した学生約二百人が「コノヤロウ」と叫びながらなだれ込み、会見を無理やり中止させたあと、学部長を同じ建物の中の「南講堂」にこづきながら押しこめた」と書いた。写真は学生に囲まれたワイシャツ姿の医学部長が、右手で頭上のタオルを押さえる構図で、「医学部の南講堂でかん詰めにされた小林医学部長(用足しに立ち、ぬれタオルで頭をひやしている)＝28日午後9時50分」とのキャプションがついた。

これに対して学生側は、二十九日、取材に現われた記者に「記事(二十九日朝刊)は事実ではない」と釈明を求め、逃げようとした記者ともみ合いになったが、暴力はふるっていない。記事は「でたらめのデッチ上げ」だと主張した。

翌三十日、大河内総長は記者会見で「申しわけない」と頭を下げ、さらに読売新聞社を訪ねて謝罪、記者を病院に見舞った。同社はその日のうちに、医学部学生ら二十余人を警視庁に告発、夕刊の「よみうり寸評」は激しく非難した。

「取材記者をフクロたたきとは、ヤクザ征伐の筆陣を張る記者に三ン下が迫害を加えるにひとしい」。わが国を代表する一紙の表現にしては、あまりに品性を欠いていた。

その翌々日の九月一日、医学部の学生一人に逮捕状が出され、学生は十月十四日、学内で逮捕された。

この「事件」をきっかけに、学生たちの、報道陣すなわち「ブル新」への対応はいっそう冷たくなった。屋内で開かれる集会から締め出されるのは、その時に始まったことではなかったが、それまでは自由に出入りできた建物でさえ「立入禁止」となり、入ろうとすれば、入口に立つ学生から「ブル新、帰れ！」、と怒声がとんだ。

一方、読売の事件とは関係なく、『毎日』が学生らによる医学部本館封鎖を《〝医学の中枢〟角材でマヒ》と強く批判した。《多くの人命に脅威　ガン診断ストップ　本館封鎖怒る教授、研究員》の見出しも目立った。

記事は、同本館が一日も欠かすことができない実験、観察を続けているのに加え、「(病理学)教室には、(略)北は山形県から南は静岡県までのいろんな病院から、ガンではないかと診断を求める患者たちの組織片が毎日送られて来ている。その機能は完全にストップするしかない」。

教室員は「人道上などというなまやさしい問題ではない。おおぜいの人の生命と直結している。医者のタマゴもまじっているのだから、不安に満ちた患者の顔が思い浮かばないのだろうか」(八月二十九日朝刊)。

全学無期限ストライキ

『読売』や『毎日』の報道によって、東大全共闘を厳しく見つめる世論も出始めてきた。しかし、全共闘は、申し入れている大衆団交に大学側が応じないことを理由に、一気に攻勢に転じた。無期限ストライキだった。

一月にストに突入した医学部、六月末、七月上旬にそれぞれストに入った文学部、教養学部に加え、九月二十日の工学部を皮切りに経済、教育、理、薬、農の各学部が続き、十月十二日未明には十番目に法学部学生大会も突入を決議した。東大は史上初の全学無期限ストという異常事態を迎えるところとなった。

各学部では無期限ストに入る前、その是非をめぐってクラス討論や仲間同士で話し合っている。その過程で東大のあり方と、そこに学ぶ自分はどうあるべきかがテーマに加えられた。話し合いでは最初、外には世論受けのよい進歩的なことを口にしながら、いざ行動となると、しっかり自己保身に走る教授たちへの批判が渦巻いた。

彼らに「ノー」をつきつけるのは簡単だった。「でも、待てよ」と、学生たちは考え込むようになった。教授を完璧に否定するが、そういう自分たちはすべて肯定されて当然な存在なのだろうか。実は、東大生という特権的立場をあたり前のごとく享受しているのではないのか、と。

小阪修平が後に、すっきりとした説明をしてくれた。

「九月になり（夏休みが明け）学生がもどってくると、（略）ストはひろがり、封鎖もひろがった。十月に入ると、官僚の予備軍と目されていた法学部もとうとう無期限ストに突入し、東大闘争は全学ストとなった。ぼくはこの過程が、東大闘争が「深化」していったプロセスだったと思う。東大闘争がいわゆる一般学生をまきこんでいくプロセスは、クラス討論などをつうじて、「では君はどうするんだ！」という問いかけが深まっていったからだ。全共闘運動が「個人的」な闘争だったことが、逆に闘争に参加するかどうかを通してその人自身の生き方が問われるという特徴をつくっていった」（『思想としての全共闘世代』ちくま新書、二〇〇六年）。

全学無期限ストは自分をえぐり出すための、自分との戦いへの突入宣言なのか。私にはなかなかそれが結びつかなかった。


間もなく十一月だというのに、大河内総長は六月二十八日の大衆会見以来、学生の前に姿を見せず、キャンパスは本郷も駒場も全学無期限ストライキに入ったままだった。東大ではまるで時間が止まったように、すべてが膠着した。

そのさなかの十月二十五日、『朝日』（朝刊）は一面トップに《東大紛争　収拾へ大河内試案》《総長ら責任者は退陣》の見出しを立て「最悪事態に陥った紛争打開のため来週中にも、医学部処分の全面撤回、大河内一男総長はじめ責任者の退陣を表裏一体の柱にした新しい収拾案を出す」とスクープした。

収拾案は大学側の全面譲歩に近い内容で、総長は「まず大学側が汚れた手を洗い、姿勢を正し、一方で学生に対していさめるべきはきびしくただす」と、弱気が目立った総長にしては珍しく強気だった。ここから解決への糸口が見つけ出せるかもしれないと私は願ったが、残念ながら今回も、それは期待だけで終わった。

十月二十八日、医学部処分問題の再審査委員会から出された報告書を受けて、大河内総長は大学側に非があったことを認め、処分を白紙撤回した。その責任をとって自らは十一月一日、辞任、退官した。すでに医学部長、附属病院長の座を退いていた豊川行平、上田英雄両教授も、みちづれ退官となった。

しかし、大河内の苦渋の決断も、学生側の心を摑むことはできなかった。退陣劇を、東大全共闘の学生たちは、「敵前逃亡」、「このようなメロドラマには一切関心を持たぬ」と斬り捨てた。

替わって法学部長から総長代行に就任した加藤一郎は、前任者の大河内一男をまったく裏返したような人物だった。東大記者クラブのメンバー、『毎日』の内藤國夫は語る。

「大河内執行部がどうしても踏み切れなかった全学集会を（十一月）中旬までに開くこと、新執行部がドロをかぶっても事態を収拾し、それまでは総長選挙も延期することなどをバタバタと決定。これまでのグズグズぶりに比べて、まるでセキをきったような果断さにはわれわれも目を見張った」（『ドキュメント　東大紛争』文藝春秋、一九六九年）。

「学生を避け、学外でコソコソと秘密の会議を開くような悪習もやめた。就任二週間にもならない十六日には総長代行自ら安田講堂にのりこみ、学生たちとの話し合いを開始。それ以後はともかく学内を堂々とかっ歩し、学生にカンヅメにされるならいつでもされようという積極的姿勢をとった」（同）。

しかし、「なぜ旧執行部は辞めたのか。大衆団交で過ちをはっきり認めない限り執行部の交替は認められない」と、学生たちは新執行部に対しても対決姿勢を崩さず、新執行部が発足した十月四日、彼らは早くも行動を起こす。

文学部の学生らが、文学部長に就任したばかりの林健太郎を教官談話室に軟禁した。その夜から食事、仮眠の時間をはさんで、団交（「カンヅメ団交」と呼ばれた）を続ける。団交は、ドクターストップで、担架で林が担ぎ出されるまで八日間にも及び、この間、総長代行らはこの一件の対応に追われた。

民青vs.全共闘の激化する武闘

大学当局にはさらに難題が待ち受けていた。林文学部長が解放された十一月十二日の夜、全学封鎖をめざす東大全共闘と、これを「暴挙」として阻止しようとする共産党・民青系の学生たちの両者武装部隊が、角材をふりかざして激しく乱闘、約四十人の負傷者を出した。両者の武力による衝突は東大では初めてのことで、正門と赤門の間に建つ総合図書館前で起こった。

「午後八時半すぎ、反代々木系は代々木系学生に角材をふるってなぐり込んだ。代々木系も用意の角材で抵抗、乱闘となった。牛乳ビンや発煙筒も飛び、叫び声やなぐりあう音が、構内横の本郷通りまで響いた。乱闘現場の周囲には千人近い一般学生や相当数の教官、職員がいて、乱闘を見ていたが「やめろ、やめろ」とのシュプレヒコールが起こっただけで、積極的な行動に出るものは全くなかった」(『朝日』十一月十三日朝刊)。

このゲバルト対決を、当事者は証言する。まず、東大全共闘。後に「本郷学生隊長」として安田講堂に立て籠った島泰三は、

「総合図書館の広い石段に並んだ五百人ほどの日本共産党系部隊の黄色いヘルメットの集団が、角材で殴りかかってくる全共闘諸派連合の攻撃を受け止めていた。その全員がヘルメットを前向きに傾けて顔を守り、体を斜めにして衝撃に耐えていた。いくら人数がいても、いくら勇ましく見えても、最前列の者しか相手を殴ることはできない。何より、うずくまって無抵抗に耐えているように

見える相手の姿に全共闘側は張り合いが抜け、そのうち疲れて殴る手を休めるときがくる。攻撃態勢の伸びきったときである。

その瞬間、指揮者の笛が鳴った。〝あかつき部隊〟の黄色いヘルメットは、一斉に細い棒を振り上げて全共闘部隊に襲いかかった。杉の角材に比べると細く見えるが、樫の木刀である。殺傷力さえある。しかも使い手が全都よりすぐりの暴力部隊である。伸びきった態勢の全共闘部隊の最前線は、たちまち崩れ去った。実にみごとな水際だった反撃だった」（前出『安田講堂　1968―1969』）。

一方の共産党・民青系。島の証言にある「笛を吹いた指揮官」、宮崎学によると、

「新左翼系のゲバルトは多分にデモンストレーション色が濃厚なものなのであった。ぶつかってひとしきり乱闘を繰り返すが、闘いの趨勢《すうせい》が決すればパッと逃げ散る。多分に儀式的で、淡泊なものだった。一方、行動隊は「やるからには勝つ」と勝敗にこだわった。密集隊形をとって乱闘し、初手にいくら攻め込まれようとも絶対に退かなかった。所詮《しょせん》は喧嘩である。喧嘩は一度退いたら、それで終りなのだ。多分に泥臭い闘いぶりなのだが、最終的にはこのやり方が勝利を収めるのである」（前出『突破者――戦後史の陰を駆け抜けた50年』上）。

宮崎は高校時代に日本共産党に入党し、東大には早稲田隊百五十人を率いて乗り込んできた。翌六九年、早大卒業式のボイコットを強行し、党を除名された。その後、八四年に関西で起きたグリコ・森永事件の犯人、「キツネ目の男」にそっくりだったことから、最重要参考人として警察からマークされ、何度も事情聴取を受けている。

話の都合上、グリコ・森永事件にふれておくと、八四年三月、江崎グリコ社長が誘拐されたのを

皮切りに、丸大食品、森永製菓など食品企業が次々に脅迫された。犯人は現金を引き渡す場所をあっという間に変更し、捜査陣を攪乱、この引き渡し場所などで捜査員が見かけた犯人が、「キツネ目の男」だったことから、宮崎が捜査線上に浮かび上がった。しかし、宮崎にはアリバイがあり、あやうくセーフとなる。同事件は警察庁広域事件に指定され、警察は総力戦で捜査したが、二〇〇〇年、時効を迎え、迷宮入りとなった。

共産党・民青系のゲバルト組織が東大に乗り込んだのは、乱闘事件の二カ月前、九月七日だった。再び宮崎に、この部隊について説明してもらおう。

「責任者や職分を明確にしない一種の非公然秘密組織的な性格が濃かった。要するに、世間体を憚る裏組織だった。この組織は日共内部では「都学連行動隊」と呼ばれていたが、いつしか内外から〝あかつき行動隊〟と称されることになる」（前出『突破者』）。

その数、約五百名。空手、少林寺拳法、柔道、剣道の有段者ら猛者の集団で、この時は赤門を入って左手、共産党・民青系が執行部を握る教育学部校舎に常駐した。

戦闘部隊とともに、兵糧部隊もやってきた。宮崎の同書によると、東大病院横の通路に待っていたコカ・コーラの運搬車には、黄色の新品のヘルメット、長さ一メートルほどの樫の棍棒、軍手がびっしり積み込まれていた。また、食事は毎食、弁当が支給され食べ放題、フトンも十分用意されていたという。

総合図書館前の決戦の翌々日、十一月十四日、外人部隊を含む共産党・民青系の行動隊が駒場に姿を現わした。本郷の図書館封鎖を同部隊によって阻止された全共闘は、三百人を動員、駒場の校舎封鎖作戦に打って出た。しかし彼らは、行動隊や一般学生ら七百人に追い返されてしまう。

共産党・民青系の一員だった三浦聡雄（現・医師）は、

「駒場キャンパスを封鎖にきた全共闘のゲバ部隊に対し、素手、ハチマキ姿の民青と一般学生、教官が包囲した。多勢に無勢の全共闘は撃退された。彼らの角材は取り上げられ、燃やされた。ここから、東大で全共闘の孤立と衰退が進んでいったのです」（前出、臼井敏男『叛逆の時を生きて』）。

ズルズルと負けが込む全共闘は、状況の転換、大逆転をはかるきっかけを日大との共闘に求めた。日本刀まで持ち出し殴り込みをかける体育会や右翼学生と、五分以上にわたりあう修羅場をくぐってきた日大全共闘である。上げるトキの声だけは大きいものの、烏合の衆でケンカ力ではまったく歯が立たない東大全共闘にとっては、頼りがいのある存在だった。

こうした東大全共闘の事情もあって十一月二十二日、「日大・東大闘争勝利全国総決起集会」が開かれた。安田講堂前は、日大全共闘を含む一万人近くが全国から集結、赤・白・青・黒・緑・銀色のヘルメットで埋め尽くされた。

この間、十月二十一日の国際反戦デーでは、新左翼各派が激しい街頭闘争を繰り広げた。社学同は防衛庁、社青同解放派は国会、革マル派は麴町署を襲撃目標にし、さらに中核派は新宿駅を標的にした。新宿駅構内では二千五百人が線路内に入り込み、火をつけた発炎筒を投げつけながらジグザグデモを繰り返した。警視庁は午前零時過ぎ、騒乱罪の適用に踏み切り、七百六十九人を逮捕した。

一方、東大の本郷、駒場キャンパスでの全共闘と代々木系全学連の衝突は、ますます激化する。次第に武器もエスカレートし、十二月に入ると、鉄パイプで武装し、火炎ビンを投げた。

拒否された加藤提案

ゲバルト激化は潮目を変えた。その潮とは、それまで全共闘を支持してきた一般学生の心情である。彼らは全共闘と日共・民青系との主導権争い、深刻化するゲバルトにショックを受けていた。しかも「名乗ったあなたが全共闘」でわかる通り、ノンセクト集団であるはずの全共闘が、その内部で新左翼各派がリーダーシップをめぐってしのぎを削り始めたから、なおさら許せなかった。

十一月十二日以降、法、工、農の各学部の学生大会で、相次いで「全学封鎖阻止決議」が通り、二十六日の経済学部の同大会ではストライキ実行委員の執行部から、全共闘系メンバーがことごとく引きずり降ろされた。

〝下剋上〟の主役は、全共闘に距離を置き始め、さりとて日共系支持とはいかない一般学生たちだった。彼らは、駒場では「クラス連合」、本郷では「有志連合」など、新しい旗を立て、第三勢力としてデビューする。経済学部のリーダーだった町村信孝（通産官僚を経て衆院議員、文科相、外相、内閣官房長官等歴任）は後年、語る。

「全共闘からは全学バリケード封鎖、東大解体論まで出てくるし、民青は、学内の共産党組織を守るためだけの運動に変わっていって、どちらも違うなと感じました。われわれはもっと純粋に、東大を、みんなが本当に学んでよかったと思えるような魅力的な学問の府にしようじゃないかという思いでいました。全国路線とか、学内の勢力温存といった観点を取り払っていこうということを学生大会で呼びかけて、それで支持を集めた。僕らと同じ考えの人が各学部にだんだん広がっていきました」（前出、NHK取材班『東大全共闘・26年後の証言』）。

一方、政府は十一月三十日、佐藤改造内閣を発足させた。同内閣は文相に、党内切っての文教通で、加藤東大総長代行と旧制成城高校同窓の坂田道太（後に衆院議長）、警察を仕切る国家公安委員長にタカ派の荒木万寿夫、さらに官房長官には、「佐藤派の大番頭」と自他ともに認め、フットワークのいい保利茂（後に自民党幹事長、衆院議長）を起用するなど、東大紛争シフト内閣の色が濃かった。

荒木万寿夫国家公安委員長は大臣就任後、「いまの東大問題は、腐肉と化した東大にハゲタカがたかっているようなもので、腐肉とハゲタカがケンカをすれば、ハゲタカに食べられてしまうのが当たり前だ。大体、いまの〝兵隊ごっこ〟は度がすぎている」（『読売』十二月一日朝刊）と、ドロ沼化した東大紛争を痛烈に批判した。

これをきっかけに東大に対して強硬論が勢いづき始めた政府と、学生の板ばさみとなり、窮地に立たされた東大の加藤執行部は、なんとか紛争解決をはかろうと、十二月二日、「加藤提案」を発表した。

提案は冒頭、これまでの大学の対応について、「医学部教授会が誤りを素直に正さず、学生諸君との対話を避けてきたこと、および他学部教授会が学部自治の慣行のために、これを全学的な問題として積極的に解決する努力を怠ってきたことの責任は極めて重い」と厳しく自己批判した。

さらに「われわれに問われているのはわれわれが真実に対して忠実な態度を貫かなかったという道義的な問題だけでなく、従来の大学の制度や慣行、ひいては現代における大学のあり方そのものであるということを明確に自覚しなければならない。それはわれわれの一人ひとりに自己変革をせまる問題でもある」、と反省する。

そのうえで、医学部処分の白紙撤回、機動隊導入の自己批判、大学改革委員会の設置などを改めて提案した。全共闘七項目要求のうち、「文学部不当処分撤回」を除く六項目を受け入れたもので、そのうえで「十二月上旬に授業が再開されるなら、多くの学部では、卒業時期が著しく遅れることにはならない」とし、早期に全学集会を開催し、ストライキを解除するよう訴えた。

これを共産党・民青系学生は「評価」し、一般学生を中心とした第三勢力もまた「支持」したが、肝心の全共闘は「拒否」した。これをきっかけにメディアは、入試中止の可能性を報じ始めた。

後日、前出の今井澄は語る。

「全共闘の運動自身がもう、何かある要求を勝ち取ればいいという段階から、「自己否定」という言葉で象徴されるように、自分自身の存在の変革をもかけた闘いになっていました。そうすると、ある意味では「終わりなき闘い」がスタートしてしまったという面があると思います。ですから、あの段階で私たちとしては、ストライキを解除するという状況にはない、まして安田講堂から出ていく理由はないと判断をしたのです」（前出『東大全共闘・26年後の証言』）。

では、受け入れられなかった加藤総長代行はどうだったのか。後年、こう話す。

「全共闘のような組織で大衆討議にかけると、やはりラディカルというか、強い議論のほうが優勢になってしまい、どこかで矛を収めようというような議論は通りにくいんです。それがああいう大衆組織の一つの限界だと思いますね。討議の結果を僕のところへ電話してきてくれた全共闘の幹部は、「残念ですが、まとまりませんでした」というような言い方をしました」（同）。

この電話で、東大は紛争解決への最後のチャンスを失った。

なお、この間、十二月十日、三億円事件が東京・府中で起こった。東芝府中工場の従業員のボーナス三億円を運搬中の現金輸送車が、白バイ警官になりすました犯人に停止を命じられ、輸送車ごと奪われてしまった。想像を超える大金と手口の大胆さが注目を浴び、東大にかわってこちらが報道の主役となった。

一方、東大入試をどうするか、政府もまたヤマ場を迎えた年末、『佐藤榮作日記』（第三巻）にはこうあった。

「十二月二十五日　水　（略）大学問題懇談会で大分につまって来た。結局入学試験は行えそうにない。まだ警官が出るには一寸早い様だ。大分活潑な意見が出る様になった」。

「三十日　月　（略）東大の入試中止をきめる。まづ干係閣僚の懇談会の後閣議を開き東大、教育大（体育学部を除く）の入試とりやめを、今の時点は中止と発表」。

三　安田講堂での年越し

講堂内に響く紅白歌合戦

六九年の元旦を、私は安田講堂で迎えた。もちろん同講堂は「マスコミ出入禁止」だったが、佐世保で知り合い、その後、付き合いを続けてきた法学部四年生、高崎通浩の手引きで潜り込むことが許された。

年末の編集会議で、「安田で越年」を聞いた『オブザーバー』主幹の大森実は、「ごっつい（凄い）チャンスやないか！」と喜んだが、「佐世保みたいにムチャしたらあかんでぇ」と釘を刺した。
六八年大晦日、カメラマンを買って出た上田泰一とともに、差し入れ用のミカン一箱を担いで、安田講堂の正面玄関前に立った。上田は六八年、立教大を出て新卒入社だったが、好奇心のかたまりで、一度喰らいつくと、納得する答えを手にしない限り離さないスッポンのような男であった。

玄関前には張番（見張り番）の陰に二人の学生が約束通り待っていた。案内されて一歩なかに踏み込むと、机、イス、ロッカー……、障害物になりうるものを総動員してバリケードが築かれていた。その合い間を縫って人一人がやっとくぐれる、くねくねした通路があった。ここを抜けて講堂演壇裏の広い廊下、いまふうにいえばエントランスとホールをつなぐホワイエといってよいのだろう、そこに足を踏み入れたとたん、ボリュームをあげた歌声が聞こえてきた。

〽わっすれられないのおー　あの人が好きよー

山高帽にパンタロンスーツが似合い過ぎる今陽子。歌唱力抜群のアルトが、目の前のテレビで「恋の季節」を唄っていた。この年、ＮＨＫ紅白歌合戦に初出場の「ピンキーとキラーズ」を、講堂内の守衛室から調達してきたという白黒テレビで、私も観た。
テレビをのせた机を取り巻くソファやイスに腰を下ろした東大全共闘の学生十数人が、歓声をあげる。全員、東大の学部学生で外人部隊はいなかった。その表情からは、孤立化への道を歩まざるを得ない全共闘の焦りや、迫りつつある機動隊による封鎖解除への不安は伝わってこない。激烈なゲバルトをかいくぐってきたとはとても思えない屈託のない顔つきが、むしろ痛々しさを感じさせた。

講堂内はロビーといわず、どこを歩いても雑然としていた。くずかごはかごが見えないほどゴミがあふれ出し、廊下の隅に置かれた牛乳びんやドンブリはどれも汚れがこびりついていた。白い壁面は古いビラの上に新しいビラ、その上にもっと新しいビラ、さらにその上に最新のビラと、新左翼各党派がビラの貼りっこをしているうちに、壁の顔は厚くアバタ状になってしまった。半年間という籠城の時間が、こんなところにも現われていた。

安田講堂での越年組は約七十人。ほとんどが、東京ないし近県の自宅から通学する東大生だった。テレビの前に姿を現わさない学生は、それぞれの部屋ですごしていた。もちろん個室ではない。居室は学部別、党派別に分かれていた。

読書三昧を決め込む者、差し入れのウイスキーボトルを片っ端から空ける者、朝方の張番に備え寝込んでいる者、差し入れのウドンを持って調理に来た女子大の学生たち、そしてガランとした安田講堂で一人ピアノに向かっている者もいた。

回避されたゲバルト

正面玄関から講堂の外に出てみた。玄関の内と外に一人ずつ張番が立っていた。外に立つのは法学部の内田武夫（仮名）だった。

内田は、どこのセクトにも属さないノンセクト・ラジカルである。「東大は自由の砦ではない。言ってることは二言目には「弱者を守れ」と戦後民主主義ふうだが、やってることは戦前同様、国家体制を支えること、強者を守っている。これに気がつき、全共闘に飛び込んだ」。

いま、全共闘内部は一枚岩とはいえない。東大闘争を「七〇年安保闘争の砦に」と主張するセクトがあれば、「わが組織拡大の場」と、わが道を行くセクトもある。「これでいいの?」とたずねると、「とまどいはありますが……」としか内田は答えなかった。

午前零時が近づいたからだろう。新聞、テレビ、雑誌の記者やカメラマンが取材に集まってきたが、内田に追い返された。

午前零時前、講堂前の広場に集まったヘルメット姿の四十人が角材を手にジグザグデモを始めた。

「民青、粉砕!」。

「封鎖、貫徹!」。

午前零時とともに、安田講堂時計台のスピーカーが轟いた。

「こちらは時計台放送局です。闘う院生、学生諸君に新年の特別放送を送ります」。


この夜、教育学部前で、全国から集まった共産党・民青系の五百人を超える学生たちが、キャンプファイヤーを囲み、歌い踊り、気勢をあげていた。

深夜、その集会は突然、祭りの仮面をぬぎ捨て闘いの素顔を現わした。ヘルメットをかぶり小隊ごとにスクラムを組み、除夜の鐘にあやかったのだろう。百八本のたいまつをかざし、ホイッスルに合わせて動き始めた。

「東大、勝利!」のシュプレヒコールが、少しずつ安田講堂に近づいてきた。講堂内では緊張感が走る。偵察に出る者、寝ている学生を起こしに行く者、部隊ごとに角材を手に突撃態勢を整える者。七十人がそれぞれに与えられた任務をこなす。

たいまつデモは、教育学部から総合図書館、法学部研究室棟を過ぎ、東大正門前で右に曲がり、まっすぐ安田講堂へと向かってくる。

ゆらゆらと燃えるたいまつの集団は、意識的に歩速を落としているのかもしれない。怨念がかたまりになってうごめいているようで、わたしでさえ不気味さに鳥肌が立つ。

「民コロ（「民青」に対する蔑称）接近！」。

偵察隊の報告を受けて、部隊は講堂を飛び出した。たいまつはゆっくりではあるが、こちらに向かってさらに近づいてくる。上田がストロボをたかずにシャッターを切った。

間もなく法文二号館、この手前を右に曲がらない限り、安田講堂までの百メートルは一直線、横に入る道はない。となれば、元旦早々、五百人対七十人の陰惨なゲバルトになることは間違いなかった。

「曲がってくれ！」。しかし曲がる気配はない。私は額に冷や汗がにじむのを感じた。駄目か、と思った瞬間だった。たいまつ集団は急に右折した。

受験生の怒り

構内が静まりかえった午前三時すぎに、若者が一人、講堂正面玄関前に乗ってきた自転車を停めた。東大進学者が非常に多い都内の私立高校の三年生で、初詣の帰りに「どうしてもがまんできない」ので、やってきたという。

張番の東大生をつかまえ、「入学するつもり（受験するつもり、ではない）の東大が入試をやめてしまったら、僕はどうしたらいいんですか」。怒りの質問をぶつけた。

問　なぜ、大学を封鎖したんですか？
答　東大が矛盾だらけだからさ。
問　矛盾って、何？　医学部の学生が教授にゴマをすることですか？
答　それもあるけど、全体的にいうと、大学が人間のための人間を育てるのではなく、資本のための人間をつくっていることだね。
問　だから東大、潰しちゃうんですか？
答　いや、潰せばよいというのではない。新しい大学を作ろうと呼びかけ、そのために闘っているんだ。
問　どんな大学を作ろうとしているんですか？　わかりやすく教えてくれませんか？
答　それは、いまの東大を潰すことによって育てていく。
問　その答えでは、僕にはさっぱりわかりません。新しい大学がどんなに素晴らしいのかも見えません。大学の問題を解決するためには、僕たちが東大みたいな一流大学に入って、出世して、初めてできることじゃないんですか？
答　そんなの幻想！　みんな、そんな錯覚に陥っているのさ。

このひとことに高校生はいらだちを見せた。全共闘の東大生はていねいに答えてはいるが、はたから聞いていてもおためごかしな説教臭を感じざるを得ない。

問　じゃあ、錯覚しているみんなに代わって東大を閉鎖しているの？

答　ぼくたち全体のためさ。

問　東大を閉鎖した東大生は、入学して初めていろんな矛盾に気がついたんでしょ！　僕たちにも、入学し、気がつく機会を与えてくれたっていいじゃないですか！　あなたは、「みんなの」というが、僕たち受験生みんなの気持ちをまるでわかっていない。タイムリミットの十五日までに閉鎖をやめて受験のチャンスを作ってほしい。

高校生の頬を涙が伝わった。上田のカメラが鳴った。フラッシュが初めて光った。

答　東大だけの問題じゃない。大学全体が、教育全体が問題なんだ。試験という競争を通じて、大学を出ると、専門奴隷として資本のためにこき使われ、同時に大学卒は見せかけのエリートとして、肉体労働者や単純労働者と対決する存在になる。つまり二重に疎外されているわけなんだ。そういう教育や大学を潰してゆく闘いなのだから理解してほしい。

東大生の口調が速くなり、かつ難解になってきた。疎外、独占資本、ブルジョア教育の根本的矛盾、支配秩序、帝国主義の再編……。次から次へと口から飛び出す言葉は、仲間内ではすべてを語り尽くしてくれる便利な表現のようだが、世間一般の、普通の市民感覚では具体的に何をいっているのか通じ難い。ましてや高校生が納得するわけがなく、無言で自転車を引き、帰っていった。

専門用語しか使えない社会の風通しの悪さは、彼ら全共闘も、彼らの敵である多くの教授たちも同じだった。学生たちがこの非日常語をわかりやすい日常語に翻訳し、置き換えて世間に届けていたら、全共闘運動は支持をもっと広げることができたかもしれない。

この〝足かけ二年〟にわたる取材を、私は《追跡ルポ　安田講堂の新年》としてまとめた（『東京オブザーバー』一九六九年一月十二日付）。

元旦の朝、私は高崎を埼玉の自宅に連れて帰った。よく食べ、飲み、話した彼は、翌二日朝、「しばらく会えませんが……」と言い、安田講堂へと帰っていった。

むごたらしい衝突

年明け早々、医、薬、文の三学部を除く残りの法、経済、理、工、農、教育、教養の七学部による集会は、一月十日、青山の秩父宮ラグビー場で開かれることになった。

しかし、その前日の九日、全共闘は、日大全共闘や新左翼各派から三千人近い応援部隊を本郷に集め、午後七時頃、教育、経済両学部の校舎を襲撃した。民青系の拠点である教育学部には約三千人が陣取り、経済学部には第三勢力のノンポリ学生約千人がいた。

すさまじい衝突だった。重傷者十数人を含む百人近いケガ人がでた。対峙する全共闘、民青系両派の間では、双方が機関銃を撃ちまくるように石が飛び交う。一方がひるんで後退すると、他方が目つぶし用の爆竹を投げつけ、突撃する。逃げる学生には角材が折れるまで、テント用の鉄パイプが曲がるまで乱打する。現場を目撃した『毎日』の内藤國夫はあきれ果てた。

「逃げ遅れた学生を両派がそれぞれたたきのめす。恐怖のあまり気絶した学生に〝活〟を入れてさらに鉄けん制裁。人間はこんなにまでむごたらしくなれるものだろうかと思うほどの光景があちこちで展開される」（前出『ドキュメント　東大紛争』）。

ためらいのない攻撃はもはや戦争だった。衝突のさなか、脱出が遅れ戦場に取り残されてしまった部隊が現われた。経済学部校舎で翌日の全学集会に向けて学生大会を開こうとしていた、ノンポリ学生のうちの数百人だった。両派の投石合戦に巻き込まれ、身動きがとれなくなってしまったのである。

加藤総長代行が、東大当局と警察を結ぶホットラインを使って、本富士警察署で指揮を執る警視庁警備第一課長の佐々淳行に、機動隊の出動を要請してきた。佐々によると、

「「経済学部が非常に危険な状態です。私から出動を要請します」

「加藤代行からの出動要請ですね。時間は八時十六分、よろしいですね」

「はい、私から要請いたします」

耳を澄ましてシーンと静まり返っていた現場警備本部が騒然となる」（前出『東大落城　安田講堂攻防七十二時間』）。

近くに待機していた三千人近い機動隊が、いっせいに構内に出動した。不意をつかれた全共闘側は逃走、乱闘騒ぎは収まった。半年前の六月十七日、機動隊が導入されたときは、駒場の学生もかけつけ、抗議の声が爆発、全共闘発足のきっかけとなった。しかし、今回の出動に対して、反発の声はほとんど聞かれなかった。全共闘の凋落を見た。

封鎖をめぐる攻防

十日、三千人近い機動隊に守られて、秩父宮ラグビー場で、七学部集会が行なわれた。約八千人の学生、教職員が参加した。七学部代表と大学当局は、あらかじめ用意した台本の筋書き通りに議

事を進め、わずか二時間で幕となった。引き続き、加藤代行らは七学部代表との代表団交に入り、双方は十項目にわたる確認書を交わした。確認書は、民青側の主張を大幅に取り入れたものだった。彼らはさっそく、「スト反対」の第三勢力とスト解除で合意し、本郷、駒場両キャンパスで封鎖解除に乗り出した。

東大当局は、民青系および一般学生と東大闘争解決へ向けて交渉を進める一方、政府との連携も深めていた。佐藤首相もその動きを非常に気にしていたのが「日記」からわかる。

「一月八日　水　（略）橋本〔登美三郎、自民党総務会長〕君を呼び出して大学問題で話合ふ。〔自民〕党内で大学問題につきまだコンセンサスが出来ぬとは困ったものだ。加藤代行が警視庁に出かけて秦野〔警視総監〕と色々話合いを初めたと云ふが、結論の報告のない処を見ると大学はまだ決心がつかぬらしい」。

「一月十日　金　（略）閣議では（略）坂田〔道太、文相〕、荒木〔万寿夫、国家公安委員長〕二人から昨夜の東大構内の報告の詳細にきく。（略）昨夜の処は慎重な我方の態度は好感を与論に与へた模様。（略）

大学問題は今日の処は秩父宮ラグビー場の会同は形式的には成功の様だが、まだ結論めいたものはない。更にほりさげて各論にも結論を出し、対策に万全を期す要あり。警察力を使用する事はやむを得ないとして一応了承の様だが、入試廃止には更に更に研討の必要がある」。

同日夜、全共闘の主力部隊は駒場に出かけ、安田講堂に残っていたのはわずか数十人。そこをついて民青系部隊千五百人が出動し、深夜、封鎖された建物の解除に乗り出した。

「まず法文一、二号館を簡単に封鎖解除したうえで〝安田攻め〟を始めた。〝投石機〟までが登場して、安田講堂の窓という窓はほとんどたたき割られる。コブシ大の石がうなりをあげてとびかう。安田講堂からは火炎びんがつぎつぎと投げられた。下にいた日共系の学生が一瞬火だるまになるほどの〝威力〟を発揮。日共系の学生もさすがにこの〝不沈母艦〟を攻めあぐねた」（前出、内藤國夫『ドキュメント　東大紛争』）。

一方、駒場でも、十日夜、両派は激突した。その模様を全共闘の島泰三は、

「〝あかつき部隊〟千五百人と全共闘部隊千五百人は東大教養学部構内で正面からぶつかりあい、三階建ての三棟の古い居住棟と食堂からなる駒場寮をめぐって血みどろの闘いとなった。午後八時十五分に始まり、十一時五十分まで三時間半に及んだこれらの建物をめぐる攻防戦では、部屋のひとつひとつの取り合いという市街戦に似た抗争となり、逃げ遅れた両派の学生たちが相手に捕まってリンチにあう凄惨な場面があちこちでくりひろげられた」（前出『安田講堂　1968―1969』）。

翌十一日午前、駒場では、前夜の攻防戦で両派に捕まった「捕虜」の交換が、教官立ち会いのもとで行なわれた。民青系部隊にいた宮崎学の回想によると、

「この日の午前中、捕虜交換の儀式が行われた。前日の乱闘でそれぞれ六、七人が捕虜となっていたが、教官の仲介で交換が行われたのである。これがまた、滑稽なほど物々しいものだった。双方の拠点のちょうど真ん中の地点に教職員六〇人ほどが実に沈痛な面持ちで立ち並び、赤十字の旗まで掲げている。そこへ捕虜を連れて行って交換したわけである。捕虜は全員負傷し、なかにはタンカで運ばれた者もいたが、いずれも手当ては受けていた」（前出『突破者』）。

儀式が終わると、戦闘再開だった。十一日以降も封鎖をめぐって、両派は激突を続ける。入試復活のタイムリミットとされた十五日の成人の日、セクト各派は全国から学生、労働者約三千人を安田講堂に集めた。もっとも「東大闘争」支援というより、「七〇年安保闘争に備えての起爆剤としての占拠闘争」と、東大はもはや政治闘争の一コマにされていた。反日共系各派は、東大以後の舞台で主役の座を張るために、派手に動員をかけていた。

攻防戦を前に全共闘は、米、パン、味噌、しょう油、インスタントラーメン、玉子、みかんなどの食料を講堂内に運び込んだ。五百人の学生が十日間は食いつなげる量だったといわれる。火炎ビン用のガソリン、空きビン、ロウソクや懐中電灯、ポリタンクで飲料水も運び込まれた。

安田講堂のバリケードの強化も徹底して行なわれた。「バリケード封鎖のプロフェッショナル」と呼ばれた「日大工兵隊」が、正面の玄関口と階段を、速乾性のコンクリートでがっちりと固めた。

一方、共産党・民青系の部隊は、十五日に宮崎ら外人部隊が引き揚げを開始、角材、ヘルメット、フトンなどすべてをトラックに積んで引き払った。

十六日午後、警察共済組合の半蔵門会館（現・グランドアーク半蔵門）で、加藤代行は警視庁の公安部長、警備部長らと直接会い、機動隊の出動を要請した。

『佐藤日記』に戻ろう。

警察力導入を前に、この間、テレビの実況中継が世論に影響力を与えるだけに、政府はその根回しともとれる昼食会を開いていた。

「一月十三日　月　中食には民報［放］干係者と会食。話の中心は大学問題。暴力排撃が中心は当然の事。三派が引きこめば代々木が出てくる。どうも三派より民青の方が恐しい様だ。然しなり行きはこわい。今朝の林学部長から鎌倉へ電話が来て、今の状態で入試を認める事は民青に力を与へ、将来の禍根となるとの注意は披露はしなかったが、腹背に敵のある事も民報諸君に話して注意を促した。彼等自身が只今民青と反代々木派にはさまれて困って居ると云ふ」。

「林部長に架電して、今日、御互に連携して入試問題の取り扱い方には更に慎重である様にと訴へる」。

「一月十七日　金　閣議。勿論今日は大学問題が主議題で、次々に意見が出、十一時半漸く終結。旧臘の二十九日の決定をかへるべき何等の変更はないので、この状態では入試はやれぬ。（略）政府、大学一体となり、協力のもとで警察力を導入して大学の正常化を図り、見透しが出来た処で入試問題をきめる事とし、まづ安田講堂占拠の諸君に退去を命ずる事とした」。

安田講堂には、反日共系各派の支援学生が続々と到着した。「本郷学生隊長」島泰三によると、「安田講堂に留まる者と外に出て闘争を続ける者は、それぞれの自由意志で分かれた。全員が逮捕されることの分かっている、逃げ場のない安田講堂に全員がたてこもって、その後の闘争を引きつぐ者がいなくなるという選択は、明らかに愚かなものだった」（前出『安田講堂　1968―1969』）。

全共闘代表の山本義隆は外に出され、行動隊長の今井澄は残った。講堂内に籠城する四百人のうち、東大の学部学生は四十人、大学院生を含めて六十人程度だったといわれる。『中央公論』に載った杉岡昭の一文が忘れられない。

「一月十七日午後四時三〇分（略）安田講堂の舞台の、ちょうどソデのところに、小さい〝台所〞

がある。すこし年配の女性が、若い女子学生をまじえて、一生懸命、ゆで卵をつくっていた。（略）講堂の中。舞台では、ゆで卵一個十五円で即売中である。パンもある。握り飯もある。

十数人の学生たちが、ヘルメットのまま、広い講堂に、ポツンポツンと、坐っている。（略）眠っている学生もいる。（略）講堂の正面、左ソデにあるグランドピアノ（筆者注・この日まではなお健在）の前に、小柄な小女《ママ》がひとり、ポツンと坐っている。

ピアノのふたを開けると、彼女はクラシックな静かな曲を弾きはじめた」（杉岡昭「ドキュメント構成—東京大学—1・18〜19」『中央公論』一九六九年三月号）。

四　落城

権力者の動き

一月十八、十九両日、東大本郷には約三百人の報道陣が押し寄せた。編集者に作家、テレビの中継スタッフを含めると、もっと多かったかもしれない。

二日間に何が起こったのかは、報道し尽くされている。ここでは権力者がこの二日間、どう動き、どう見ていたのかを、『佐藤榮作日記』（第三巻）から紹介するにとどめたい。

「一月十八日　土　昨夜加藤代行が総べてカブトをぬぐ。即ち当方に一任と決す。勿論十項目の覚書など守る考へのない事が明となった（筆者注・覚書きでは「大学当局は原則として学内「紛争」解決の手段として警察力を導入しないことを認める」とあるが、当時、東大構内には全共闘支援のため全国から学生らがかけつけており、大学側はもはや「学内紛争ではない」と判断）。そこで今朝七時をきして機動隊出動に決す。NHKの現場放送に見入る。（略）負傷者を防ぐ意味で長期戦をとり、先づガス、水道を朝六時以後停止し、催涙弾や瓦斯弾で攻撃。学生は投石、火焔ビン等。夕刻になり一部をのこし一旦警官隊は引き下り、明朝更に攻撃を拓く事として遠まき戦術」。

「一月十九日　日　大学問題があるのでゴルフにも亦ドライブにも出かけず、終日テレビに見いる。朝七時から安田講堂に攻撃をかけ、夕刻遂に全館封鎖をとく。此の間逮捕された数は四百名以上、負傷者も相当ある事と思ふが、警官隊も急がず、けが人を出さぬ様にと努力する。以上で東大の反代々木系は一掃された事となる。而して本郷二、三丁目附近には代々木系千名、革丸［マル］二百、やじ馬約三千、更に解放地区と称して明大、中大、日大を中心に駿河台附近の街路をしめきり、約二千の東大応援部隊が屯する。これに九時すぎ攻撃をかける様準備をすゝめる。然しこれらの部隊は至極弱気で、機動隊動き出すと見るや、くもの子をちらす様逃げて静まる」。

「一月二十日　月　（略）（午前）十一時すぎ。早速東大現場を見る事とし、坂田［文相］君と連れだち東大に赴く。切り通しから登って病院横から安田講堂に向ふ。玄関前に加藤代行出迎へる。記者諸君包囲のなかで順次現場を見る。催涙ガスの残りで目や鼻をいためる。ハンカチーフをはなす事は出来ない。三十分ばかり視察して帰る」。

「夜は（略）坂田［文相］、加藤［代行］の協議事項（筆者注・入試実施について。加藤代行は授業再開のめどが立ちつつあることを理由に要望、坂田文相は新入生受け入れの条件整わずと反対）を保利［茂、内閣官房長官］君から報告（筆者注・双方の協議が整わないため入試中止）を受けて承認する。あすの朝刊がまたれる」。

「一月二十一日　火　朝刊は昨夕の決定については概ね反対、然し毎日等僅かにやむを得ぬ事としておる。（略）定期閣議に出席。坂田文相の報告を認め、各自この問題で発言し、閣僚一同一致して支持。尚、今後の対策につきても緊密に連絡する事とする」。

「一月二十二日　水　（略）入試とりやめをきめた東大の加藤代行が政府攻撃の声明を出す。然し今日も尚機動隊が退去するとまた小ぜり合いがある。とても平常化には尚道遠しの感」。

テレビは何を報道したか

二日間にわたる安田講堂の攻防戦の模様は、テレビが生中継、高視聴率を記録した。二日間をいかに伝えたかという視点から、テレビ報道にふれておきたい。

この二日間の東大関係の特別番組は、東京12チャンネル（現・テレビ東京）を除く五局で四十八本、二十一時間に及んだ。

生中継した五局を比較してみると、NET（現・テレビ朝日、当時10チャンネル）がもっとも高い評価を視聴者から得ていた。その理由は何か。前出『お前はただの現在にすぎない』は、「椿（貞良）記者に代表されるNET報道部の東大闘争に対する本質的な理解によって」と指摘していた。同書はその椿記者の証言を、こう紹介している。長くなるが引用する。

「ぼくは東大からの中継を「事件」として扱ってはいけないと思っていました。そのことはスタッフの討議の上諒解されました。事件として扱うのなら「東大闘争」の持っている意味を伝えることができないということは、スタッフ全員の確認事項です。ぼくらが一番心配したのは、他の局が、ヘリコプターで記者を安田講堂の上に降し、そこで学生たちにインタビューするのではないかということでした。一月一八、九日の東大を中継するためには、機動隊がやってきて学生が投石するという経過を撮しているだけでは、駄目なわけで、機動隊に勝てるはずがない抵抗を、あのような形でやりつづけている学生たちは、いったい何を考えているのか、それに迫らなければ、まあ極端に言えばスポーツ中継と違わないわけですからね」。

「(カメラ・ポジションは)学生たちの内面に迫ろうということですから、どうしてもカメラを講堂に入れることはできないとすれば、せめて逮捕されて連行される学生たちのクローズアップを、できるだけ正面から撮ることが、この場合唯一の方法だという意見も賛成されました。他の局は、カメラを高いところに上げて、全体を見渡せる画面を作ろうとしていましたし、ぼくの方ももちろん動きの経過も追わなければならないから、そういう配置もしたのですが、一台だけ低い位置から撮ろう――ローアングルでいこうと決心しました。全体をみせるというより、機動隊の威圧感や学生そのものに迫るためには低いカメラがどうしても必要だと思いました」。

「カメラは3カメラです。本当はもう一中継出して御茶の水の「解放区」も撮りたいし、赤門前の群衆とも対話できるようにしたかったのですけれど、それは現在のウチの状況では無理なことでした」。

安田城の落城直後、椿記者は機動隊と先を争って講堂内に飛び込む。他局の記者が「安田講堂はまるで廃墟のようです!」と、決まり文句をカメラに向かってワンパターンで絶叫するのに対し、彼は壁面の落書きや、「ゴミを勝手なところに捨てるな」などの貼り紙の文句をていねいに拾うなど、講堂内での学生の生活が見えてくる表現を使って視聴者に伝えていた。

視聴者はこうした違いをすぐに見抜く。チャンネルが「10」に集中するのは当然の結果だったといえよう。国民がそれだけ、真剣に、深刻に、東大闘争を見つめた証しだったともいえよう。

あれから半世紀たったいま、テレビ各局は、こうした覚悟と使命感を持って報道に取り組んでいるのだろうか。福島の原発事故直後の切り込み方ひとつをとっても、何を伝えたいのかはっきりせず、なんとも心もとないといわざるを得ない。

一方、あの時、NETと同様の視線で攻防戦を見つめる作家がいた。野坂昭如である。彼は投げかけた。

「眼にみえる、屋上の投石者たちはまだいい、くらがりの中で、絶対に勝ちめのない闘いいどもうとする若者は、なにを心の支えとしているのか、ぼくは、よほど、安田講堂に籠城しようかと、考えた、機動隊の側からばかり見ていては片手落ちで、全共闘と共にいる、たとえば報道関係者がいてもいいはず、いや、当然、必要であろう、籠城側が、ゆるさなかったのかも知れないが、このおびただしい腕章の群れをみると、不思議な気がする。

ぼくは、結局のところ勇気がなく、（略）籠城がもし十日間にもわたるようなら、原稿の締切りに間に合わぬと、ただそれが心配であきらめた、別に、ぼくがそばにいても仕方がないだろうけれど、彼等の中にあって、最後にいたる経過を、見とどけたかったと思う」（「1・19と私」『サンデー毎日』一九六九年二月二十日増刊号）。

防衛隊長今井澄の死

一月十八、十九両日、安田講堂には四百人弱が残り、八千人を超える機動隊と戦った。東大生は大学院生を含め六十余人しかおらず、安田講堂落城とともに東大闘争の幕は下りた。逮捕された学生は、安田講堂で三百七十七人。前日、セクト各派が陣取った工学部列品館、法学部研究室などの封鎖解除での二百五十六人をあわせると、六百三十三人になる。五百五十三人（東大学部学生、大学院生は約八十人）が起訴された。大学をめぐる学園紛争は、その後全国に飛び火するものの、燃え続けることはなかった。

しかし、気になる動きはあった。その年、六九年九月、東京・日比谷公園で開かれた「全国全共闘連合」結成大会は、議長に東大全共闘の山本義隆、副議長に日大全共闘の秋田明大を選んだ。この大会に出席した山本は会場で逮捕された。一方の秋田は東京拘置所内にいた。全国から百七十大学を超える全共闘が参加したが、いずれの大学もセクトが中心となっての参加で、実態は新左翼各党派が集結した大会だった。そのなかにあって、驚くべき党派が会場に乗り込んできた。爆弾や銃、武力による世界革命を、と主張する赤軍派が初めて姿を見せた。

一方、安田講堂で捕まった学生たちのその後はどうなったのか。二人を追ってみる。「闘争続行のため講堂から出て外から指揮を執ってほしい」と、無理やり外に出された全共闘議長、山本義隆にかわって攻防戦の指揮を執ったのが、「安田講堂防衛隊長」の今井澄だった。

今井は、釈放された後、医学部に戻り医師免許を取得、医師不足に悩む長野県茅野市の諏訪中央病院に採用された。ここで彼は、救急医療体制を整備し、地域の健康教育活動を盛んにし、在宅医療サービスを推進させるなど、全国から注目を浴びる病院づくりの先頭に立った。

その間、刑務所への服役（一年半余）もあったが、病院経営が落ち着くと、八八年、今井は院長の職を鎌田實に譲り、参議院議員（社会党）になった。ヘルメットと角材で権力と闘ってきた彼が、村山内閣の発足とともに、なんと与党議員へと百八十度立場を変える。福祉プログラムづくりの中心的メンバーとして取り組むが、二〇〇二年、がんで亡くなった。六十二歳、若過ぎる、そして私を含め多くの人にとって残念な死であった。

同年九月、長野県茅野市の市民会館で多くの人が集い、今井との別れの会が開かれた。今井が好きだったバッハの「G線上のアリア」が流れるなか、進行役の諏訪中央病院長、鎌田實が「今井澄の歩み」を語った。そのなかで六九年一月十九日の安田講堂攻防戦にふれ、今井の弁として次のように紹介した。

「勝つことができるはずのない闘いだった。勝つことができない闘いはすべきでない。敵に自信を与え、味方の運動を低下させる。でも、闘わずに敗北することができないときがある。最後までやり抜くことが必要な場合もある。安田講堂の闘争はそのような闘いだった」（鎌田實『あきらめない』集英社、二〇〇三年。後に集英社文庫）。

席上、最後の別れの言葉を友人代表としてたむけたのは、元東大全共闘議長、山本義隆だった。

「六十二歳、若過ぎる死を悼《いた》む。だが、全力投球の人生で人の三倍くらいは生きた人生だったろう。地域医療のリーダーとしての医師今井澄、国会議員である政治家としての今井澄、それぞれの人がそれぞれの今井澄を胸に刻んでも、ぼくは東大全共闘の今井澄を忘れない」（同）。

「君は運動のダイナミズムをとらえる抜群の嗅覚と抜群のパワーを持っていた。これは正直、真似ができない。君の行動力、決断力は東大全共闘にとって大きな力だった。苦しい局面でしばしば君に助けられた」（同）。

「そうだ」、「異議なし」会場から声がかかる。

「全共闘運動は、自分の責任と自覚で闘うその後の市民運動の先駆けになったと、君は強調した」（同）。

作家の井出孫六は『信濃毎日新聞』にこの日を書いた。
「今井澄さんの葬儀・告別式は、哀しさをこえ、〝素晴らしい〟という場違いな形容を用いたくなるような集まりだった。最後に全員で捧げた歌『夏の思い出』（筆者注・今井が好きだった歌）は、こみあげるものがあってわたしは最後まで歌いきれなかった」（同）。

佐世保で偶然知り合い、以後私がつきあいを続けてきた東大法学部四年の高崎通浩はどうなったのか。高崎は法学部の学生であったが、社青同解放派の一員として安田講堂の時計塔部分に立て籠った。
「彼は法学部の学友の様子を見に、ときどき時計塔から下りてきていて、十八日の夕刻には時計塔にあった食糧を全共闘部隊に届けてくれた」（前出、島泰三『安田講堂　1968―1969』）。

安田講堂守備隊に集まったなかでも法学部の学生に対して、島の評価は高かった。
「法学部闘争委員会のメンバーは、自他ともに日本の柱石を担うと自覚している法学部の学生たちのなかでもトップクラスにいた異色の学生たちの集まりで、彼らの結束は堅く、最後は生死を共にしてもというところがあった。そのため二十人もまとまって、大挙して安田講堂に入っていた。これは、他の学部には例のない大量の志願者たちだった」（同）。

それに比べ「他の文科系の各学部で安田講堂に残った学生は少なかった。文学部と経済学部からはそれぞれ二人程度で、なかには動機がよく分からない学生もいた。薬学部からは（略）長田（智博）ただひとりだったが、農、理、工学部からはそれぞれ数人の学生が集まっていた」（同）。

安田講堂に籠城した四十名の東大学部学生は三階（大講堂一階）に、四階（同二階）は東大大学院生ら約三十名が陣取り、時計塔部分の五階左翼で（社青同解放派）、同右翼（社学同）、六階（中核派）、さらに講堂玄関周辺はセクトの混合部隊という配置だった。

高崎の持ち場は、社青同解放派が陣取る五階左翼、十九日午後五時過ぎ、彼はこの屋上で捕まった。

十カ月後、保釈で拘置所から出た彼は結婚する。式には私も招かれた。彼は同じ東大法学部を二度卒業し（法律、政治両コース）、統一公判の一員として法廷闘争を戦い、仲間と同様、実刑に服した。出所後、小さな出版社などで働いた後、映画「南極物語」（八三年公開）のスタッフを務めた。映画は空前の大当たりをした。新書など七冊の本も書いた。そこそこ売れているらしい。今、地方で田舎暮らしを楽しんでいると聞いた。

橋爪大三郎と後藤田正晴の見方

あれから約半世紀。もう一度、質問を発したい。「数万人」といってもよい若者が、一時ではあれスクラムを組んだ全共闘運動とは、何だったのだろう。あの時は、もやもやと霧がかかり、私は自分の眼で見切ることも、自分の言葉で明快に語り切ることもできなかった。取材者として、それこそきちんとした総括があってもよかったのではないかと、いまさらながら思う。

東大全共闘の一員だった元・東京工大教授、橋爪大三郎は、後にこういっていた。

「自己否定をはじめとする全共闘の言説――そこにはマルクス主義も、人道主義も入っているし、いろいろなものが入っていますが――それをどういうふうに足し算、引き算、掛け算、割り算しても、現実を新しくつくり出していくという具体的な設計図まで出てこないのです。そうなるとリアリズムには負ける。リアリズムというのは現在の社会のあり方に責任をもっています。大学当局もそうだし、それから警備当局もそうでしょう。そういう意味では敗北は運命づけられていたんです」（前出、NHK取材班『東大全共闘・26年後の証言』）。

これに対して、リアリズムのサイドは全共闘をどう見ていたのか。当時、警察庁次長だった後藤田正晴（後に警察庁長官、中曽根内閣の官房長官）は、意外にも全共闘運動を高く評価した。

「結果として彼らの狙いは成功しなかったのですから、無駄だったなという見方をする人は多いかもしらんが、私は無駄ではなかったと思う。ああいう動きがあったからこそ今のような世の中というものを形成することができたんだという気がする。あれを反省材料にしながら、こうしなければいけないという施策を打ち出し、それを国民が受け入れていくというようなことになった。だから、東大闘争のようなエネルギーのない民族や国家は成り立たないと思う。そのようなエネルギーをうまくコントロールするところに進歩発展があるということだな」（同）。

いま、私は、思う。後藤田が指摘するエネルギーのその後についてである。

あれだけのエネルギーを爆発させ、東大闘争をはじめ全共闘運動を戦った若者たちは、その後、日本の行く末にいかに関わり、その力を発揮してきたのだろうか。

「六八年世代」を比べてみれば

一九六八年、世界各国で若者の叛乱が起こり、それを戦った人々を「六八年世代」と呼ぶ。ドイツの前首相、シュレーダー、「緑の党」のリーダーで外相も務めたフィッシャー、「赤毛のダニー」と呼ばれたパリ五月革命の指導者、コーン゠ベンディット。彼はいま欧州議会議員であるが、そんなふうに国家を支える者が目立つ。なかでもフランスでは、八一年に左翼政権が誕生、学生運動の元活動家らを政権周辺に積極的に登用した。

九〇年代もクリントン民主党政権やブレア労働党政権、シュレーダー社民党政権など、米、英、独に中道左派政権が誕生、おかげで彼らは期待以上に成長し、社会的発言力を身につけた。現在もなお政界、政府機関や言論界で活躍する人は少なくない。

他方の日本では、その後の全共闘運動、学生運動はどうだったのか。

六八年、ピンキーとキラーズの「恋の季節」が流れるなかで、雄たけびをあげた叛乱の世代も、大方は八〇年代の声を聞くと、フランスとはまるで逆の道を歩み、消えていった。運動は激しかったが、現実の日本を変える力にはまったくなり得なかった。政治というよりもむしろ文化的現象で、はやりすたりを感じないわけにはいかない。

七〇年代末には、トップアイドルの山口百恵が「秋桜《コスモス》」とともに舞台を降りた。いま、この曲を耳にすると、叛乱の時代に終止符を打つ挽歌のように聞こえてくる。

フランス、イタリアなどでは、いまでも学生が立ち上がり大規模な学生デモを仕掛けることがあるが、わが国では全共闘以後、そんな動きはまったくといってよいほどなくなった。「なんでこんなに日本の若者はおとなしくなってしまったのか」と、他の国から疑問の声も聞こえてくる。

全学連を名乗る組織はなお、いくつかあるようだが、かつては日常的に使われた「革命」という言葉は、まったくといってよいほどキャンパスで聞かれることはなくなった。

そんななか、日本の「六八年世代」は、社会的にどう育っているのだろうか。自然保護や社会福祉、有機農業、難民救済などを通して、一歩あるいは二歩先の日本に取り組む人はいるものの、国政レベルで未来を拓く戦いを挑む政治家は、非自民連立政権の風が瞬間的に吹いただけで皆無に近い。前出の、期待を集めた安田講堂防衛隊長から医師を経て参院議員になった今井澄は亡くなり、安田に籠城せず逮捕者の支援に回った元衆院議員、仙谷由人（民主党、幹事長代理、官房長官等歴任）に対しては、どうも熱い思いをいだけない。世間の信頼感はいまひとつといわねばならない。

当時、全共闘運動の指導者は、そのほとんどが議会政治に批判的であった。背骨を「自己否定」が貫く彼らにとって、清濁あわせ飲む政治は、むしろ軽蔑すべき世界であった。

しかし、「自己否定」のエネルギーだけでは世の中を変えることができないことは、その後の時間が証明するところである。「六八年世代」の、欧米とわが国の差は肯定力の差であり、前出の橋爪大三郎の言葉を借りるならば、リアリズム力の差ということになろう。

全共闘運動の意義を見直す

ところが最近になって、リアルな政治・社会運動がしばしば目に留まりだした。本書の冒頭で紹介した、全共闘運動初期の空気を感じた首相官邸前の脱原発集会がそれである。「脱原発」の一声で、一時は「一九六〇年安保以来」といわれる十万人が国会周辺を埋めつくしたほどだ。

このリアルな集会と、かつてリアルさに欠けていたゆえに崩壊していった全共闘運動に、いま私は共通性を感じている。

全共闘は、きちんとした綱領を持たなかったことでもわかる通り、組織の枠組が非常にあいまいで、入るのも出るのも自由だった。学生運動や政治に無関心な学生も多く、「授業料値上げ反対」の異議申し立てだけに立ち上がった者もけっこういた。「名乗ったあなたが全共闘」で、気が向いた時に参加すればよかったのである。

また、組織内に上下関係はなく、組織に責任を持つトップは必要とされなかった。ただし、東大の山本義隆、日大の秋田明大のように象徴的なリーダーはいた。

一方、毎週金曜夜、首相官邸前で脱原発を呼びかける首都圏反原発連合も、特定の思想を持った団体ではない。首都圏で脱原発デモなどを主催するグループや個人の連絡網（ネットワーク）が、国会デモの事務局的存在といってよいだろう。かつての全共闘と同様、組織の代表を持たないし、スポークスパーソンもいない。

したがって脱原発集会では、反原発・脱原発に関係ない特定の政治的テーマをアピールしようとする旗やのぼり、プラカードの掲示は認められず、スピーチは個人として一分以内、反原発・脱原発に関係のないアピールは許されない。また参加者は非暴力を求められている——という具合だ。

四十余年前の全共闘運動は、めざましい成果を残すことはなかったが、いま国会周辺の脱原発集会を目の前にすると、いまこそ全共闘運動の意義を見直すべき時が来たのではないかと思う。

かつてのゲバ棒（角材）に代わって強い個人の主張をかかげ、党派性を排除し、「脱原発」のひとことのみで、たまたま隣り合わせた参加者とスクラムを組む。かつてはどうしてもつながらなかった個人の主体性と組織の運動が、いま、しっくりとからみ合い始めた。それだけ日本人は大人になったのかもしれない。これがいい方に転がってくれればと、私は願わずにはいられない。

第五章　連合赤軍と自衛官刺殺事件

一　『産経』浦和支局へ

突然の転身

一九七〇年三月、私は『東京オブザーバー』を辞め、『産経』（当時の題字は『サンケイ』、八八年五月以降『産経』）に移った。前年秋、『オブザーバー』の発行母体、大森実国際問題研究所が資金繰りにつまずき、発行体制を縮小せざるを得なくなった。編集局を含め若手のスタッフの何人かが去り、編集局と販売部は、家賃の高い渋谷の本社ビルから文京区内の小さなビルに移った。

それでも経営状態が上向くことはなく、『オブザーバー』休刊のうわさは膨らむ。師走に入って間もなく、私は『産経』が記者募集をしていることを知った。新卒者を対象とした定期採用ではなく、既卒者若干名を採ろうというものだった。私は編集局長の中村康二に「受けてみたい」と伝え、了解を得たうえで『産経』に願書を送った。

ペーパーテスト（一般常識、英語、作文）は、どちらかというと簡単にパスすることができた。それは当然と言わなければならない。わずか三年とはいえ、週刊新聞の記者として働いてきたのだから、一般常識や作文力は、それなりに身についていなければむしろおかしい。英語力にしても、国際問題研究所で働く身、「嫌いだ」といって逃げてはいたが、無理やりやらされた翻訳がこんなところでちょっぴり生きた。

ところが、面接でとちってしまった。「希望勤務先」を聞かれた私は躊躇することなく、「社会部を希望します！」。

「……?」。編集局次長ら面接する編集幹部三人はきょとんと私の顔をみつめ、一瞬の間を置いて表情を崩した。

「君ね、募集しているのは地方支局要員だよ。勤務地の希望を聞いているんだけどなあ……」。

もちろん私は記者募集の社告に目を通し、応募したつもりだった。しかし、入社したら「社会部で引き続き学生運動を追いたい」との思いが、地方記者募集であることを都合よく忘れさせていた。

定期採用された記者も勤務は地方から始まるが、三、四年で本社に転出していく。一方、不定期採用の地方記者は、他地域へ多少の異動はあるものの、原則ずっと地方勤務である。

それを聞いて、一瞬がっかりしたが、かってな思い込みへの恥ずかしさが私を襲った。

仕切り直して勤務先の第一志望に、私は「浦和」をあげた。高校時代を過ごしていたので土地勘があり、また、当時すでに結婚し、浦和ではなかったものの、通勤可能な埼玉県内に住んでいたからだ。

第二志望は「どこでもけっこうです」。ただし、条件をつけた。「勤務地で借りる家の家賃は、会社の方で持っていただきたいのですが」。理由は県内の自宅は建てたばかりで、毎月、住宅金融公庫（現・住宅金融支援機構）に借金を返す身、二カ所の住宅費支払いはとても無理だった。

一月中旬、『産経』から採用通知を電報でもらった。面接での早トチリや勤務の形に条件を付けたこともあって、正直言って「ダメかな……」とあきらめかけ、地方の新聞社や雑誌を出す出版社まで手を広げ探し始めていたので、合格の知らせは嬉しかった。勤務先は「浦和」だった。

三月一日、私は大手町の『産経』東京本社に初出社、一緒に採用された同期生四人を知る。四人は、週刊新聞出身の私のほか地方紙の現役記者、ほかの二人は自民党中堅代議士の秘書と県立高校教員からの転身組だった。私たちは一カ月間、本社社会部および警視庁、裁判所、都庁など社会部の記者が詰める記者クラブで研修を受けた後、全員が支局に赴任した。

『東京オブザーバー』の休刊とその後

『オブザーバー』が休刊したのはこの頃、三月初旬だった。大森実は「『東京オブザーバー』暁に死す」を『中央公論』（一九七〇年五月号）に書いた。

「満三年。血の出るような苦労をして出しつづけてきた『東京オブザーバー』を休刊することに踏みきった途端、世間から「経営者落第」の烙印を押され、思いがけない混乱に襲われた。落城の跡に土足で踏みこんできた男たちが、私を詰問し戸惑う私を被告扱いにもした。債権者も押しかけてくるし無惨な敗北感を味わわされた」。

さらに「営利的に収支を計ることのむつかしい新聞の、しかも良質紙の発行に失敗したのだ、という自覚。『東京オブザーバー』発刊の三年間は、まるで十年にも思える長い苦闘のあとであり、敗れて悔いなき闘いであったとはいえないにしても、自分の力の限界を超えた闘いをしたという複雑な挫折感しかない」。

『オブザーバー』のかつての若い仲間は、各界に散っていった。やはり同じ世界で働きたかったに違いない。メディアの門を叩く者が多かった。前出の石田徹は時事通信社、上田泰一は『東京タイムス』にそれぞれ移り、このほか『朝日』『毎日』にも入った。『読売』に決まった者もいたが、悩んだ末に家業の呉服店を継いだと聞いた。出版社に進む者も何人かおり、さらに国際協力事業団や研究機関、企業各社に落ち着く仲間もいた。また、『山形新聞』出身の先輩は、恋に落ちたオーストラリア人女性と手をとりあって、彼女の母国へ行ってしまった。

彼らはその後をどう生きたか。二人、紹介しておこう。一人は『朝日』に入った井上平三である。京都支局など地方勤務を経て、大阪本社学芸部の配属になる。しかし九二年、四十六歳の時に直腸がんが見つかり手術、入退院を繰り返す身で二〇〇〇年七月から、家庭面（大阪版）で「がんを生きる」の連載を始めた。連載は続編を含めると六十六回にのぼり、井上は後遺症や医者との関係、また自分の心の揺れを率直に語り続け、『朝日』学芸部長（大阪）の吉岡孝によると、「読者の反響は予想をはるかに超えた」（『朝日』〈大阪版〉二〇〇二年四月十六日）。

連載中、彼のもとに届いた手紙や電話は六百を超えたという。この話を聞いた時、私は彼にふさわしい当然の結果と受けとめた。『オブザーバー』時代、いっしょだった彼はまさに天真爛漫、笑顔が似合う男で、出会う人一人ひとりととことんつきあう誠実さを持っていた。夫人の由紀子（旧姓・稲森）は『オブザーバー』の同期生。彼に惹かれたのも無理はない。

『朝日』の「天声人語」（二〇〇一年三月十四日）も、〈同僚〉井上をこう取り上げた。

「直腸がんが転移した彼の症状は、軽くはない。連載も中断している。ときに〈十分に生きた。もうええやないか〉との思いもよぎる。しかし〈いや、もうちょっと〉と思い直す。背中を押してくれるのは、自身や家族の闘病体験を記した、たくさんの読者からの手紙だった▼一つひとつにそれぞれの生き方が凝縮され、涙なしには読めない、という」。

そして、これに続く一節は、最近の若い記者たちに、しっかり読んでもらいたい。

「『がん』体験を語る記事が、読者と新聞を結ぶ。記者の役割、報道のあり方についても、あらためて考えさせられる」。

官庁の発表やリークを受けて原稿をまとめるので、新聞が面白くなくなったといわれるいま、誤報が相次いで載るいま、あえて言いたい。かつて、がんに苦しむ読者一人ひとりの生の声を、自分もまたがんにおかされたからだでしっかり受けとめ、記事に仕上げた井上を、私は誇りに思う、と。

十年の闘病の果ての二〇〇二年、彼は亡くなる。多くの読者から弔意が寄せられたが、「朝日川柳」（同四月二十日、大阪本社版）の囲みのなかにもそれはあった。

「井上記者　身近な人の　訃《ふ》のように　枚方市　西山千鶴子」。選者の声は「患者の気持ちで書き続けたペン」。

夫人の井上由紀子は「患者が気軽に病気や検査、治療方法を学ぶことができる情報室、図書館を一歩進めたようなものが病院のなかにできればいい」という夫の遺志を継ぎ、彼が十年間、世話になった国立病院大阪医療センター内に、「患者情報室」を設立した。彼女らの寄付金を運営資金に、場所は同医療センターが提供、運営は市民団体が引き受けている。

たった一人、「いまの大新聞は嫌いだ！」と、メディアの門は叩かず、師匠の大森実のようなジャーナリストをめざそうとした男がいた。第一、二章に登場した中島照男がもう一人である。七〇年五月、彼はズダ袋を背負い、トランク片手に「血みどろ、泥まみれになって書きたい。生きたい」との言葉を残して、戦火のカンボジアに飛んだ。それっきり一年二カ月もの間、彼の消息は消えた。

カンボジア入りして間もなく、彼はプノンペン郊外の激戦地で反政府軍のクメール・ルージュに捕らえられ、米軍のスパイに間違われ銃殺されていた。確認されたのは七一年夏、現地に飛んだ大森実によってであった。

その大森は、『オブザーバー』廃刊後、背負った負債を返済するため、月刊誌や週刊誌、さらに単行本と書きまくる。この間、七〇年四月のある日、『産経』の浦和支局に赴任して一カ月余の私を、わざわざたずねてきてくれた。

後述する支局長の福井惇に「土屋をよろしく」と頭を下げ、そのあと私を車に乗せ、『毎日』をはじめ『朝日』『読売』の各支局をあいさつに回ってくれた。さらに大森は、その夏、支局長の福井と私を北軽井沢でのゴルフに招待してくれた。『オブザーバー』時代、叱られ続けてきた師匠のもうひとつの顔に、私は胸を熱くした。

そのころの浦和支局

支局のある浦和は、その頃、東京の郊外のどこにでも見られる、小さな街並みしか持たない地味な町だった。

玄関口の浦和駅は、急行どころか止まらない普通列車さえある、全国でも珍しい県庁所在地だった。駅は東西に改札口があったが、「にぎやか」といわれた西口側でさえ、目を引くのは駅前広場を囲む何軒かの駅前食堂と、果物屋などの商店だけだった。駅周辺からちょっと離れると、背後は住宅地で、住民は地元で働く人よりも東京への通勤族が圧倒的に多く、市民は「埼玉都民」と呼ばれていた。

私は自宅のある庄和町（現・春日部市）から、一部単線の東武野田線で大宮に出、京浜東北線に乗り継いで、浦和へ約一時間かけて通い始めた。浦和駅西口から真っ直ぐ西に延びる大通りを八百メートルほど行くと、埼玉県庁にぶつかる。このほぼ中間、駅を背にして左側、大通りに面した小さなビルの三階、そのワンフロアを支局が占めていた。

大通りわきの細道からビルのエレベーターに乗り、支局に入ると、すぐ右手が応接コーナー、ついで六つの事務机が二列に連なって「島」をつくる。記者はここで原稿を書き、電話を取った。支局と東京本社（編集局地方部）、県警記者クラブの『産経』ボックス、それぞれとつないだ直通電話も島の卓上にあった。この島に接して、記者が書いた原稿をチェックし、紙面づくりをリードするデスク（支局次長）が机を構えていた。そしてデスクの右後ろ、通り側の大窓を背負うように支局長席があった。

入口から入って左手には、写真現像用の暗室があり、出来上がった写真を本社に送る電送機もあった。続いて宿直室。二段ベッド一基は、ほとんど毎夜、誰かが寝ていた。そして一番窓側が、地方版（埼玉県版）用の原稿をタイプで打ち、そのまま本社の地方版整理部に送稿するパンチャー室だった。

支局員は支局長以下、デスク、記者は私を含め五人、男性のパンチャー一人、庶務担当の女性が一人（のちに二人）いた。さらに県下の熊谷、秩父、東松山、加須、春日部、川越、所沢の各市には通信部が置かれ、それぞれ記者が住み込み、受け持ち地域をカバーしていた。

支局での私の生活はあいさつまわりから始まった。警察担当を命じられた私は、県警本部の記者クラブに入会した。同本部は、私が浦和を離れた後に、県庁の北隣りに立派な庁舎を構えるが、当時は県庁の一、二階およびその外に建ったプレハブ事務所に居候する身で、記者クラブは本館一階の西端にあった。加盟社は、産経のほか朝日、毎日、読売、東京、日経、埼玉の各紙、NHKに共同、時事の二通信社の十社、二十数名のクラブ員がいた。クラブの室内は、窓際と壁際に十社が二つずつ机を並べるだけでほぼ一杯になっていたから、そんなに広くはない。入口の脇には、クラブの雑務をいっさい引き受けてくれる女性二人が常時、待機してくれた。二人をわれわれは「お嬢さん」と呼んだ。

各社の机に囲まれた部屋の中央に、大きなテーブルが座り、記者会見、クラブ内の会議、出前を食べる食卓として、あるいはソファが昼寝にも使われた。そのテーブルに向かって連絡用の黒板、その奥にロッカーとフェンスで正方形に囲った一角があった。「休養地」と呼ばれたが、要するに麻雀部屋で、麻雀台一台が占拠していた。

県警本部は一階に交通、警務、二階に刑事、警備、保安（防犯課など）の各部が主に入っており、警察担当キャップの先輩に連れられて、私は各部をまわった。さらに支局がカバーする浦和、大宮、川口などの警察署、浦和地検、浦和地裁にも足を運んだ。

取材および原稿書きは、記者の入門編というべき交通事故、火事から始まった。十行程度の県版用のベタ記事（見出し・本文ともに一段の小さな記事）を毎日書いたが、記者経験者とはいえ週刊新聞出身の私にとって、火事や事故の発生ニュースを書くのは初めてだった。マル害（被害者）、マル被（被疑者）の呼び方に迷い、あやうく被害者を犯人にしてしまいそうになったこともある。この記事のパターンに慣れるまで時間がかかった。

新支局長、登場

支局勤務が始まって一カ月、四月から支局長が代わった。それまでの支局長は政治部出身、新しく赴任してきたのは社会部で警視庁記者クラブ・キャップを務めていた福井惇であった。福井との出会いこそ、私にとってその後の記者人生、いや一生の生き方を決定づけたといってもよいだろう。彼からはそれほど大きな影響を受けた。

支局長の交替に相前後して、三人の先輩記者が本社と別の支局へ転勤し、その代わりに新卒の稲田幸男と山城修の二人、出向先のグループ内の放送局から戻ったばかりの成内敏二、合わせて三人の記者が赴任してきた。私を含めて四人の駆け出し記者を前に、福井は声を張り上げた。

「きょうからここが社会部だ。事件の特ダネは全部、ウチでいただく。人の能力にそんなに差はない。他社の記者と同じことをやっていてはダメだ。オレたちのカレンダーには土曜も日曜もない。きょうからさっそく夜討ち朝駆け体制をとる。オレがキミたちを一人前の記者に育てるからな」。

福井にとって、いや私たち駆け出し記者にとっても同じだが、幸運なことに「よだれが出てくる」（福井）ほど、当時の埼玉県は事件が多かった。東京のベッドタウン化とともに急速に人口増加が始まった頃で、殺人、汚職、過激派がらみの公安事件と、警察ネタに事欠くことはなかった。事件原稿の書き方はもちろん、捜査員への夜回りや現場付近の聞き込みの仕方さえ知らないわれわれを鍛えるには、まさに恰好の場だった。また当時、福井は『産経』社内はもちろん、各社の事件記者から「最後の事件記者」と呼ばれるほど、一目置かれた存在だった。

本人にしてみれば、お隣りの埼玉の支局に出たら「鳴かず飛ばず」とはいわれたくなかったはずだ。われわれに向かって「ここが社会部だ」といわせたのも、東京に負けちゃいられない、という気概があったからに違いない。福井は指揮官の支局長として、支局長会や知事との懇談会への出席、自社がからむイベントでのあいさつ、支局をたずねてくる地元有力者の相手……など、渉外役をニコニコこなしながら、事件が起きると現場に「待ってました」とばかりに飛び出していく、一人の記者でもあった。

殺人事件を例にとろう。

一九七〇年八月十日、戸田市で勤め人の夫（四十歳）とその妻（三十七歳）、長男（十二歳）、次男（八歳）の一家四人が鈍器でメッタ打ちにされ、血の海のなかで亡くなっているのが見つかった。福井は先頭に立って現場にかけつけ、新人のわれわれ四人と同様、一帯の聞き込みに散った。

夜、彼は蕨《わらび》署に設けられた捜査本部の記者会見に出席、手を挙げ遠慮なく質問をぶつけた。「驚いたなあ、『産経』は支局長が陣頭指揮だぜ」。後ろの席から、他社の記者のささやきが聞こえてきた。

支局に戻った福井は、自ら翌朝の社会面用原稿をまとめた。捜査本部は物盗り、怨恨、痴情のあらゆる面から捜査するといったが、福井はその発表内容を信じず、現場の状況、聞き込みの結果、不審人物の目撃者がいないことから怨恨、痴情の線に絞った。読みはさすがだった。

　原稿は社会面トップ七段の扱い。

《恨みか、一家四人皆殺し》《鈍器で頭メッタ打ち》《戸田の新興住宅街　共稼ぎ夫婦と小・中学の息子》の見出しが立った。

　出稿後、夜回りから戻ってきたわれわれを入口近くのソファに座らせて、福井はいった。

「現場は宝の山だ。行くたびに新しい発見があるはずだ。「現場百遍」、明日からホシ（犯人）がある（捕まる）まで毎日、現場に通い、一帯の家々をシラミつぶしに聞き込みをする。これを繰り返せばかならず小さなネタを拾える。いいか、小さなネタが抜けない記者に大きな特ダネは絶対、やってこない。がんばろうぜ！」。

　連日の聞き込みで、新人記者の一人が「殺害された妻が夫の実弟（三十四歳）、つまり義弟と以前から不倫関係にあった」ことや、「その妻が事件発生時に乱暴されていた」ことを聞き込んできた。この義弟の周辺を聞き込み、夜回りで追って行くと、「こどもの頃から近所の風呂場や寝室ののぞき、女性下着の盗みを繰り返し、三度の逮捕歴がある」ことや、「五月末に刑務所を出たばかりだがその後行方不明」であることがわかり、福井はホシを「義弟にほぼ間違いない」と判断した。

　警察の会見は凶器がナタであったことを発表した以外、刑事部長、捜査一課長も「乱暴された事実はない……」「進展なし」などとノラリクラリの対応だった。しかし福井は「捜査員にアセリの色が見えない。これはホシを義弟に絞り、追っている証拠」と、逮捕時の原稿のためさらに被害者と犯人の周辺を調べるよう、われわれに指示した。

事件発生後、二週間余の八月二十六日、義弟が逮捕された。義弟は東京・蒲田の簡易宿泊所にいた。事件後、犯人は連日、新聞各紙の県版の事件報道を見るため、国電で川口駅まで新聞を買いに来ていた。

翌年、犯人は精神鑑定で「性的倒錯を持つ」と異常性が診断されたが、裁判は七二年に死刑判決、被告は控訴せず、七六年、死刑は執行された。

捜査二課長、亀井静香

殺人事件は強盗、誘拐、強姦、放火などとともに、「強行犯」担当の刑事部捜査一課が追う。一方、汚職、選挙違反、詐欺、横領など「知能犯」をカバーするのが捜査二課。当時、埼玉県警の捜査二課は、「行け行けドンドン」とばかりに次から次へと事件を摘発、全国の警察から「捜査二課の埼玉」といわれていた。「浦和が社会部」といってはばからない福井は、私たちサツまわりの新人記者に言い渡した。

「二課事件は一課事件とはまったく違う。捜査員は水面下でこっそり捜査をはじめ、表に出て来るのは容疑者逮捕の時。この逮捕の発表を待っているようでは記者とはいえない。スクープどころか他社に抜かれてしまう。なんとしても捜査二課長に食いつき、彼らの動きをつかもう」。

当時、埼玉県警の課長で部屋を持ち、秘書までついているのは、捜査二課長だけだった。四月早々、先輩記者に連れられて、赴任直後の私が初めて二課長室に足を入れると、机に両足を載せ、肘掛け椅子にそっくりかえるように座って、資料を見ていた男が目に入った。男は顔をあげ、こちらを見た。いや、睨んだといったほうがいい。

ゆっくり足を下ろし「亀井です」。ぶっきらぼうにいった。その後つきあいを続ける亀井静香との出会いだった。後年、彼は警察庁で過激派が起こした事件捜査などの指揮官を務めた後、政治家に転身する。その後はともかく、出だしはなんとも不愉快だった。半年も過ぎたころ、これをいうと、「いやあ、あの時、緊張していたんだ」と柄でもないことをいい、「右を走る『産経』があの東宝争議のリーダーの息子を採用、それも埼玉の警察担当に送り込んでくるという情報がオレのところに届き、あの時、その資料を読んでいたんだ。そしたらアンタが入ってきたんで、思わずどんな男か探っただけだ」と弁解した。

これを耳にした時、警察、特に公安警察の情報収集力に驚かされ、はっきりいって気味悪ささえ感じた。

支局長の福井はあいかわらず元気だった。「一年三百六十五日、二課長の二十四時間を押さえろ！逃げたらウチの車をぶつけてもいい」と亀井に食いつき、捜査二課がいま何を追い、事件としてどの程度煮つめているかを探るよう、われわれに命じた。

毎夜、われわれは亀井を追いかけた。飲み屋、サウナ風呂、果ては一人でこっそり出かける北浦和のバーはもちろん、途中でまかれれば自宅に押しかけた。県警の課長クラスが住む団地ふうの四階建の官舎で、その入口に張り付き、帰りを待った。どこへ行っても、『読売』『毎日』など他社も来ていた。

これだけ追いかけまわしても、亀井はつれなかった。深夜の帰宅を待っていても「明日は（手入れなど）何もやらないよ」と、たったひとこと。

「でも、このところ二課員のほとんどが出払っているじゃない。どっち方面に（内偵に）行っているの?」と聞けば、「そんなこと言ったら容疑者に逃げられちゃうぜ。こっそりやるのがオレたちの仕事。それをまんまと抜くのがアンタたちの仕事。ラクしちゃあ、ダメだな。もっと知恵、悪知恵を働かせなくちゃあ」と言ってはばからなかった。

われわれ四人のかけ出し軍団はスタート直後、『読売』や『毎日』に抜かれ、悔しい思いをさせられた。しかし福井は怒りもせず、ほとんど毎夜、支局のソファで、夜回りから上がってきたわれわれに事件取材のイロハを伝えた。出前の寿司に手を伸ばし、酒を呑むというより浴びながら、われわれは耳をかたむけた。福井自身は奈良漬で二日酔いになりかねない、まったくの下戸だった。

そのうちわれわれも、やっと悪知恵が身についてきたようである。職安（公共職業安定所、現・ハローワーク）や鉄建公団（現・鉄道建設・運輸施設整備支援機構）などをめぐる汚職事件、暴力団による東南アジアへのブルドーザー不正輸出事件、選挙違反事件……。七〇年秋からだったが、亀井二課が掘り起こし、手がける事件の八割方は、『産経』がスクープすることになる。

最初のスクープ

一番手は九月、比企郡都幾川村《ときがわ》（現・ときがわ町）で行なわれた村長選、小差で現職を破った新人の選挙違反事件だった。選挙直後、当選者の出納責任者が自殺未遂をはかっていた。

二課が乗り出す前夜だった。その夜、たまたま官舎の張り込み番だった私が、亀井の自宅につながる階段前の入口に立っていると、十時過ぎ、普段より早目に亀井が帰ってきた。他社の記者は誰も来ていない。亀井は入口にいた私に気づき、「そこに立たれると近所の迷惑になるから、ちょっと上がって行けよ」。

喜んで後を追うと、ダイニングルームの食卓をはさんでいきなりいわれたのが、その春、初対面の際、私に不愉快を与えたことへの詫びだった。いかつい顔付き、故郷の広島弁が抜けない乱暴な物言いからして、亀井から受ける印象はガチガチの硬派だった。ナイーブな彼の一面を知り、私は内心ほっとした。

そしてこの夜、「けっこう知恵がついてきたようだし、裏切られそうもないし」と前置きし、彼はいった。

「あした朝、都幾川村の村長を任意で引っ張るよ。容疑は公職選挙法違反、逮捕のつもりだ」。

「朝刊で前打ち（予告）していい？」。

「いいよ！」。

埼玉県内に配達される朝刊社会面の原稿締め切りは、当時はたしか午後十一時三十分頃だったと記憶している。急いで帰社した私は【浦和】発の原稿を書き、直通電話で本社の速記へ送った後、午前二時過ぎ、新入社員の一人、山城修とともに無線カーで雨の中を都幾川村にむかった。浦和から約七十キロ、クマが出そうな峠を越えて、午前四時半、同村に入った。

山林王でもある村長の自宅は山の中腹に立つ広い屋敷で、谷川沿いの傾斜のきつい山道を、年を食った無線カーはあえぎながら登り、やっと辿りついた。捜査員が任意同行を求めにくるはずと思っていた私たちは、屋敷の手前の林のカゲに車を止め、その時を待ったが、三時間近くたってもそんな気配はない。しびれを切らすというより、焦りを感じ始めていた私は、こちら側から動き出すことにした。

村長宅の様子を探るため、山城が車から出て門前へと進み始めた時だった。山城の目の前に村長がヌッと現われ（散歩中だった）、山城を驚きの表情で見つめた。車内にいた私も驚き、車を離れた。このチャンスを逃してはならないと、山城は村長の行く手をさえぎるように立ち、質問を始めた。

問「一万円札の札束攻勢で現職村長に勝ったといわれているが」。

答「とんでもない」（と大声、早口で何度も否定）。「そんなことできるほど金はない。一部の陰謀だ」。

問「一部とは前村長派のことか？」。

答「そうだ。その通り」（ときっぱり）。

問「選挙前、お宅で時局懇談会と称して有権者を食事や酒でもてなした疑いで、運動員が逮捕された。もてなしについて知っていたか」。

答「知っていた」（とはっきりいい、さらに）「簡単な食事を出すぐらい誰もやっている」（と、タバコを何回も口にする）。

午前八時過ぎ、本人は「東松山へ」と逃げるようにマイカーに乗り込むが、私たちと再び鉢合わせする。場所は小川署、自ら出頭したのだった。

朝刊の社会面の記事は二段見出しでしかなかったが、われわれにとっては嬉しい特ダネだった。

地検庁舎の床下に潜入せよ

この後、われわれの取材方法はもっと悪賢くなっていく。官舎への張り番は敷地に入らず、門前に無線カーを止め、そこで亀井の帰りを待った。しかし暗い中でただ待っているのでは、また亀井に「知恵がねえなあ」と言われるに違いない。

私と夜回りペアを組んだ稲田幸男は、官舎正門前の路上に車を止めると、車内に電灯を吊り、その下で花札を始めた。

これには、帰宅して車内をひょいとのぞく他課の課長たちが驚いたが、ニヤリとするだけで何も言わなかった。しかし、亀井は驚くだけではすまなかった。車の窓ガラスを激しく叩き、「バクチを取り締まるオレを待つ間に、警察官舎の前でおおっぴらに花札やられちゃあ、オレの立つ瀬がない。たのむから止めてくれよ」。

この後、成内敏二がほとんど毎日曜日、昼に亀井宅をたずねるが、文句を言われるどころか喜んで迎え入れられるようになる。亀井というより、まだ幼稚園児だった二人の子も含め、亀井一家との縁は深まり、福井のいう一年三百六十五日のマークの結果が、スクープ連発を呼んだ。

また、亀井がよく会議に出向く浦和地検にも足を運んだ。とはいっても検事の口は堅く、ひとともしゃべらない。夜回りに押しかけても、「昼間、役所に来て」としか言わない。この頃になると、われわれは福井の言うことがかなりわかるようになっていた。

「庁内に潜り込め」と福井にそそのかされた成内、稲田、山城の三人は、工具屋で調達してきた大きなカッターを持って地検へ出かけた。帰りは深夜、クモの巣とほこりで真っ黒になっていた。当時、浦和地検の本庁舎の建物は、寺の本堂のような木造の高床式だった。三人は床下への侵入防止用の鉄条網付き金網をカッターで切断、会議室の真下に潜り込んだのである。

一方、私は、捜査二課長室の入口に机を持つ亀井の女性秘書に目をつけた。彼女は、亀井が電話で伝える指示の中味から部下の報告内容まで知り得る立場にあったからだ。

彼女は終業の五時をちょっと回ってから部屋を出て、浦和駅から大宮乗り換えで熊谷に帰宅することをすでに知っていた私は、県庁の出口付近で彼女を待ち、「ちょっと早いけどタメシいっしょしない？」。一度断られたが、三回目に彼女は首を縦にふった。彼女を誘った先は、支局の近くにある女性に人気のあるお好み焼き屋で、味は申し分なく、店内は明るく雰囲気も良かった。

月に一、二回、数カ月間、ここで彼女と食事をともにし、捜査二課の動きを聞いた。「明日手入れ」といったナマナマしい話はしてもらえなかったが、内偵先や捜査員の動きなどはほぼつかむことができた。

この取材方法は、翌七一年、沖縄返還に際して、本来米国が払わなければならない費用を日本政府がこっそり立て替えるという密約の存在を、外務省高官の女性秘書から、『毎日』政治部の西山太吉記者が酒食をともにして仕入れる手口と同じだった。ただし、私のケースは彼女と個人的なつきあいをするまでに至っていない。さらにつけ加えておけば、この事実を七二年、亀井が警察庁に移った直後、彼に伝えると、当てつけがましい返事が戻ってきた。

「あの時、どうも（捜査情報が）筒抜けだと思っていたんだ。やっぱりやられていたのか……。あんたは女に手が早いからなあ」。

特ダネ原稿は、支局長自ら内容をチェック、本社への直通電話の受話器を握り、「浦和から東京！」と叫ぶ。相手が出ると「パンパカパーン」と、まずファンファーレを口にし、続いて「本日の特ダネ、ただいま出稿！」とさらに大声を響かせた。

「社会部のお株を奪った浦和支局」と福井は言い、送稿が終わると、いつもの「福井学校」の始業となる。寿司と酒で腹を満たすわれわれの前で、下戸の福井も事件、特ダネに酔った。

不思議なものである。いつの間にか駆け出し記者も、事件に酔う習性が乗り移ってきた。休みがないのも苦にならなくなり、福井が口にしなくても、われわれは休日も含めて朝がけや夜回りに飛び出していった。その頃の私は理屈抜きで、仕事が、それも事件を追うことがおもしろくてたまらなかった。支局の当直用ベッドは二床しかないのに、常時三、四人が泊まっており、ソファから床に落ちて眠っている者もいた。

十七年ぶりのパーティ

一九八七年、東京のホテルで小さなパーティが開かれた。集まったのは、かつて埼玉県警記者クラブに詰めた各社の記者二十数名と、すでに代議士になっていた亀井静香。「十七年ぶりの再会を楽しもう」と開いたもので、幹事役は私が引き受けた。

この時、すでに中堅として活躍している記者たちは誰もが、「苦しかったけどあの時代はよかった」と当時を振り返った。亀井の馬力に圧倒されながらも、ヤマ（事件）をひとつ越えるごとに記者も、それをコヤシにちょっぴり大きくなれたのではなかろうか。

亀井は仕事を離れてもわれわれ記者とよくつきあった。ほとんど毎週土曜日、正午の五分前になると、亀井は記者クラブに入ってきて「待っているよ！」と、麻雀台の前に座った。

終業を告げる正午のチャイムの音にあわせるように集まってきた記者たちにむかって「さあ、やろう！」。夜まで麻雀を打ち、夕方、お開きとなれば、「今日はオレが勝ったからおごるよ」と呑みに誘った。

当時は暴力団絡みの捜査も二課が担当した（その後、捜査四課として独立）。年に二、三回、亀井は二課長室で、それも酒つきで「暴力団犯罪研究会」を開いた。暴力団から押収したエロティックなフィルムを上映、全員、書くことは何もないのに、メモ帖片手にもっともらしい顔をして鑑賞した。

亀井は並みの警察官とはほど遠い男でもあった。ある晩、浦和駅裏の呑み屋街でこんなことが起こった。亀井は路地の奥の一軒の店に女房役の捜査二課次席を誘い、労をねぎらっていた。そこへ突然、通りで女性の悲鳴があがった。スワと二人は外に飛び出すと、目前でチンピラふうの男四人が女性にからんでいる。

「何しているんだ！」亀井が怒鳴りとばすと、振り向いた男が「やっちまえ！」。いきなり男の一人が次席の眉間に一発、次席の右眼から血が噴き出す。あとは二対四の大乱闘となるが、チンピラが逃げ出すまでにそう時間はかからなかった。亀井は大学時代、日本学生合気道連盟の初代委員長、次席の若い頃は県警の柔道を背負う一人、猛者だった。

やってきたパトカーは姓名、職業を聞くこともなく、二人をまっすぐ浦和署に連行、留置場に放り込んだ。若い警察官は捜査二課長ら幹部の顔を知りっこない。彼の人相を見れば、ますます帰すわけには行かないと判断して当然である。

この乱闘の一部始終を、通りがかりの『毎日』の記者が見ていた。でも、翌日の『毎日』の朝刊に、《埼玉県警捜査二課長、大立ちまわり》の見出しは見当たらなかった。十七年後のパーティの席で、亀井はこの記者の両手を握った。

「ありがとう。あの時書かれていたらオレの人生、あそこで終わっていたよ」。

記者は笑って答えた。

「ぼくらだって人の子ですよ。それぐらいの判断はできますよ」。

二　連合赤軍事件への道

初の内ゲバ殺人

北大、東北大、一橋大、東京教育大、東京外語大、金沢大、名古屋大、京都大、大阪大、大阪市大、広島大、九州大などの国公立大から、早稲田、慶應、上智、明治、同志社、立命館、関西学院などの私立大まで、約百七十校、一時は全国八割を超える大学にまで燃え広がった全共闘運動だったが、火が消えるのも早かった。六九年以降、キャンパスのバリケード封鎖は解除されていった。大学当局側は、やっと迎えた「運動の収束、学内の平常化」に喜び、逆に学生側は大きな挫折感に打ちのめされ、多くの学生が戦線から離脱する。

六九年十一月、各派が七〇年安保闘争の行方を決める前哨戦と位置づけ、一万人の学生らが立ち上がった佐藤首相訪米阻止闘争も、機動隊に完全に押さえ込まれ、史上最多の二千五百人が検挙される。もはやヘルメットに角材姿の街頭での闘いは限界であることを、学生たちは知り、全共闘運動は坂道を転がり落ち始め、七一年ごろ解体した。

学生戦線の縮小、後退は、新左翼各派にとっては衝撃以外の何ものでもなかった。各派は少なくなった人員のパイ、反日共系運動を支持する学生ら活動家予備軍の取り合いに乗り出す。他派よりも多くの闘士を調達し、革命へ向けての主導権を握ろうと、自派がいかに正しいか、その正統性を訴える大合唱が始まった。

この時、見逃せない動きが二つあった。ひとつは、われこそ正真正銘の「前衛党」という正統性を守るため、それをおびやかす他派に対して内ゲバを仕掛ける党派が出てきたこと。もうひとつは「もはや学生デモなど街頭での大衆闘争では、大量の逮捕者を出すだけで体制の転覆はできない」と、精鋭で固めた非公然組織を結成、爆弾や銃による武装闘争に踏み出す党派が現われたことだった。

前者の内ゲバは、拡大するだけでなく残虐化をもたらした。六九年、内ゲバ事件絡みで二人が亡くなったが、殺害を目的として襲ったものではなかったようである。一人はブント内、もう一人は中核派が元中核派に仕掛けた、いずれも身内の党内抗争がらみとみられ、追及から逃れようとして転落したもので、事故死といってよかった。

しかし、この年初めの安田講堂攻防戦の前夜、籠城する文学部校舎から〝自主撤退〟してしまった革マル派と、籠城を貫徹した他派の間では、その後対立が深まる。

特に中核派と革マル派の間では、内ゲバは日常化、日に日に対立は激化し、ついに七〇年八月、初の内ゲバ殺人事件を起こす。埼玉県大宮市（現・さいたま市）に住む大学生が、東京都内で殺害されているのが見つかった。この内ゲバ殺人の直後に、前述した戸田市の一家四人の猟奇殺人事件が起こる。過激派だ、大量殺人だと、私たちにとって、八月は夏休み返上の一カ月となった。

四日早朝、東京・飯田橋の東京厚生年金病院の玄関前で、男が大の字になって倒れているのを入院患者が見つけ、一一〇番した。男は傷だらけで死んでおり、午後には身元が明らかになる。東京教育大（現・筑波大）理学部化学科三年、革マル派活動家の海老原俊夫（二十一歳）だった。

彼は三日、東京・茗荷谷の大学を出た後、大宮の自宅に帰宅する途中、乗り換えの池袋駅前で中核派の活動家たちにつかまった。飯田橋の法政大六角校舎に連れ込まれ、集団リンチを受けて死亡した。

解剖の結果、死因はカナヅチなどで殴られたための筋肉内出血死と判明。カナヅチやキリなどで全身数十カ所を刺されたうえ、両眼をつぶされていた。陰惨なリンチであった。

五日の『産経』朝刊は社会面トップ、《リンチで東教大生を殺す》《革マル派と争うセクトの犯行か》の七段見出しで伝えた。私も被害者宅の取材に行かされた。

デスクから海老原の自宅取材を指示された時、私は憂鬱な気分に襲われた。海老原は私にとって、大宮市立植竹中学、県立浦和高校の後輩で、おまけに彼のすぐ上の姉は、私と中学でクラスは違ったものの同学年生だった。植竹中に三年生の三学期に編入した私は、実質二カ月しか学校に通っていない。ところが、海老原家と私が住む団地が同じ方向にあったことから、登校時にたびたび顔を合わせ、あいさつはもちろん、ちょっとした会話を交わすこともあった。

重い気持ちを引きずりながら同家をたずねた私は、玄関口で海老原の父親が、しっかりした語り口で話を始めたときはほっとした。さすが教育一家である。父親は小学校の校長を定年退職したばかりで、母親も小学校教諭のOB、また四人の姉、兄の夫人は、いずれも小中学校の教壇に現役として立っていた。

三日朝、「化学の実験がある。夏休みに単位を稼がないとみんなに遅れちゃう」と言い残し、父親から二千円のこづかいをもらい、白衣を持って出かけた。本人は「帰宅が遅くなる時はかならず電話をかけてくるのが、夜中になっても連絡がなく心配していた」と父親はなげいた。生真面目な性格がうかがえた。

海老原は、その頃すでに持ち上がっていた東京教育大の筑波への移転については、「絶対反対！」の立場を貫いていた。革マル派の一員として活動していたが、家人は学生運動の活動家であった事実を知らず、五日の朝刊社会面の記事は「内ゲバでやられたとは思わない。学生を信用したい。きっとヤクザかなにかにいんねんをつけられたのでしょう。決して手を出すような子ではありません。納得がいかないと、とことんまで話し合うという性格」と、父親が怒りを抑えてやっと絞り出した言葉で締めた。

「殺しは現場を追え、過激派など公安事件はスジ（人間や党派のつながり）を読め」が、これまた福井支局長の口ぐせだったが、海老原事件も、間もなく革マル派と対立する中核派の二十数人が検挙された。革マル派は「報復」を宣言。事件直後の八月十四日、法政大の中核派を襲撃し、十人に重軽傷を負わせた。以後、両派は暴力の感覚をマヒさせていくのがわかるほど、凄惨な報復合戦を繰り広げる。中核、革マル両派以外の内ゲバ事件を含めると、その後の犠牲者は百十人を超えるといわれる。

首相官邸襲撃計画

一方、武装闘争の激化は、すさまじいテンポですすんだ。代表格は赤軍派である。ブントの党内抗争から、六九年に生まれた同派は、銃や爆弾による闘争を打ち出し、中央軍を結成、指揮官には後の「よど号」ハイジャック事件の主犯、田宮高麿（二十六歳）が就く。田宮は赤軍兵士を確保するため、東北地方を中心に各地を行脚、三十人近くの高校生ら若者を集めたらしい。

新顔の赤軍派のバックボーンは「前段階武装蜂起論」であった。角材を振り回し、火炎ビンを投げつけることが精一杯の新左翼各党派の戦術では、国家権力を倒す革命はとても無理、少数であっても精鋭の自分たちが先頭を切って銃や爆弾で武装蜂起し、人民大衆にひそむ革命的エネルギーの起爆剤となれば、全世界の人民がこれに呼応、革命戦争に立ち上がる、というものだった。

しかし、現実はそんなに甘いものではない。先の内ゲバ事件の前年、一九六九年九月下旬、結成間もない赤軍派三十人が勇ましく「大阪戦争」を叫んで、大阪、京都で交番五カ所を火炎ビンで襲撃したが、どれも失敗に終わった。それでも彼らは同月末、約三十人の兵士が東京・本郷の本富士警察署を襲撃、署長室に火炎ビンを投げ込んで炎上させた。この夜の作戦は名付けて「東京戦争」。しかし期待していたほどの成果は得られなかった。

さらに十一月五日、山梨・大菩薩峠で武装蜂起の訓練中に、虎の子の赤軍派中央軍兵士五十三人が一網打尽にされてしまう。この時、まだ『オブザーバー』記者だった私は北海道根室にいた。日ソ関係、それも北方領土問題の舞台裏を追っていた。根室では、当時のソ連に日本の海上保安庁や港湾情報を流す見返りに、カニ資源の豊富な国後《くなしり》島沖合（ソ連の管轄下）の漁場への出漁が許される、スパイ船「レポ船」（「ロスケ船頭」とも呼ばれた）の実態を探っていた。

「大菩薩峠で大捕り物があった」と知らされて、ただちに帰京。佐世保以来、何かと相談をもちかけていた評論家の大野明男や、赤軍派と袂を分かった社学同系の活動家らから情報を得た。

彼らの話によると、武装訓練のきっかけとなったのは十月末、東京・赤羽台団地の一室で開かれた赤軍派中央委員会だった。同派議長、塩見孝也（二十八歳）が「首相官邸襲撃占拠」の檄を飛ばした。他派の佐藤首相訪米（十一月十七日予定）阻止闘争を出し抜くため、十一月六日（後に七日に変更）、ピース缶爆弾、鉄パイプ爆弾、火炎ビン、手斧やナイフで武装した赤軍部隊が、トラックで機動隊の阻止線を突破して首相官邸に乗り込み、占拠、ついで警視庁も襲撃、制圧せよとの作戦指令であった。

この武装蜂起のため、高校生ら二十歳にもとどいていない新入り兵士たちが多い中央軍兵士に、手製爆弾や武器の扱い方、襲撃法を教え込む軍事訓練を早急に行なうよう求めた。

実施は塩見の指示通り中央委員会で採択され、十一月三日から三泊四日の演習場は、近くに七十人の宿泊予約がとれた大菩薩峠と決められた。

十一月三日夕刻、同峠中腹（一七二〇メートル）の山小屋「福ちゃん荘」に、赤軍派中央軍に所属する五十三人が集まり、翌四日、七、八時間の訓練を行なった。山小屋には「大学のワンダーフォーゲル部の合宿」と伝えていた。

「赤軍派が近いうちに何か起こす。どこかで準備しているらしい」ことを察知していた警察は、すでに一部赤軍派兵士のアジトや住まいを割り出し、警視庁、大阪、神奈川、千葉などの警察が、彼らの動きをマークしていた。千葉県警の監視下にあった千葉市のアパートで、三日朝、動きがあった。赤軍派のメンバー数人が出て来るのを、捜査員は見逃さなかった。距離を保ちながら尾行を続けると、彼らは総武線で新宿へ、さらに中央線に乗り換え塩山で下車し、バスに乗り継いだ。

目的地が大菩薩峠の「福ちゃん荘」であることを見届けた警察は、その日のうちに警視庁、山梨県警の合同部隊を編成、警戒網を張り、五日早朝、二百五十人で「福ちゃん荘」を急襲、全員（うち女性二人）を逮捕した。

学生らしい若者が多数の武器を持ち、泊まり込んでいるという情報を摑み、手入れの前夜、登山客を装って山荘に潜り込んだ『読売』の記者が、捕り物の現場をスクープした。「（五日朝）寝込みを襲われた学生たちは革命を目ざす闘士の表情を取り戻すイトマもなかった。次々に引き立てられる学生の表情は痛々しいほど挫折感でいっぱいだった。

押し入れからぞくぞく出てくるパイプ爆弾やナイフと、この表情とのへだたり。山荘の屋根を逃げまどう学生たちの足首は奇妙にか細く、両手を頭にあげたまま山荘前に引き出された学生たちのえり首の白さ、これが〝赤軍派最精鋭〟部隊の実体なのだろうか」（一九六九年十一月五日夕刊）。

記者が違和感を覚えたのは当然である。兵士の半分以上の二十五人が、高校生ら少年だった。大菩薩峠の失態で赤軍派は大打撃を受け、組織は壊滅状態になる。この赤軍派一斉逮捕の指揮を執ったのは、警察庁警備局警備一課の赤塚普知雄、初代学生担当責任者（課長補佐）だった。

指揮官として記者会見に出るのはキャリア組の課長クラスだが、実質的に作戦を練り、仕切ったのは赤塚である。鹿児島県警採用のタタキ上げ、鑑識畑で全国の注目を浴び、警察庁に引っぱられ、六〇年安保以降は警備畑で名を上げる。かつて愛用した鑑識用の手袋をした指揮官の赤塚が、過激派事件の捜査現場に現われると、捜査員たちは「ニャロメが来た」――漫画家、赤塚不二夫の名にひっかけたニックネームだった。

この赤塚が埼玉県警警備部長に異動してきた。私の浦和支局赴任の直後で、後述する過激派の起こす事件を通して、彼とのつきあいが始まった。

「よど号」ハイジャック事件

追い詰められた赤軍派がとった、組織の立て直しを兼ねての次の一手は、「世界革命国際根拠地の建設」だった。大菩薩峠事件のように万一、同志の一部が逮捕されても、他のメンバーが逃げ込むことができる亡命基地を、海外に確保しておこうというものだった。

翌七〇年三月、赤軍派が起こした日本航空機「よど号」ハイジャック事件は、このためのものだった。メンバーはリーダーの田宮高麿以下九名で、羽田発福岡空港行きの「よど号」（乗員・乗客百二十九人）をハイジャックし、韓国・金浦空港を経て、目的地の北朝鮮・平壌へと飛んだ。

「われわれは、〝あしたのジョー〟である！」。北朝鮮に去る田宮は「出発宣言」として、このひとことを残した。何度、打ちのめされても立ち上がり、相手に挑むことをやめない「あしたのジョー」の主人公（ボクサー）。田宮もジョーに負けない不屈の主人公になることを宣言した。しかし、彼らはシナリオ通りの現実を演じることは許されなかった。北朝鮮に渡った彼らは「同志」として大歓迎されるものの、これは当初だけだった。その後は同国流の思想教育を叩き込まれ、結局は日本人拉致事件の片棒を担ぐ者さえ出たと伝えられる。

メンバーは現在もなお全員、警察庁から国際指名手配されているものの、リーダーの田宮ら三人は北朝鮮ですでに病死、二人はこっそり日本に帰国したが逮捕され、裁判で有罪判決を受けて服役した。一人は服役中に、もう一人は出所後にいずれも亡くなり、現在、北朝鮮に残るのは四人とされる。彼ら「亡命組」は、七〇年代に日本人女性と次々に結婚、子どもを持つ。いまその妻と子どもの多くは日本で暮らす。

なお、赤軍派議長塩見孝也は、ハイジャック事件を起こす二週間前、東京で逮捕された。彼が持っていた手帖には、「HJ」の文字が書き込まれていたが、警察がその意味を「ハイジャック」と知るのは、事件が起きてからだった。

赤軍派の武闘路線

前年の大菩薩峠で三人の政治局員と、多くの中央委員を逮捕され、「よど号」事件で田宮高麿らが北朝鮮に亡命したことなどで、赤軍派はリーダー格を失い、身動きがとれなくなる。

そこへ、戦線に復帰するのはいましかない——とばかりに戻ってきた男がいた。大阪市立大の森恒夫である。彼は赤軍派結成直前に姿を消し、故郷の大阪で工員をしていたが、大学の先輩で赤軍派の軍事委員長、田宮高麿のとりなしのおかげで、自己批判するだけで、赤軍派への復帰を許された。

田宮が北朝鮮に飛び立ったあと、森は幹部（政治局員）に昇格する。頭上に重石がなくなった森は、赤軍中央軍を一本化して自分の直接指揮下に置いた。赤軍派はこれをきっかけに武闘路線を選択する。

その皮切りに、彼らはM作戦（赤軍派は「マフィア作戦」と呼んだ）に乗り出す。金融機関を次々に襲い、革命資金を調達しようとするもので、七一年二月、千葉・市原の郵便局を手始めに、同年七月まで千葉、神奈川、宮城、鳥取の四県にわたって、八カ所の郵便局と銀行を襲い、一千万円以上を強奪した。

ところが、ここで、前述の「赤塚」の名前が再び脚光を浴びる。埼玉県警警備部長に異動してきた赤塚普知雄の指揮のもと、七一年春、M作戦の全容を洗い出し、全国の赤軍派の拠点を次々に捜索、約二十人を逮捕した。

きっかけは七一年四月、埼玉県警が、川越街道を片目ライトで走る乗用車を捕まえたことからだった。普通なら道路交通法違反で処理されてしまうところだったが、盗難車を運転していた若者が黙秘していることに赤塚は目をつけた。彼は黙秘する男の取り調べに立ち会う。警備一筋の赤塚は男に見覚えがあった。間違いなく赤軍派のメンバーだった。

さっそく一帯にローラー作戦（学生ふうの若者が住むアパートの徹底調査）をかけ、二週間後にはアジトを割り出した。アジトには襲撃予定地のメモや地図があり、赤塚はその関連でさらに全国五十カ所以上を捜索、M作戦の全容を摑んだ。これによって赤軍派はメンバーを芋づる式に逮捕され、七月、鳥取県での銀行襲撃が「M作戦」の最後となる。

赤軍派にとってM作戦はある程度の成果をあげたものの、同志を大量に失った。同派は警視庁、千葉、神奈川両県警の動きにはかなり神経を使っていたが、埼玉はノーマークだった。赤塚が埼玉の指揮を執っていることを見逃したことが敗北の原因だと、捕まった赤軍派幹部が、後日ぼやいていたと聞く。

京浜安保共闘の襲撃事件

赤軍派が「M作戦」を開始する二カ月前、七〇年十二月十八日未明、東京・板橋区の志村署上赤塚交番に、三人の若い男が入ってきた。

「迎えの車が来るまで待たせてほしい」。

その夜の交番勤務の警察官は二人、一人は奥の休憩室で仮眠中で、応対したのは立番中のもう一人だった。警察官が返事をする間もなく、三人は突然、鉛を詰めたゴムホースや千枚通しで襲いかかり、警察官に重傷を負わせた。

ガラスが割れ、もみ合う音に気づいた仮眠中の警察官が急いで起き上がったところへ、ナイフをかざして一人が飛び込んできた。男が拳銃を奪おうとしたため、警官は拳銃二発を発射。撃たれた男は即死した。射殺されたのは京浜安保共闘（革命左派神奈川県委員会）の最高幹部、横浜国立大生、柴野春彦で、あとの犯人二人も撃たれて負傷、現場で取り押さえられた。

赤軍派が資金稼ぎを狙うより一足先に、京浜安保共闘は銃の強奪事件を企てていた。これには理由があった。ひとつは獄中にある同派の最高幹部で理論的支柱の川島豪奪還作戦には、どうしても銃が必要だったこと。もうひとつは、川島が訴える「国家は銃から生まれる」という主張。学生らが銃を持って武装蜂起すれば、工場労働者がそれに呼応して革命に立ち上がると信じており、そのためには拳銃奪取は欠かせなかった。

川島の逮捕後、京浜安保の最高幹部を継いだ柴野春彦自らが、仲間を率いて交番を襲撃したが失敗に終わった。同派は交番の拳銃から猟銃が並ぶ銃砲店へ、襲撃ターゲットを変更する。

その日は赤軍派の「M作戦」開始の直前、七一年二月十七日だった。この朝、私はポケベル（ポケットベル）の呼び出し音で起こされた。午前五時半頃だった。私はパジャマの上にズボンをはき、セーター、オーバーをはおると、メモ用紙とボールペンを持って玄関を出た。なお真冬並みの寒い朝で、震えながら隣りの空き地に止めてある無線カーのエンジンをかけ、無線のマイクを握った。

「こちら無線カー、浦和、どーぞ！」。

「ハイ、こちら浦和」。

連絡を待っていた当直の記者は私にこう伝えた。

この朝、午前二時過ぎ、お隣りの栃木県真岡市の銃砲店に、過激派とみられる三人組が押し入り、多数の猟銃、実弾を奪い、逃走している。栃木県警からの緊急手配で、栃木―埼玉―東京を結ぶ国道などの幹線道路に検問を敷いたこと。犯行グループは今朝にも埼玉県内で網にかかる可能性もあるので、「県警本部で夕刊向けに警戒をしてほしい」と、デスクから私あてに指示があった。

「了解！」で無線を切ると、わが家にかけ戻った。

自宅にはまだ電話がなかった。一年前『産経』に入社し、浦和支局配属が決まると同時に電話の敷設を申し込んだ。「だいぶ時間がかかる」と念を押されたが、まさか一年後もまだ敷かれていないなんて思ってもみなかった。浦和に配属されて間もなく、ポケベルを持たされたものの、最も近い公衆電話ボックスでも、自宅から歩いて十五分かかる駅前まで出なければならなかった。これでは役に立たないということで、支局長は無線カーでの通勤を許してくれた。

午前八時前、記者クラブに着いた私は、過激派を担当する警備二課に急いだ。課長室に飛び込むと、課長は表情を曇らせた。

犯人のうち二人が乗ったライトバンはすでに午前四時、埼玉・川口から東京・赤羽を結ぶ国道一二二号の新荒川大橋を渡り、橋のたもとでの警視庁の検問に引っかかったが、それを強行突破、近くの小道に逃げ込んだ。午前九時前に二人は逮捕されたが、埼玉県内ではみすみす取り逃がし、東京都内に逃げ込まれたのは事実だった。

「なぜ、逃げられたのか？　検問を敷いていたのでは！」。

課長は大失態であることを認めた。栃木からまっすぐ降りてくる国道四号、群馬方面からの国道一七号、さらに新大宮バイパスは完全に押さえたが、どうしたことか、四号と一七号の間を岩槻―鳩ヶ谷―川口と結ぶ国道一二二号の検問配備が大幅に遅れたことが原因だった。逮捕された二人から、銃砲店襲撃は京浜安保共闘の犯行であることはすぐ判明した。

私はその日の午後、宇都宮の栃木県警本部にいた。宇都宮支局からの要請に応えた応援要員だった。県警担当の記者が真岡に出ていたので、私は本部での発表をカバーした。ようやくわかってきた事件の経過はこうだった。

真岡市の銃砲店の勝手口を、「電報です！」の声とともに激しく叩く音が響いたのは午前二時過ぎ。起きた家の主人は、さすが銃砲を扱う店だけのことはある。店をすぐに開けることはせず、「電報はどちらからですか？」と問いただした。

「山形からです！」。電報配達人は迷うことなく答えた。「そうですか。この時間に何だろう……」と店主。たしかに山形に親戚はいる。もうその時は疑いよりも不安が先立ち、急いで戸を開くと、電報配達人とはとても見えない三人の男が押し入ってきた。一家四人を縛り上げ、店内にあった猟銃十丁、散弾二千発以上を奪い、逃走した。

「武装襲撃による革命」を叫ぶ超過激各派にとって、京浜安保共闘の銃砲店襲撃事件は、赤軍派の「よど号」ハイジャック事件に続いて、久しぶりの勝利ではあった。しかし、警察が敷いた大捜査網に、坂口弘（二十四歳、東京水産大、現・東京海洋大）、永田洋子（二十六歳、共立薬科大、現・慶應大薬学部）ら実行犯は身動きが取れず、逃走資金もないまま雪の札幌に一カ月、身を潜めることになる。

京浜安保共闘と赤軍派の出会い

京浜安保共闘を救ったのは赤軍派だった。

「四月中旬、革命左派の坂口弘と永田洋子が上京し、赤軍派の森と接触した。永田たちが差し出したのは、真岡で奪った銃2丁を埋めた場所の地図だった。森は革命左派に30万円〝カンパ〟した。こうして、真岡の銃が赤軍派に渡り、革命左派は活動資金を得た」（「実録・連合赤軍」編集委員会＋掛川正幸編『若松孝二　実録・連合赤軍　あさま山荘への道程《みち》』朝日新聞社、二〇〇八年）。

過激派各派は、前年暮れ、京浜安保共闘の最高幹部・柴野春彦が交番襲撃事件に失敗、射殺されたことに大きな衝撃を受け、七一年は柴野の弔い合戦とばかりに爆弾テロを次々に起こす。爆弾時代の到来だった。この年だけでも、五十一件も爆弾事件が起こる。最初は六月十七日、「沖縄返還調印阻止闘争」。明治公園でデモを規制中の機動隊の密集に、茂みに隠れていた赤軍派が鉄パイプ爆弾を投げ込み、三十七人に重軽傷を負わせた。

爆弾テロはさらに、警視総監公舎爆破未遂（八月七日）、千葉・成田署爆破（同）、警視庁職員寮「大橋荘」消火器爆弾爆破（八月二十二日）、そして高円寺駅前交番、警視庁の職員寮（二件）と続く。

十月十八日昼前、東京・西新橋、日本石油ビル内の郵便局で若い女性が持ち込んだ二個の小包爆弾が、大音響とともに爆発した。小包の宛名は一個が「後藤田正晴」（当時、警察庁長官、後に中曽根内閣の官房長官）、もう一個は成田空港公団総裁で、いずれも自宅に宛てたものだった。さらに十月二十三日夜から二十四日未明にかけて、都内文京区の本富士警察署弥生町交番など、六カ所の警察関係施設に爆弾を仕掛け、同時爆破を狙う事件も発生している。

こうしたなかでむかえた、上赤塚交番襲撃一年目にあたる十二月十八日午前、東京・雑司ヶ谷の警視庁警務部長土田國保（後に警視総監、防衛大学校校長）の自宅で、郵便局員が配達したばかりの小包が大爆発を起こし、夫人の民子（四十七歳）が死亡、二人の子息が重軽傷を負った。小包の差出人は土田と官庁入省（旧内務省）同期生だった。土田はその年、同期生の子息の結婚式に仲間を代表して出席していたので、そのお礼の小包と信じて開けたところ爆発した。

なぜ土田邸なのか。一年前、上赤塚交番襲撃事件直後の記者会見で、土田は「警察官の拳銃使用は正当である」と答えた。土田の家族を惨劇に巻き込んだのは、このひとことへの報復だったとみられた。

続いて十二月二十四日クリスマスイブ、東京・新宿伊勢丹前交差点の交番横の歩道に、買い物袋に入れられて置かれた高さ五〇センチほどのクリスマスツリーを、警察官が持ち上げたとたん爆発し重傷、通行人七人もこれに巻き込まれ重軽傷を負った。

クリスマスツリーの爆発は、過激派各派にとって、取り返しのつかない事件となった。これまで彼らは、警察を主要な敵として爆弾を投げつけてきた。まさに権力に対してであった。ところがこのクリスマスイブを契機に、一般市民をも巻き込んでしまう。無差別なエスカレートは、彼らを「権力の敵」どころか「国民の敵」にしてしまった。

連合赤軍事件の顚末

武器と資金の交換をきっかけに、赤軍派と京浜安保共闘は、七一年七月、組織を合同し、連合赤軍（当初一時「統一赤軍」）を発足させる。ともに革命を目指す組織とはいえ、武装蜂起によってトロツキーの世界同時革命をめざす赤軍に対し、「鉄砲から国家権力が生まれる」、「反米愛国」の毛沢東主義を信奉する京浜安保共闘、両派は、思想的、組織的にまったく異質で相容れ難い関係にあったが、そこは目をつぶってしまい同じ道を歩むことになる。

もっとも、両派が行動をともにするのは同年十二月三日、南アルプス（山梨県早川町）の山中に赤軍派が設けた新倉《あらくら》ベース（アジト）に両派九人ずつ、計十八人が集まり、初の合同軍事訓練を行なって以降のことである。

二つの組織の合同は、両派の主導権争いの発生をも意味していた。口火は訓練初日に切られた。京浜安保共闘の全員が水筒を持参していないことを、森恒夫ら赤軍派が「革命兵士としてあるまじきこと」と強く批判した。

京浜安保側はその批判を受け入れるが、その翌日、永田洋子が赤軍メンバーを激しくなじる逆襲に出る。ターゲットになったのは、すでにレバノンに渡っていた重信房子の親友、遠山美枝子（明治大）だった。彼女は、地下にもぐらず活動する赤軍派の公然組織で逮捕者の救援を担当する責任者だった。永田は「地下活動の経験をもたない」と、遠山をののしる。永田にとって、遠山がスラリとした美人で髪を伸ばし、化粧、指輪をしていたことも気に入らなかったようだ。

永田の批判は、むしろ森にとっては都合が良かった。

「遠山は赤軍派の結成に加わった最古参のメンバーだった。獄中の最高幹部・高原浩之の恋人でもあり、赤軍派結成から逃亡した森には煩わしい存在だった。森は遠山の影響力を消したかった」（前出『若松孝二　実録・連合赤軍　あさま山荘への道程』）。

新年早々、新党「連合赤軍」の中央委員会（七名）が発足する。森恒夫を委員長に、永田洋子が副委員長、そして書記長は坂口弘。中央委員は寺岡恒一（二十三歳、横浜国大、京浜安保）、坂東国男（二十四歳、京都大、赤軍派）、山田孝（二十七歳、同、同）、吉野雅邦（二十三歳、横浜国大、京浜安保）だった。この布陣は森の独裁体制を意味した。その後間もなく森の妻となる永田と、永田の元夫である坂口の二人が森を支えることになる。

全国の警察は総力をあげて連合赤軍を追っていた。その追跡を逃れるため、連合赤軍はベースを南アルプス山中から群馬県内に移し、榛名山（十二月下旬）、迦葉山《かしょうざん》（沼田市、七二年一月下旬）、妙義山（同年二月上、中旬）を転々とする。

この間の一九七二年二月七日、榛名のベースを撤収した九人の兵士が、榛名湖畔から渋川行のバスに乗り、沼田の迦葉山の新しいベースに向かった。この時、薄汚い九人が放つ異臭に運転手が気づく。通報を受けた警察は榛名のベース跡を突き止め、大がかりな山狩りによって、さらに迦葉山中の丸太小屋のベースも見つけた。

二月十七日、群馬県下の山中を一斉捜索する警察は、妙義山の山中で妙義山ベースと思われる洞窟を見つけ近づくと、岩陰から男女二人が登山ナイフを振りかざして飛びかかってきた。押さえ込んだ二人は、森恒夫と永田洋子で、二月四日に迦葉山を下山、資金と車の調達のため東京に出かけ、妙義山に設けた新ベースに戻ってきたところだった。その時、ベース近辺には二人以外に誰もいなかった。留守部隊はすでに抜け出していた。

下山中の二人に代わって留守部隊の指揮を執ったのは、書記長の坂口弘だった。坂口は、大規模な捜査線が張られた群馬県内から他県への脱出をはかろうとするが、すでに彼らは警察の厚い包囲網に囲まれ、残されたルートは裏妙義の山越えしかなかった。

榛名山にベースを構えた頃、二十九人にまで増えた兵士はこの時、わずか九人になっていた。

二日後の二月十九日、山越えで脱出をはかった九人は県境を越えて長野県に入る。目指す佐久市に抜けられたと彼らは喜んだ。さっそく植垣康博（二十三歳、弘前大、赤軍派）ら四人が買い出しに駅前に向かうが、待っていたのは店ではなく捜査員で、全員、逮捕された。そこは彼らが思っていた佐久の街並みではなく、信越線・軽井沢駅だった。

警察は包囲網をさらにせばめ、五人になった連合赤軍を追い詰める。五人は坂口弘、坂東国男、吉野雅邦、佐藤道久（仮名、十九歳）、同素晴（仮名、十六歳）兄弟。追われた五人は十九日午後、南軽井沢の別荘地「レイクニュータウン」に逃げ込んだ。同別荘地は、旧軽井沢市街とは反対側の軽井沢駅南約四キロに広がる。戦前から開発が進んだ北側とは違って、戦後の高度経済成長、リゾート・ブームにのって拓かれた新興別荘地で、比較的安い価格で売り出された。

連合赤軍の五人は、「レイクニュータウン」七二八号、河合楽器保養所「浅間山荘」に侵入、管理人の夫人（三十一歳）を人質にして立て籠った。五人は包囲した警察官に対し、ライフル銃や散弾銃を撃ち込んだ。

警官隊は催涙弾を撃ち込み、「投降」を期待したが、相手は参らない。人質を取られているため、警察側も強硬作戦に出られなかったが、人質の心身が限界に達したと判断し、十日後の二月二十八日朝から、千六百人の警官隊、装甲車、高圧放水車、鉄球で山荘の壁を打ち破るモンケーン車などを動員、強行突入作戦に打って出た。

五人の抵抗も頑強で、人質を無事救出し、犯人全員を逮捕したのは、作戦開始十時間後の午後六時過ぎ。この間、警察官二人が銃撃を受けて死亡したほか、警察官十五人と取材中のカメラマン一人が重軽傷を負った。

この日、NHKをはじめテレビ各局は午前中から、人質救出、作戦終了まで、現場中継を流しっぱなしだった。視聴率は東大安田講堂落城を上回る、過去最高の九〇パーセントを記録した。町から人通りが消え、大阪府議会では議連理事会に出席者ゼロという珍事が起きたという。

浅間山荘事件は多くの出版物に詳しく書かれており、また、私はこの時、浦和支局勤務で現場に駆り出された身ではないので、自分の目で事件を追っていない。詳細は省略する。

現場に行かされた先輩記者（当時は若手）たちが、後にこんな話をしてくれた。

「とにかく寒かった。取材といっても山荘を見下ろせるすぐ裏の小高い丘に詰めっきり、毎日、膠着状態が続くので、別にすることもないので町で薪を買い、カメラマンが張り付く現場に運び上げ、焚き火にするのが仕事だった。すると寒さで凍えきった機動隊員が「お願いします。あたらせてくださいʼ」とやってくる。一緒に股火鉢で夜が明けるのを待つ。お互い末端の手足同士、連帯感が生まれたなあ」。

「浅間山荘」取材で軽井沢に押しかけた取材スタッフは、新聞、雑誌、テレビ、ラジオなどの記者約六百人、カメラマンもほぼ同数がいたが、各社ともその多くは〝手足〟の若手だった。

一方、前年秋、埼玉県警捜査二課長から警察庁警備局に移った亀井静香も、極左事件総括責任者として現場に来ていた。当時、彼は群馬県警に派遣されて山岳アジトの検証や、妙義山で逮捕した森恒夫や永田洋子の取り調べに立ち会っていたが、事件発生とともに軽井沢入りした。後年、当時の警察庁長官、後藤田正晴はいっている。

「僕は気がつかなかったんだけれど、公安四係にいた亀井静香君（後の建設大臣）が志願して行っていたそうです。亀井静香君と僕のあいだは年次が余りに離れすぎていまして、わからなかった。四係というのは警察の特殊な係なんです。それに二年いたらしい。志願して行った。勇ましいんだ、現場向きなんだよ」（後藤田正晴『情と理——カミソリ後藤田回顧録』上、講談社＋α文庫、二〇〇六年）。

信じられない論理

あれから四十年経った二〇一二年十月末のある日、私は「レイクニュータウン」に出かけた。あの時の現場探しである。事件後、高度経済成長とともに、東京・中央区の半分もある別荘地には三千戸以上が建ち、フランスの古城を模した三越ファッション館まで開業（七四年）してにぎわった別荘地だったが、いまやその面影は見当たらない。

紅葉真っ盛りだというのに、恐ろしいほどに静まりかえっている、いや、眠り込んでいた。別荘地の入り口にある人造湖レマン湖の東側を、車で南の山稜へと登ったが、正午過ぎだというのにすれ違う車はまったくなかった。深い木立とはびこる雑草の間にうずくまる家々には、ほとんど人の気配はなく、なかには長い間放っておかれたからだろう、朽ち果てかけた山荘もあった。

カーブの多い急坂を上がりながらチェックすると、別荘地の最奥にあたる妙義荒船林道の直下、標高一一七〇メートル地点に、かつてのテレビ映像で見覚えのある山荘を見つけた。テレビに映る山荘は、ボタ山に開けた別荘地という感じで立ち木も細く、はっきりと見通せたが、いまは周囲の木立は深い。建物はかなり改築の手が入っていたが、間違いなく四十年前の現場だった。

所有者はとっくに河合楽器の手をはなれ、一時は地元のデザイン事務所が使っていたらしい。現在は中国系企業に買われたと聞く。山側（南側）の道路と、ほんのちょっとの段差でつながる玄関、北側の急斜面に張り出した山荘を、南北二本の道路がはさんでいる。両道路は高低差は大きいが、距離は映像で観たよりずっと近い。この距離で撃たれたら、死亡者や負傷者が出るのは当然だと思った。

そして山荘の近く、道端に地蔵を見つけた。脇に石碑が立つが、風化して読めない。きっと事件の犠牲者を弔って建てられたのだろう。地蔵の前にはいまも生花や果物、日本酒が供えられていた。ここでは四十年の時間が一瞬、消えたように思えた。

七二年三月初旬、所在不明の赤軍兵士十数名を追う警察に衝撃が走った。浅間山荘で逮捕された佐藤兄弟、また軽井沢駅で捕まった兵士らが、仲間の兵士十二人を、山岳ベースで「総括」の名のもと集団リンチにかけ、殺害し、山中に埋めたと自供した。警察は半信半疑ながらも捜索すると、供述通り遺体が次々に出てきた。

本来、総括とは、「反省によって己を磨く」ぐらいにしか理解していなかったが、連合赤軍議長、森恒夫によると「殴ることこそ（共産主義に向けての）指導」だった。殴られ、気絶から息を吹き返した時に、共産主義化した人格に生まれ変わるという信じられない論理をもって、「総括」の対象者を決め、さんざん殴りつけたうえロープで吊るし、さらに暴行を加えた。

最初の犠牲者は七一年大晦日の尾崎充男（二十二歳、東京水産大、京浜安保）で、榛名ベースで殺された。同ベースでは、さらに前述の通り、森にとっては煙たく、永田からは合法部門で活動してきたことやその容姿まで批判され、総括のきっかけを作ったとされる遠山美枝子を含め、あわせて八人が犠牲となる。さらに迦葉山ベースで三人、最後の妙義山中でも山田孝が殺害される。なかには「処刑」と宣告された者もおり、合わせて十二人が殺害された。

さらに彼らが山岳ベースに集まる以前に、二名がリンチで殺されており、彼らを含めると十四人が、「共産主義」のためという逃げ道のまったくない言葉で「総括」され、命を奪われた。

なぜ、こんな悲劇が起こったのか。こう指摘する声がある。

「背景のひとつに、全共闘運動が生んだ「自己否定」の論理があった。それは、大学を変えるためには、学生である自分自身も変わらなければならない、という考え方だった。森の共産主義化論は、その「自己否定」の意味を拡大し変質させたもの、と言える」（前出『若松孝二　実録・連合赤軍あさま山荘への道程』）。

事件を起こした彼らは、警察を逃れて雪深い山中をさまよう逃亡者の集団に過ぎなかったが、森や永田らリーダーはその現実をまったく認めず、なお革命に向けて「内戦を戦う共産主義者の部隊」と塗り替え、兵士に焼きを入れる特訓である総括を始めた。この状況を俯瞰して見ると、大量リンチ殺人という最悪の悲劇なのに「喜劇性さえ感じる」という声もあった。

国民レベルで見つめたらどうだろう。七〇年開催の大阪万博効果もあって、わが国は六八年には世界第二位のＧＮＰ（国民総生産）大国になった。その恩恵に浴していた国民は事件の発生に唖然とし、ついで嫌悪し激怒したことはいうまでもない。そして多くは、連合赤軍事件を、六〇年代からの狂気の新左翼運動が決定的に敗北した象徴と受けとめた。

その後の彼らはどうだったのか。リーダーの森恒夫は翌一九七三年元日、東京拘置所の独房で自殺した。二十八歳だった。「自らに死刑を下す」の遺書を残していた。

永田洋子、坂口弘の二人は死刑が確定。長年、脳腫瘍を患っていた永田は二〇一一年二月、拘置所で死亡した。永田の死を伝えられた坂口は、ショックでしばらく食事も受けつけなかったらしい。

坂東国男は後述するが、七五年、日本赤軍によるクアラルンプール事件で超法規的措置により釈放され、国外に脱出、日本赤軍に加わる。いまなお逃走中で、国際指名手配されている。

吉野雅邦は無期懲役で服役中。植垣康博は懲役二十年、佐藤道久は懲役十三年、すでに二人とも自由の身である。佐藤は自然環境保護団体のメンバーとして活躍していると聞く。道久の弟、素晴は少年院送致となった。

三　朝霞自衛官刺殺事件

『プレイボーイ』の独占スクープ

時間を半年戻したい。一九七一年八月二十二日午前零時過ぎ、東京都心からわずか二十キロしか離れていない埼玉県朝霞市の陸上自衛隊朝霞駐屯地で、パトロール中の陸士長、一場哲雄（二十一歳）が、胸を刺され殺害されているのが見つかった。

一場が所持していた銃は奪われていなかった。逆に犯人は現場にかなりの遺留品を残していた。「赤衛軍」と書かれた赤いヘルメット二個、「赤衛軍」と黄色のビニールテープでふち取りされた赤旗、ワラ半紙の表裏にガリ版刷りされた「戦斗宣言」だった。

同宣言は、「日本共産党赤衛軍　関東第一方面軍〈人民の革命的前衛〉」と名乗り、書き出しは「われわれ日本共産党と人民の革命的戦闘部隊＝赤衛軍は、本日の「米軍＝自衛隊反革命軍に対する〈基地襲撃銃器奪取斗争〉」を突破口として、圧倒的な非合法遊撃戦に突入したことを、ここにすべての労働者・農民・学生・被抑圧人民に宣言し、全国のいたるところに散在している革命的武斗派諸君のわれわれの戦列への結集を呼びかけるものである！」とあった。

自衛官殺害の第一報が、埼玉県警本部から記者クラブの幹事社経由で各社に入ったのは、その日（二十二日）の午前三時半過ぎ。各社の記者は急いで現場にかけつけたが、駐屯地は「異常事態発生」を理由に門を閉じ、報道関係者とて一歩も中に入れない。正門前で記者団と警務隊の間で、「入れろ」「入れない」のこぜりあいまで起こり、間に立った警察の仲介で記者団が駐屯地内にやっと入れたのは、午前八時を回ってからだった。この頃には、各社社会部の公安担当記者も続々とかけつけていた。

警察の動きが慌しくなる。間もなく特捜（特別捜査）本部が現場に近い朝霞署に設けられた。もっともこの日は日曜日で夕刊はない。新聞報道は翌二十三日の朝刊からで、各紙、一面と社会面で《自衛隊員刺殺される》《突走る「爆弾闘争」》《自衛隊基地に不意打ち》（『朝日』）、《ついに基地内殺人》（『読売』）、《幻のゲリラ〝赤衛軍〟》（『毎日』）と、大きく扱った。

現場に残された犯人の遺留品の多さから、事件の全貌が明らかになるまでにそう時間はかからない、と特捜本部は踏んでいたようだが、そうは進まなかった。遺留品の捜査はどれもこれも壁にぶつかり、捜査は手詰まりになり、あっという間に五十日が過ぎた。

ところがこの頃、週刊『プレイボーイ』（十月十九日号）が、《独占スクープ　朝霞の自衛官殺しはオレたちだ！》《謎の超過激派〈赤衛軍〉幹部と単独会見》という、六頁にわたる記事を掲載した。

その内容は、九月下旬のある日、『プレイボーイ』編集部に「日本共産党中央委の赤坂」と名乗る男がたずねてきた。赤坂は年齢二十五、六歳、関西弁で話し、赤衛軍兵站《へいたん》部の責任者と名乗った。八・二一闘争（朝霞事件）は、赤衛軍の関東方面軍が総力をあげて参加、駐屯地には二十一日午後九時三十分、六人が侵入した。侵入目的は武器奪取。ライフルはないが、ピストル数丁と消火器爆弾を持っており、今後第二、第三の朝霞事件を決行する。要人暗殺も計画中で、赤坂は政財界のVIP三十人のリストを読み上げた。

どう見ても怪しげな〝特ダネ〟だったが、気になる部分もあった。それは記事の最後に載せていた編集部の見解だった。

「果して彼は〈赤衛軍〉の最高幹部なのか。編集部は、最初正直なところ疑問を持った。

彼にその疑問点のいくつかをぶつけてみた。すると、確認方法のいくつかを提示してきたのだ。それに従って、あらゆるルートを通じ可能なかぎり取材をしてみた。と、非常に信憑性が強いと思わざるを得ないような材料が多々あって、やはり彼が〈赤衛軍〉であることは、ほぼ完全に確認できた」。

この週刊誌を持って、私は捜査二課長、亀井静香の部屋をたずねた。刑事事件と公安事件ではその捜査手法はまるで違ったが、亀井は見習い時代に公安一課に在籍、この時、すでに将来、公安畑を背負って立つ男といわれていた。事実、この直後の十月中旬、彼は警察庁警備局の課長補佐で、初代の極左事件総括責任者に転出する。

新左翼系の過激派、超過激派は、猟銃強奪事件や頻発する爆弾事件、さらにはこの朝霞自衛官殺人事件など、狂気の事件を連発していた。この捜査の指揮官に、公安出身で埼玉県警捜査二課で大きな実績を残した彼が抜擢されたのは当然といえた。

とはいえ週刊誌片手にたずねたこの時、数日後の彼の異動を、私はまだ知らない。それも、現職は畑違いの捜査二課長である。どんな答えが返ってくるか、とにかく質問だけでもぶつけてみようと思った。ところが、部屋にいた彼は当然というようにうなずいた。

「あれは、いい線だな。追えよ、徹底的に！」。

「なんで、そういえるの？」。

「犯人しかわからないことを知っている。それは……、言わない。良いところに目をつけたんだから、アンタ、自分で調べなくっちゃ」。

亀井の話を支局長の福井惇に伝えると、彼は即座にいった。「よしっ！　君は『プレイボーイ』の線を徹底的に洗ってくれないか」。

この夏、朝霞事件が起こる前に、私は守備の中心を県政の記者クラブに移し、教育と県議会を担当、さらに大宮・上尾両市などをカバーする、大宮市役所に置かれた記者クラブのメンバーでもあった。事件とは関係のない企画連載の記事取材や出稿もけっこうあったが、支局長の福井からは、

「他は全部、目をつぶって構わない。朝霞事件をたのむ」と指示され、さらに都内での取材については「遠慮なくタクシー使ってくれ」と言われた。

主任捜査官の断言

週刊『プレイボーイ』を発行する集英社に、私はちょっとしたツテがあった。大学の同期生が集英社に勤めていたのだ。中原一浩（ペンネーム）である。学生時代は双方の友人に共通の男がいたので、お互いの存在を知ってはいたものの、直接面識を持ったのは『東京オブザーバー』時代になってからだ。中原はなんと集英社の大森実担当編集者として、たびたび『東京オブザーバー』に出入りしていたからだった。私が退社した後は、まったく没交渉になっていた。

「まさか退社なんかしてはいないよなあ」と、祈る気持ちで中原に電話をかけると、本人が出てきた。

「久しぶりじゃない。浦和だったよねえ。どうしている？」。

「なんとかやっているよ。急ですまないけど、今晩、会えないかなあ……」。

「うーん。ひとつ入っているけど、これは変えてもらえるから。いいよ。久しぶりにやろう」。

この時、中原はピンとくるものがあったと、後で明らかにした。その夜、落ち合った四谷のバーのすみっこで、私は彼に頼み込んだ。

「お宅で朝霞事件、書いたじゃない。あの担当者、紹介してもらえない？　是非、会いたいんだ」。

「いいよ」。

「……?!」。

そんなに安請け合いしちゃっていいのか、と思っているうちに彼は続けた。

「実は、担当はボクなんだ」。

一瞬、心臓が飛び出すのじゃないかと思うほど驚いたが、後を追って嬉しさが湧き出してきた。それを押し殺すように、私はビールのグラスを一気に空けた。

その夜、中原から聞いた話には三つのポイントがあった。ひとつは、中原自身がもう何度か特捜本部から事情聴取を受けていたこと。それも「主任捜査官の高橋孝人警部自らがお出ましなんだ」（中原）という。中原に向かって高橋は、「赤坂は本ボシです」と断言した。

根拠は『プレイボーイ』誌上で、編集部（中原）の質問に「現場に1人の男が〝指輪〟を忘れてきたのだ。サツが公開した遺留品のリストには入ってないが、これは事実だ」と答えたくだりだという。捜査本部はたしかに、被害者の自衛官が左腕につけていた「警衛」腕章がなくなっていることだけは、公表していなかった。指輪ではなく、〝腕輪〟で、それも遺留品でなく遺失品であるが、「非公表の〝輪〟がある」ことは、犯人しか知り得ないことである。

高橋もまた『プレイボーイ』を何度も読み、刑事としての勘から赤坂にマトを絞ったのだ。高橋は、警備・公安事件では「埼玉に高橋あり」と評価された男で、あの「ニャロメ」の警備部長、赤塚普知雄の指揮下にあり、彼の高橋への信頼は絶大だった。いつもよれよれのレインコートを着て聞き込みに走り回るところは、刑事コロンボそっくりであった。

ふたつめは「赤坂」についてである。

「どういう男？」。ずばり聞くと、中原はかすかに笑いを浮かべ、ついで、とまどいの表情を滲ませた。

「正直言って、彼について僕が知っているのは、赤衛軍の広報担当として記事を売り込みにきた男、というだけだ。しゃべったことは、全部誌面に載せちゃったよ。独占告白取材の謝礼として二十万円払った。それから、もうひとつ。過激派の教祖と呼ばれる京都大経済学部の助手と何度か会って、革命路線について語り合い、今回の事件についても指示を受けた、とも言っていたなあ」。

京都大助手とは、その後、この朝霞自衛官殺人の関連で全国に指名手配され、十年半後の八二年に逮捕される滝田修（ペンネーム）のことだった。これまでのパターン化した左翼運動を嫌う滝田は、ならずもの集団「京大パルチザン」を結成、大学構内で角材を持って突撃訓練をするなど、派手な行動を仕掛けた。おまけにアジ演説も関西弁で押し通した。従来の新左翼革命家には見られない型破りな一面が、全共闘運動で敗北しつつあった学生たちの心を摑んだのだろう。たちまち「教祖」に祭りあげられた。

翌七二年五月三十日、イスラエルのテルアビブ空港（現・ベングリオン国際空港）で、無差別乱射事件を起こした日本人三人がいる。その一人、日本赤軍幹部の奥平剛士《つよし》は、京大工学部生だったころから滝田に心酔し、パルチザン構想の影響を受けた。

「警察は本ボシと見ているけど、筋金入りの活動家っていう雰囲気？」。

「筋金入りといわれても僕にはわからないなあ」。

「どっちかというと口が重く暗さはあるが、いっていることは筋が通っているというような……」。

私が答えると、中原は、

「どちらかといえば能弁だなあ。説得力があり、やけに明るい。信頼感はなんともいえない。ただ、言っていることは筋が通っている。信憑性が高いと判断したのはここなんだ」。

　私は言った。

「教祖に心酔し切っているなら、過激派の本スジをゆく男なんじゃないかな。会わせてくれない？」。

　中原の答えははっきりしていた。

「そっちの責任で会うなら仲立ちするよ。本人が了解すれば、だけど。学生時代からの親しい友人だと伝えておく」。

　ただし、返事は「二、三日、場合によってはもうちょっと待って。連絡法はたったひとつ。むこうからかかってくる電話を待たなきゃならないから」だった。

　もちろん、私はうなずき、最後にひとこと付け加えた。三つめである。

「わかりきったことをいうが、君自身、赤坂とのつきあいは気をつけて。コウジン（主任捜査官、高橋孝人警部のこと）も、赤坂がずばり本ボシとなれば、君を「犯人蔵匿」で追いかけるケースもあり得るからね」。

　その夜、互いの近況を報告し合い、十時過ぎに別れた。呑み屋街をはずれた少し静かな赤電話から支局にかけると、支局長が電話をとった。中原との話を報告した上で、「これから亀井のところに夜回りをかけ、中原の話をぶつけてみたいんですが」。

　亀井は中野駅前に近い警察庁の団地型四階建ての官舎に、浦和から移り住んでいた。たずねると、嬉しいことにこの日は珍しく早く帰宅しており、私の話を聞くと、「アンタは『プレイボーイ』の記者が同級生だなんてツキ過ぎだなあ。いい線、行っているよ」。

さらにいった。

「そのアンタの同級生を捜査本部は、任意で事情を聞くと同時に徹底的にマークしているはずだ。彼に記事を売り込みに行った赤坂がまた、『プレイボーイ』をかならずたずねる、金をもらいに行くとにらんでいる。ここで赤坂のメン（顔）が割れたら、それをきっかけに彼を徹底的に尾行し、住まい、実名、さらには共犯者たちを割り出しにかかる。容疑が固まったら、一網打尽だな。でも、アンタもやり過ぎるなよ。今晩、捜査本部はびっくりどころか大騒ぎしてるぜ。マークしている『プレイボーイ』に、なんと『産経』が会っている。捜査情報流されたらまずいというので、アンタもマークするだろう。赤坂に取材するのはいいが、気をつけろよ」。

十一時前、私は中野駅前から福井の自宅に電話をかけ、亀井のコメントをそのまま伝えた。福井は答えた。

「よっしゃ、警察を先回りして犯人を割り出そうじゃないか。君はなんとか赤坂と会ってほしいたのむよ」。

記者はゴールデン街のバーにいる

中原からの連絡は四日後、十月下旬に入ってからだった。昼前、「今晩どうだい？」と電話があった。赤坂が午後八時、新宿・ゴールデン街のバーを指定してきたという。中原は同席しない。私の責任で会うのだから当然だ。そこで赤坂が私とすぐわかるよう、カウンターで『産経』を読んでいてほしいということだった。

八時ちょっと前、私はカウンターに座り、ビールを頼むと新聞を広げた。カギ型のカウンターを八席が囲む小さな店だったが、客は私一人である。殺害事件のカギを握る男を待っていると思うと、やはり緊張する。新聞の活字を見つめても内容はさっぱり頭に入ってこない。いまにドアが開くのではないかと、つい入口に視線が行ってしまう。これではいけないと、手持ちぶさたの大柄なバーテンダーにしきりに声をかける。

一時間が過ぎた。しかし、赤坂は姿を見せない。本当に彼は来るのだろうか。佐世保以降、多くの学生運動のリーダーや学生と話をし、時には酒も呑んできた私は、ホンモノの活動家ならば約束を破るはずはない、かならず来ると信じ込んでいた。さらに三十分待つことにする。

しかし九時四十分、私は数人の客が入りにぎやかになり始めたバーの席を立ち、店を出た。新宿駅から浦和へ戻った。

翌日、中原から電話があった。

「昨晩、赤坂から「土屋さんと会うのを避けた」と、電話があった。八時前から店の近くに立ち、君が店に入るのを見ていたといっていた。短髪、手にした紙袋、いかにも新聞記者という感じがして会いづらくなり、逃げてしまったらしい。

あさって、同時刻、同じ場所でどうだろうか、といっているんだけど、どうする?」。

「そりゃあ、もちろん会うよ!」。

しかし、翌々日も赤坂は来なかった、店に入って三十分もたたないうちに、中原から店に電話がかかった。「本人が「会えない」といってきた。理由は警察が怖いそうだ。どうも張り込まれている感じがするので、近くまで来たけど帰ると言うんだ。最近、時々尾行されている感じがする、とも言っていた」。

後日、私も知るところとなるが、赤坂が中原を集英社に再度たずねた十月下旬に入って間もなく、同社から出て近くの喫茶店に入る二人を、中原をマークしてきた捜査員が追った。このとき撮った写真などを元に、数日後、警察は世田谷区南烏山の赤坂が住むアパートを割り出す。こうなると捜査にはずみがつく。またたく間に「赤坂」が偽名であることが判明した。すでに本人は罪をつぐない社会復帰しているので、本書ではこの件については本名を明らかにすることは避ける。川井章次（仮名）としておこう。

これも後日、私が捜査本部から事情聴取を受けた時に知り、驚いたが、私もまた中原と会って以来、警察にぴったりマークされていた。二度、新宿・ゴールデン街のバーにいたことも割れていた。もし本人と会っていたら、より突っ込んだ話を聴こうと、こちらも捜査本部の動きを、「この程度なら……」と口にしていたに違いない。口がすべれば、私自身が「犯人蔵匿」容疑などで逮捕されるケースもないとはいえず、川井に会えなかったことはむしろよかったと、胸をなでおろすことになる。

支局長、デパート配達員に変装する

赤坂本人を追う私とは別に、『産経』の取材班は特捜本部を脅かすほど、多くの事実をつかみ始めていた。現場に残されたヘルメットが、世田谷区下高井戸の日本大学文理学部近くで盗まれていたことから、稲田幸男らが日大およびその一帯を徹底的に聞き込みを始めた。すると、用務員の一人が六月下旬、大学のエレベーター内に「赤衛軍参上」の落書きがあり、夏休みに入ってこれを消したことを話してくれた。

赤衛軍は幻ではなかった。日大に実在していたのである。さらに調べると、大学公認の思想系サークル「哲芸研」（現代哲学芸術思潮研究会）のリーダーが、研究会で赤衛軍と似たようなことを盛んにぶちあげていることがわかった。リーダーは前年の七〇年、文理学部哲学科に入学した川井章次である。「哲芸研」は川井が入学直後、自ら発起人になって立ち上げたものだった。

これを亀井にぶつけてみると、「あまり急ぐなよ」。われわれは間違いなく本線に迫っていると自信を深めた。

入学願書から、川井の愛知県名古屋市の実家を割り出し、支局長の福井自ら名古屋に向かった。デパートの配達員を装って実家をたずね、川井の東京の住まいを聞き出した。

福井は、川井の住むアパートに近い家具店に頼み込み、ユニフォーム姿の店員になりすました記者を住み込ませてもらった。川井はもとより、アパートの目の前の一軒家を借りて張り込む埼玉県警の動きも、秘かにマークしていた。山城修らがこれにあたった。『産経』のこの動きを、埼玉県警は「まさかそこまで……」と思っていたようだ。ノーマークだった。

しかし、十一月十四日朝、捜査本部の面々は『産経』を見て仰天する。

《自衛官殺しは日大生　朝霞事件、近く逮捕状》、《盗まれた腕章持つ　幻のセクト、赤衛軍幹部共犯も一斉に追及》と、社会面全面を使ってのスクープ記事がそこにあった。中原は後に、自著でこの日をこう記している。

「埼玉県警のT（筆者注・高橋孝人）主任捜査官は、発狂せんばかりに激怒したという。サンケイ新聞の朝刊がデカデカと、

「自衛隊員殺害犯人、今日にも逮捕！」

とぶちあげたのである。

埼玉県警に呼びつけられた、集英社の総務人事担当であった田島常務は、その時の様子を教えてくれた。

「T警部がサンケイ新聞を叩きつけて『これは高山と中原の合作だ』と怒鳴りまくってなァ。お前のことを聞くと『中原のやったことは、国家に対する重大な反逆行為です』といってたぞ」（中原一浩『幽霊作家は慶應ボーイ』藝神出版社、一九九六年）。

『産経』の「高山」とは、他でもない私のことだった。

埼玉県警はその二日後、事件発生以来八十七日目の十六日未明、主犯の川井と日大文理学部の同級生、サークル仲間で襲撃に加わった荒川道規（仮名）を逮捕した。続いて十八日、連絡役などをつとめた共犯として、やはり日大のサークル仲間の女性二人（一人は川井の恋人）、二十四日には川井の友人二人がそれぞれ捕まり、さらにもう一人の実行犯、元自衛官、沢田正夫（仮名）が逮捕された。

沢田の自供から、現・元職の自衛官三名が、実行犯が着ていた自衛官の制服を盗んだ疑いで芋づる式に逮捕され、その後も含めると、この事件関係者の逮捕者は十一名になった。

赤衛軍の全貌

川井らの供述で明らかになった事件の全貌はこうだった。

襲撃当日の八月二十一日午後三時、川井は新宿の喫茶店に荒川、沢田の実行部隊、女性二人の連絡・サポート部隊を集め、作戦行動の再確認を行なった。六時半、川井は沢田が運転するレンタカーに荒川とともに乗り、朝霞駐屯地に向けて走り出す。女性二人は、待機場所に決めてある、現場に近い東武東上線成増駅前の喫茶店に電車で向かった。

成増駅前で川井は車を降り、荒川、沢田に「しっかりやれよ」と声をかけた。駐屯地に向かう車は、同駅に近い暗がりの空き地で一度停車。二人は、持ってきた自衛官の制服に着替える。荒川の階級章は二尉、沢田は一等陸士だった。

レンタカーは歩哨らの交替時間、午後八時三十分ぎりぎりに陸上自衛隊朝霞駐屯地正門前に着き、警衛所の前で一時停止すると、詰めていた歩哨たちは、助手席に座る二尉の襟章をつけた荒川に気がついた。そろって直立不動で敬礼、荒川がそれに応礼、車は難なく基地内に入る。数カ月間ではあったが、朝霞駐屯地に勤務したことがある沢田の案内で、正門から数百メートル離れた駐車場に車を止め、二人は下車。公衆電話から成増の喫茶店の待機組に、「侵入成功」と連絡を入れた。

作戦目的の六四式小銃と弾薬を奪うため、二人は赤衛軍の赤旗、ヘルメット、「戦斗宣言」のチラシが入ったボストンバッグを持ち、武器庫に向かって歩いたが、途中、小銃を肩にしたパトロール中の兵（陸士長・一場哲雄）が目に入る。二人にとって銃と弾薬が手に入るなら、襲う相手は誰でもよかった。

すれ違う士官服の荒川に一場が敬礼をしたそのとき、荒川が殴りかかり、沢田が柳包丁で一場の右胸を刺した。やがて一場が動かなくなったのを見て、二人は銃を持って引き揚げようとしたが、近くに落ちているはずの銃が、暗闇と深い草むらのためどうしても見つからない。時間がない二人はボストンバッグの中からヘルメット、チラシ、赤旗を出し、草むらに放り出した。また、銃を奪うことができなかったので、駐屯地侵入の証拠として、荒川は一場の左腕から「警衛」の腕章を抜き取った。

二人は侵入前に着替えをした空き地に再び車を止めて、ジーパン、Tシャツに着替え、ここで別れた。沢田はレンタカーを返すためまっすぐ新宿に、荒川は待機組の女性二人が待つ成増駅近くの喫茶店に向かった。翌二十二日午前二時、川井は新宿の深夜喫茶で荒川、沢田と落ち合う。二人の侵入から脱出までの詳しい経過報告に、川井は満足した。

取り調べとともに事件の全容が明らかにされ、川井が主犯であることがわかった。自衛隊員を直接殺害してはいなかったが、作戦の立案および指揮は彼がすべて仕切っていたこと、赤衛軍については、川井が『プレイボーイ』誌に語ったことは真っ赤なウソで、実態は日大・哲芸研を中心に川井が集めた、わずか数名のグループに過ぎなかったことが判明した。

七二年一月、浦和地裁が下した判決は、主犯、川井章次を強盗殺人罪などで懲役十八年、実行犯の荒川道規を同罪などで同十五年、沢田正夫を同罪などで同十三年だった。これには被告、検察両者が控訴、二審の東京高裁は川井懲役十五年、荒川同十四年、沢田同十二年とそれぞれ減刑、判決は確定した。

支局長の福井惇は後に、この朝霞事件を『一九七〇年の狂気――滝田修と川井章次（同書では川井の姓名は実名）』（文藝春秋、一九八七年）にまとめた。彼はその最後を、二審の〝温情判決〟への批判で締めている。

「刃渡り三〇センチの柳包丁で人を刺せばどういう結果になるか、二十歳をすぎた若者にわからなかったとは思えない。〝未必の故意〟ではなかったか、いささか疑問が残るのである」。

連合赤軍事件の半年前、すでに狂った時代はスタートを切っていた。

中原と『朝日ジャーナル』編集部員の逮捕

一方、「国家に対する重大な反逆行為」と主任捜査官を怒らせた中原は、年が明けた七二年一月「犯人蔵匿」で逮捕された。犯人と知っている川井に「逮捕されることは近い」と教え、現金一万円（中原は、独占手記とは別の「取材費」と主張）を渡した容疑で、浦和地裁は彼に懲役八カ月執行猶予二年の判決を下す。

中原はその後、集英社を退社するが、ベストセラーを生むゴーストライターとして引っ張りだこになる。プロ野球界の内幕本『プロ野球を10倍楽しく……』は二十万部も売れ、彼が手掛けた書籍は二百冊を超えると聞いた。

七二年一月、中原と同じ日に、朝日新聞社の週刊誌『朝日ジャーナル』の編集部員が逮捕された。川本三郎であった。三十八年後、この事件について『朝日』はこう書いている。

「72年1月、川本は警察に逮捕される。

取材で知り合い何度か会っていた男（筆者注・川井）が、「赤衛軍」を名乗り、埼玉県の朝霞駐屯地で自衛官刺殺事件を起こした。直後の男からの連絡で、川本はひそかに男に会って単独取材をする。その際、男が事件を起こした証拠に自衛官から奪った腕章などを預かった。後に友人に頼んでそれを焼却したことが証拠隠滅罪に問われた」（『朝日』二〇一〇年一月十三日夕刊　検証・昭和報道「若者の反乱」③ジャーナル記者の蹉跌）。

さらにこう付け加えた。

「川本はまだ入社3年目だった。事実確認や情報源の秘匿など、危うさと難しさの伴う反体制運動の取材の過程で、見誤った。

退社処分となった川本はその後、筆一本で、評論家として名をなした。かつての自らの蹉跌《さてつ》の背景について今、こう振り返る。

「全共闘運動の段階までは、朝日ジャーナルが彼らに『伴走』したことは間違っていなかったと思う。ただ、セクトが暴力を前面に出してきた時に、彼らとどう距離を取るべきか、きちんと議論をすべきだった」。

新聞社のなかで朝霞事件を先頭を切って追っているのが、『産経』だと思っていた私たちは、川井逮捕後間もなく、『朝日』がこの事件に深くからんでいたことを初めて知った。

川本は後年、事件についてこう書いている。

「一連の出来事のなかで私はなんとか取材源の秘匿というジャーナリストのモラルを守ろうとした。しかし事実の流れが錯綜していくうちにその基本的な問題から私はどんどんはがされていき、最後は「証憑《しょうひょう》湮滅」という犯罪に直面させられた。私は「記者」ではなく「犯罪者」になった。事実の流れが変わったら意味が変わった。ジャーナリストのモラルより腕章を焼いたかどうかという事実のほうが重要になってしまった」（川本三郎『マイ・バック・ページ――ある60年代の物語』河出書房新社、一九八八年。後に河出文庫）。

たしかに、取材者にとって、「ニュースソースの秘匿」は極めて重要なことである。しかし、川本が「確固たる信念を持った左翼の活動家」（同）として守った川井は、思想犯どころか単なる殺人者であり、川井をかばうことがジャーナリストとしてのモラルの範疇に入るとは、私には思えなかった。むしろ、事件直後、『朝日ジャーナル』誌上に、自衛官殺害事件を起こした自称「思想犯」のインタビュー記事を、「腕章」の写真とともに載せるべきだったのではなかろうか。

川本は懲役十カ月、執行猶予二年の有罪判決を言い渡された。


私も逮捕寸前だった?!


まるで他人事のようにかくいう私も、埼玉県警と浦和地検の取り調べを受けた。「任意で」と慇懃無礼な打診を受け、断わる選択も取り得たが、すでに中原に対する調べが始まっており、自分だけが逃げる度胸はなかった。支局長の福井も、東京本社地方部長の末永重喜ら上司も、「胸を張って言いたいこと、言ってこいよ」と、むしろ受けて立つようけしかけた。

取り調べの場所については、県警も地検も気をつかったようだ。警察は警察署内の取調室ではなく、浦和市（現・さいたま市浦和区）内にある県警の保養・宿泊所のような施設の一室に案内した。検察は浦和市内の本庁舎ではなく、出張所ともいうべき川口の区検への出頭を要請してきた。ここはメディアがまったく近づかない施設で、おかげで私が調べを受けていることを、各社に察知されることはなかった。

ただし、県警と地検では、取り調べの待遇に格段の差があった。県警は和室で、主任捜査官の高橋孝人が、本音はともかくソフトに声をかけてきた。一方の地検は、検事がゆったりと腰を下ろした机の前に、小さな木製の丸イスがちょこんと置かれ、私はそこに座るよう指示された。抑揚のない声で次から次へと質問をぶつけられた。

質問の内容はどちらも似かよったもので、二点に絞られた。ひとつは中原からどんな話を聞き、また彼に捜査状況などどんな話をしたか。もうひとつは、川井との接触状況で、電話を含めどんなやりとりがあったか、である。

前者については、中原から川井情報を聞いたものの、『プレイボーイ』に書かれた以上のことは出てこなかったこと、逆に彼に話したことは十月下旬、「県警は確実に犯人を追い詰めつつある。川井にあまり深入りするな」と告げたことだった。

後者については中原に「気をつけろよ」と言っておきながらも、「やはり事件の核心に一歩でも近づきたく、川井に会おうとしたが、そちら（特捜本部）でもつかんでいる通り、二回とも会えなかった」こと、電話での接触はまったくなかったことを話した。

県警の事情聴取の初日、調べを受けて支局に戻ると、本社から地方部長の末永が来ており、福井ともども「どうだった?!」と訊かれた。二人にその日の経過を報告すると、末永がいった。

「なんだ。つまんねえな。今晩、警察に泊まらされると思い、何かうまいもの、好きなものを差し入れするためにやって来たのに、帰ってきちゃって。明日はなんとか粘って一、二泊させてもらい、出てきたら『留置場日記』、書いて欲しいなあ」。

末永の逆説的なひとことに励まされたが、七一年春、私は中原の裁判に検察側証人として出廷させられ、証言する羽目になる。正直言ってこれは気が重かった。友人に負い目を持ちたくはなかった。証言内容は事情聴取で話した事実を超えるものではなかったが、それでも終わると、シクシクと胃が痛んだ。

記者クラブ、宝くじに当たる

「連合赤軍リンチ殺人事件」のショック、心の余震がなお続く七二年三月中旬、私自身が事件ではなくハプニング、珍騒動に巻き込まれた。事件取材とはまったく関係なかったが、いくぶん記者のあり方にかかわるトラブルだったので、ふれておこう。

それは、宝くじの一等（八百万円）が当たってしまったのである。正確にいえば、私も所属していた大宮市記者クラブに、第一勧業銀行（現・みずほ銀行）大宮支店がプレゼントした宝くじ二十枚（二千円）のうちの一枚が、一等に当たってしまったのである。

記者クラブ員は『朝日』『毎日』『読売』『産経』『日経』『埼玉』、共同通信、NHKの八社、十名。新聞記者は取材にあたって「金品ないしこれに類するものを受け取ってはならない」ことは、社を問わず誰もが記者の第一歩として心得ていた。

二千円の宝くじをもらったのはその一週間前で、この程度の額なら許容範囲内だったが、化けて八百万円になると、どえらい大金になって、「とても受け取れるものではない」。クラブは銀行に伝えた。

だが、銀行の返事はつれなかった。

「差し上げたものですから、いまさら引き取るわけには参りません！」。

大宮支店は、すでに本店に「完売」と報告済みだった。もし、引き取って「実は一等は銀行内に……」などと言い出したら、重大な責任問題が起こるのは必至である。だから銀行側も必死で、

「絶対、受け取れません！」。

両者押し問答のあげくに、銀行側が恐る恐る提案してきたのは、「あの時、購入されたことにして、代金二千円をいまお支払いいただくのはいかがでしょう……」。

「うーん……」。思わず八百万円を十人で割って一人八十万円（当時の大卒初任給は約五万円）とは

じき、その大きさに生ツバを呑んだのは、私だけではなかったはずだ。しかし「当たったのが分かってからそんなことできっこないですよ！」。私もまた正論を持ち出さざるを得なかった。

日を改め外部の人を締め出して開いたクラブ総会では、「山分けしちゃおう。見つかったらそれまでだけど……」なんて気楽に構える記者が二人いた。両記者ともに定年間近で、その気持ちは若い私にも十分理解できたが、結局は何人かの記者と一緒に、「寄付すべき」であると、ちっともおもしろくない提案をし、それに決まってしまった。

寄付先などそこから先の討議は支局長会にまかせた結果、埼玉県の民生部を通し、福祉施設のために使われることになった。

《記者クラブに贈られた宝くじが八百万円の大当りだったので》、間もなくこんなタイトルのついた始末記が『週刊新潮』（一九七二年四月八日号）に載った。

記事は最後を、私たちへのおちょくりでこう締めくくっていた。

「各社とも、この涙ぐましい美談を一行も記事にしなかった。自分らの美談をフイチョウせぬのが、ブンヤ魂の由である。記事どころか、みなさん、このことを奥さんにも内緒、飲屋で飲んでも、このことのグチは一言たりともこぼさず——歯をくいしばって、ヤジ馬の目をのがれていたらしい……」。

第六章　世界規模のテロ

一　『夕刊フジ』報道部へ

一九七二年という年

わが国にとって一九七二年という年は、「まさか……」と思われることが続く、意外性に富んだ年であった。

一月にグアム島の密林で元日本兵横井庄一を、戦後二十七年目に救出、二月の札幌冬季オリンピックでジャンプの日の丸飛行隊が金・銀・銅を総取りした頃は、明るい年になるのではと期待を抱かせたが、そうはいかなかった。

札幌五輪直後の二月下旬には、米大統領ニクソンが中国を電撃訪問（ニクソン・ショック）、また浅間山荘事件が起き、連合赤軍による大量リンチ殺人事件が明るみに出た。四月にはノーベル文学賞受賞者の川端康成が自殺、そして五月、沖縄が米国から返還され沖縄県が発足するが、その月末には世界を恐怖に引きずり込む自動小銃乱射事件を、日本人が起こした。

五月三十日午後十時（現地時間）、イスラエルのテルアビブ国際空港（現・ベングリオン国際空港）

に、パリ発ローマ経由のエールフランス機で到着したばかりの奥平剛士（二十七歳、京都大生）、安田安之（二十五歳、同）、岡本公三（二十五歳、鹿児島大生）の三人が通関ホールで、乗降客や警備隊めがけて自動小銃を無差別乱射、手投げ弾を使って二十六人を殺害、七十三人に重軽傷を負わせた。

奥平は前述したように、京大助手の滝田修を信奉する武装闘争派で、赤軍派中央委員に名を連ねていた。前年の二月、後に日本赤軍をリードする重信房子と偽装結婚、レバノンに向かう。奥平はPFLP（パレスチナ解放人民戦線＝テロ活動など過激な闘争を展開、当時は日本赤軍、ドイツ赤軍を支援、現在も中東和平交渉に反対する）の軍事訓練所で鍛えあげられていた。

テルアビブ空港襲撃は、PFLPがたてた作戦で、その実施を奥平ら日本人グループに要請、奥平はこれを受けた。決断した背景には、かつて自分が加わっていた赤軍派が浅間山荘で敗北したばかりか、大量リンチ殺人事件まで起こしていたことへの絶望、怒りがあったのではなかろうか。森赤軍の汚名を、パレスチナで自分たちが世界革命戦士として華々しく散ることで晴らす。そんな覚悟があったように思えてならない。

作戦終了後、奥平と安田は手榴弾で自爆死し、岡本は現場で警備隊に取り押さえられ、裁判で終身刑が確定した。

事件直後、警察庁警備局で極左事件総括責任者を務めていた亀井静香を訪ねると、「奥平らの動きをまったくつかんでいなかった」と言い、さらに旧赤軍派をはじめとする残党が、まだ数人以上パレスチナに潜伏、PFLPの支援を受け、今後も海外でテロやゲリラ活動を起こすこともあり得るのではないか、と顔を曇らせた。

この直後の七二年七月、在任七年余の佐藤栄作首相が降り、田中角栄が後を継ぐが、それを追うように埼玉県では初の革新知事が誕生する。お隣りの東京で美濃部革新都政が出発して五年後のことだった。

知事選は社会、共産両党が推薦する衆議院議員（社会党右派）、畑和《はたやわら》と、自民党が推す大野元美の闘いとなったが、「大野がぶっち切りで勝つ」との前評判が立つほど、大野は畑に大きな差をつけて走っていた。

私は「畑番」を命じられ、負け戦が見えてきた畑陣営の担当となった。ところが投票箱を開けてみると、畑が勝ってしまった。理由は「初の革新県政実現を」のスローガンに、「埼玉都民」といわれる県民の多くがとびつき、また自民党内が大野・反大野に分裂し、自壊作用を起こしたこともあった。

もっとも畑は、就任後、だんだん革新色を薄め、二期目の途中、七九年には社会党を離党、その後の知事選は無所属で勝ち続け、五期務めた。

なお、「三角大福中」（三木・田中・大平・福田・中曽根）のトップを切って総理・総裁の座に就いた田中を国民は歓迎、内閣支持率は六〇パーセントを上回り、メディアは「庶民宰相」「コンピュータ付きブルドーザー」とはやしたてた。

知事選直後、支局長の福井から突然、告げられた。

「君について、本社から異動の打診があったよ。八月だ。受けたけど、いいよな」。

一生、地方記者を覚悟していた私は、とっさに答えを返すことができなかった。「ありがとうございます。嬉しいです」。しばらくたって口から出てきたのはこれだけだった。福井が付け加えた。

「社会部はもちろん、政治、経済、君の行きたい部に推薦する。ただ、僕なら本紙（『産経』）より『夕刊フジ』をすすめるな。紙面が実に面白い。切り口がみずみずしく、人間臭さを品よく伝えるセンスがある。事件も追っているし、僕からしては残念だけど、本紙社会部の上を行っているよ」。

私にまったく異議はなく、往き先はその場で『夕刊フジ』と決まった。

人間くさい新聞をつくろう

八月早々、私は『夕刊フジ』編集局報道部に異動した。福井もまったく同じ日、地方部次長として本社に戻った。

当時、『夕刊フジ』編集局が陣取っていたのは東京・大手町の産経ビル三階、『産経』編集局に隣接した、うなぎの寝床のような決して広くない部屋だった。

創刊（六九年二月）時の世帯は編集、営業（広告）、販売すべてひっくるめて赤穂浪士と同じ四十七士。営業、販売は別のフロアに陣取っていたので、部屋は編集の独占、この広さで十分だったのだろう。

しかし三年半経ったその頃は、右肩上がりに発行部数を増やし、それに応えてページ数を増加させていた時期で、紙面づくりの人員も増えていた。かくいう私もその増員分のひとりで、初出勤の日、記者であふれかえる編集局に仰天した。

編集局は出稿部門の報道、運動、学芸、写真の各部、その原稿を受ける編集整理部門の整理部があった。この一室では収まりがつかなくなり、私が赴任して半年も経ったころだろうか。二階に移転した。編集局は各部を合わせると八十人近くいたはずである。それでも新居はかなり広く、他のフロアにいた営業部や販売部門も一カ所にまとまることができた。

出社した私が最初にしたのが、二人の上司へのあいさつだった。一人は『夕刊フジ』代表の永田照海。『産経』大阪編集局長時代に新夕刊発行プロジェクトのトップをまかされ、その時以来の総指揮官だった。小柄な割にはびっくりするような大声を出した。

もう一人は、永田から新夕刊の紙面づくりをまかされ、『夕刊フジ』に仕立てあげた実践部隊長、山路昭平編集局長だった。明治・大正期に活躍したジャーナリストで歴史家の山路愛山の孫で、父親も大阪産経の編集局長を務めている。いわば新聞のインクの香りの中で育ったような新聞人にもかかわらず、初対面の時はなかなかソフトな紳士の趣を感じたが、その私の見方は甘かった。山路は紙面づくりで遠慮なく雷を落とした。

すでにご本人は亡くなり、創刊して半世紀が近づくいまでも、山路は「ミスター夕刊フジ」と呼ばれ続ける。山路は『夕刊フジ』の紙面づくりの背骨をかためた。

『夕刊フジ』に足かけ二十年在籍、編集局長も務めた馬見塚達雄は、山路から聞いた決断の瞬間を綴る。

「人を描く、人間くさい新聞にしたらいいんじゃあないか。事件、政治、スポーツ、文化、芸能、どの分野でもつねに本音をついた人間中心の読み物にする。読者がいちばん関心をもつのは、結局ヒトにつきるのだからと腹をくくったんだ。大阪産経の社会部で、事件の主人公やその周辺にいた人物にスポットをあてた企画ものが好評だったことも頭にあった」（馬見塚達雄『「夕刊フジ」の挑戦——本音ジャーナリズムの誕生』阪急コミュニケーションズ、二〇〇四年）。

「名文」はいらない

しかし私にとって、そう簡単にコトは運ばなかった。報道部の一員になると、一面向けのニュースを追い、作家、俳優らへのインタビューを「ひと・ぴいぷる」に書き、体験ルポルタージュを見開きでまとめる「WIDE」面取材にも走らなければならなかった。

しかもニュース取材は、デスク役の報道部長、中川朗の指示通りに追いかけるものの、いざ原稿用紙を目の前にすると、しばしば立ち往生した。どう書き出したら人間臭さがほとばしるのか、どう展開したら本音を伝えられるのか、恰好をつけようとすればするほど鉛筆を握る手はフリーズした。

やっとできあがっても何度も書き直しを命じられ、時には中川がちょちょいのちょぃと手を入れると、まるで出来の違う仕上がりになった。もはやそこには、書き手であるはずの私の痕跡はほとんどなかった。一面に挑戦できたことは嬉しかったが、自分の力のなさに侘しさが膨らむばかりだった。

それに比べまわりの先輩たちは、取材から戻るとイキイキと鉛筆を走らせ、できあがりは速い。創刊時に東京・大阪両本社から集められた選り抜きの書き手といわれるだけあって、ユニークに切り込み、キラキラ光る文章に仕上げた。

みんなにどうやったらついていけるのだろうか。悩み始めた時、私を取り巻く環境がガラリと変わることが起こった。中川の編集局次長昇任とともに本紙の社会部次長、細谷洋一が、報道部長に異動してきたのである。細谷は、私が浦和で指導を受けた福井と双璧といわれた事件記者で、警視庁記者クラブ時代は福井が捜査一課、細谷が捜査二課を担当、『産経』の黄金時代を築いた話は有名だ。

細谷はしばらく、私の仕事ぶりを黙って見ていたが、ある日、昼飯に誘ってくれ、喫茶店でこう言った。「山路さんをはじめ中川さんや報道部のみんなが君に期待しているのは、大向こうをうならす名文を書くことじゃない。浦和と同じように、事件で特ダネを取ってほしいと期待している。スクープで勝負してくれないか」。

絶望感が膨らんでいた私には、嬉しい誘いであった。

警視庁記者クラブにも入っていない記者が事件で特ダネを抜くためには、自分でそのネタを仕込まなければならなかった。ということは取材の対象をかなり絞り、網をかける必要があった。私はそのターゲットを日本赤軍に絞った。

理由は二つあった。ひとつは重信房子ら日本赤軍の出す声明などを見ていると、テルアビブ事件に続いて、今後もなお事件を起こしてもおかしくない、と判断していたからだ。ふたつめは、この海外を舞台にする日本赤軍について、日本の警察の情報収集力は決して高くなかった。テルアビブ事件に対して警察庁の亀井静香が、「それまで奥平のことはまるでつかんでいなかった」と言ったことが、それを物語る。一方、私は海外の日本赤軍情報を得やすい立場にいた。

情報を得たのは、オランダ『テレグラフ』紙の特派員ランベール・ファンベールスからだった。『東京オブザーバー』時代に、東京・有楽町の外国人記者クラブ（日本外国特派員協会）で人の紹介で知り合い、その後つきあいを続けていた。テレグラフ社のパリ特派員（雑誌担当）がファンベールスと親しい間柄で、彼はその頃、パリを中心にヨーロッパに姿を見せ始めた日本赤軍の動きをフランス政府を通して聞き込み、ときどき東京のファンベールスに流していた。

ファンベールスはその情報を、「ちょっと面白い話が入ってきた」と、私に教えてくれていた。

漁船で聞いたミュンヘン事件

七二年九月五日、ミュンヘン事件が起こった。その日の朝、パレスチナ・ゲリラの「黒い九月」が、ミュンヘン・オリンピック選手村に潜入、イスラエルのコーチと選手の二人を殺し、九人を人質にして、イスラエルで投獄されている二百三十四人の仲間を釈放するよう要求した。二百三十四人のなかに、テルアビブ空港乱射事件で無期懲役の判決を受け服役中の岡本公三がいた。「岡本」の名前を聞いた時、出番がやってきた、と私は思った。私がどう対応したかは後回しにし、その後の事件を追ってみる。

事件発生を受けて、イスラエル政府は一切妥協することなく犯人の要求をはねつけ、全権限を情報機関「モサド」に委ねた。ただちに「モサド」の長官は西ドイツの治安当局に対し、「自分たちにまかせてほしい」と申し出る。しかし西ドイツはこれを断わり、自分たちで事件の解決をはかろうとした。

選手村に立て籠っていた犯人たちは、飛行機でエジプトのカイロへ脱出することを要求、西ドイツ当局はこれを受け入れた。ところが当局は、選手村を出た犯人、人質らが空港に向かう途中、バスからヘリコプターに乗り換える瞬間をねらって犯人を狙撃、人質を救出する作戦を立てていた。

しかし、急遽編成された西ドイツの狙撃チームは、たいした訓練を受けておらず未熟だった。犯人が人質とともに逃亡用のヘリコプターに乗り込もうとした瞬間、チームはいっせいに発砲したが、犯人全員を倒すことができず、彼らはヘリコプター内に籠って激しく応戦、結局、九人の人質全員と警察官一名が死亡した。八人いた犯人も、銃撃戦で五人が射殺され、残りの三人は逮捕された。

実は、この事件発生を私が知ったのは五日夕方、北海道厚岸《あつけし》漁港の岸壁に繋がれた小さな漁船の上で、ラジオ・ニュースによってだった。慌てて漁協の事務所に走り、編集局に電話をかけると、居合わせた細谷が出てきて言った。「岡本の名前が出ているが、犯人たちは目出し帽をかぶっていて、なかに日本人がいるかどうかつかめていない。西ドイツが強攻策に出るのかどうかも、まだわからない。事件のフォローはミュンヘンの現場にいる荘太郎にまかせるから、キミはそのまま取材を続けてくれ」。

「荘太郎」とは、創刊メンバーの石川荘太郎である。ミュンヘン・オリンピック取材に、『夕刊フジ』からカメラマンの西出義宗とともに特派されていた。石川は東京外語大ボート部の出身、小柄な身体はコックス（舵取り役）にぴったりだった。ローマ五輪（一九六〇年）出場決定戦で惜しくも東北大に破れ、出場を逃した。『産経』に入社後、ヨーロッパに留学経験もあり、事件現場のミュンヘンも、彼にとってはかって知ったるわが家の庭みたいなものだったのだろう。

なんで私は、この時、北海道にいたのか。この数日前、体験ルポルタージュを見開き二頁にまとめる「ＷＩＤＥ」面のデスク、宮崎健からこういわれた。

「ここ数年、まったく不漁だったサンマが今年、突然獲れだした。北海道では大漁続きらしい。サンマ漁船に乗ってくれないかな。キミは太平洋を船で渡ったことがあるんだろう。客船よりだいぶ小さいけど、キミなら多少揺れても酔うことはないだろう」。

おだてに乗って厚岸までやってきたが、なんともついていなかった。日本赤軍がからんでいるかもしれない事件の動きをラジオで聴きながら、カメラを首に下げて揺れる狭い船内を動きまわり、網を下ろしたり上げたりする漁にシャッターを切り、メモを取る。ちょっと気分が悪くなってきたので、船に酔う前に酒に酔っちゃえと、酒を口にすると、目の前がクルクルまわり、もうとても立ってはいられず、ヘタヘタと船底に座りこんだ。

初の日本人ハイジャック犯

七三年七月二十日深夜（日本時間）、オランダのアムステルダム空港を離陸した日本航空404便のジャンボ機が、間もなくハイジャックされた。同便はパリ発アムステルダム、アンカレッジ経由羽田行き、乗客百二十三人（うち日本人百十四人）、乗員二十二人の計百四十五人が搭乗していた。

事件が起きたのは、同機がアムステルダム・スキポール空港を飛び立ち、水平飛行に移った時だった。ファーストクラスに座る外国人女性が席を立ち、螺旋階段を上がって、二階のラウンジに入ったその時、大爆発音が女性を襲った。彼女の接客にあたっていたラウンジのチーフ・パーサーが重傷を負った。女性は死亡する。彼女は犯人の仲間で、持っていた手榴弾が誤爆したらしい。

ここで犯人グループは動き出す。間もなく四人の男が同機を乗っ取り、アンカレッジに向かう同機を機長に命じてUターンさせた。南下を続ける同機は、スイスからイタリアを抜け地中海を渡り、アラビア半島ペルシャ湾沿岸のアラブ首長国連邦のドバイに着陸する。

日本人乗客のなかには、高齢者向けのツアーの参加者も乗っていた。ロンドン、パリ、マドリードなどを時間をかけてゆったりまわるぜいたくな旅で、通常より格上の食事が用意され、ワンランク上のホテルに宿泊するなど、定年退職者の夫婦に人気があったという。医師も同行していた。そして最後に立ち寄るアンカレッジでうどんでも食べて一飛びしたら、東京（羽田）だった。

参加者の多くが楽しかった旅行を振り返り始めたとたん、突然ハイジャックに巻き込まれた。全員が手を頭上にのせて組むように命じられ、二十一日午前七時四十五分（日本時間）、ドバイ到着まで八時間近く、この姿勢を取らされるハメになった。

二十日の晩遅く編集局に泊まるつもりで上がってきた私は、早々に事件の発生を知ったが、犯人が誰か、日本人が入っているのか、いまどこを飛んでいるのかさえさっぱりわからない。「朝を迎えればなんとかなるだろう」と期待して、私は部屋の一角にある当直用のベッドに潜り込んだ。

翌二十一日朝、警察庁などに入った情報でいくつかのことが明らかになった。ハイジャックされた日航機はドバイ空港に無事着陸したこと。乗客にケガ人、病人は出ていないこと。着陸する前、犯人グループは無線を使って、テルアビブ空港乱射事件で服役中の岡本公三の釈放を要求したことから、犯人に日本人が含まれている可能性が出てきたこと。着陸後、犯人たちは「被占領地の息子たち」、「日本赤軍」と名乗ったことから、日本人が犯行に加わっている可能性がさらに高まったこと、などだった。

私は羽田の日航オペレーションセンターに向かった。通称「オペセン」と呼ばれる同センターは、事故・事件が起こると、日航の記者会見場としても使われた。今回の会見では、当初は機内で起こった事件経過、クルーが見た犯人、特に日本人犯人と思われる人間の特徴などについて、様々な質問がとんだが、詳細はわからなかった。

一方、ドバイ空港は膠着状態に陥っていた。アラブ首長国連邦の国防相が、犯人に対して「どんな要求にでも応じるから婦女子を解放せよ」と呼びかけたが、彼らの答えは「指令を待っている」

だけだった。

ハイジャック機がようやく飛び立ったのは、三日目の二十四日午前五時五分（日本時間）だった。シリアのダマスカス空港に立ち寄り、燃料と飲料水の補給を受けて再び離陸、リビア北東部のベンガジ空港に降りた。同機が滑走路に止まって約八分後、大音響とともに機体が爆発し、炎に包まれた。

着陸直前、乗客は「降りたら機体をただちに爆破する」と告げられていたので、同機が着陸すると、全員が非常口に用意された脱出用シュートを使って滑り降りた。乗客が機体から五百メートルほど離れたとき、オレンジ色の火柱がたった。全員（誤爆した女性犯人をのぞく）無事だったが、彼らの旅行荷物はすべて一瞬の爆発音とともに消えた。

まもなく、犯人の一人が日本人であることがわかった。丸岡修、大阪生まれの二十二歳。大阪、京都両大学工学部受験に失敗、通った京都の予備校の講師に教祖、滝田修がいたといわれる。繊維企業に就職するものの、一年半後の七二年三月、何を思ったか突然会社を辞め、両親に「外国で勉強したい」と言い残して、四月中旬、アテネに旅立った。

丸岡が向かったのは、ベイルート郊外のＰＦＬＰの軍事訓練所だったようだ。岡本公三の証言によると、丸岡はここで奥平剛士、安田安之、それに岡本と合流する。

テルアビブ空港襲撃作戦は当初、丸岡を含めた四人の日本人で決行する計画だったが、丸岡はゲリラ組織から別の指令を受け、グループからはずれたと、岡本は供述している。

なお、リビアでは日航機爆破後、ゲリラたちは投降したが、逮捕されることなくリビアの友好国経由で国外逃亡を果たしたようだ。丸岡はこの後、日本赤軍の軍事部門を担うリーダーとなる。

ドバイ日航機ハイジャック事件直後の八月八日、韓国野党のリーダー金大中（後に大統領）が、在日韓国大使館員の指揮のもと韓国中央情報部員らによって、宿泊先の東京・九段のホテルから拉致され、五日後、ソウルの自宅近くで解放されるという事件が起こった。

日本赤軍のシンガポール襲撃

ドバイ日航機ハイジャック事件から半年後の七四年一月三十一日、日本赤軍はまたもやPFLPと組んでシンガポール事件を起こした。

同日午前、四人の男が釣り客を装って小船をチャーター、シンガポール本島から十二キロ南西のブクム島に上陸し、シェル石油の石油タンク三基にプラスチック爆弾を仕掛けて爆破した。シンガポール政府の発表は、「一基炎上、二基小破」だった。

四人の犯人は、岸壁に停泊中の同製油所従業員用フェリー「ラジュー号」を襲い、乗組員五人を人質にとって、シンガポール政府に対し、国外脱出用の飛行機を用意するよう要求した。さらに乗っ取った「ラジュー号」に魚本藤吉郎駐シンガポール大使が乗船し、国外に出るまで人質になるよう求めた。この時、彼らは「われわれは日本赤軍とPFLPである」と明かした。犯人四人は英語とアラビア語を話したが、うち二人は日本人らしかった。所持していた武器はピストルとプラスチック爆弾とみられた。

犯人の要求に対し魚本大使は、チャーター船で乗っ取られたフェリーに近づき、拡声器を犯人たちに向けた。「シンガポール政府は君たちの安全を保障するといっている。武器を捨てて出て来るように……」。

　犯人たちは答える。

「われわれはミュンヘンで学んだ。飛行機に乗るまで人質は解放しない。武装解除もしない」。

　パレスチナ・ゲリラが「ミュンヘンで学んだ」のは前述した通り、ミュンヘン・オリンピック期間中に選手村をアラブ・ゲリラが襲撃、西ドイツ政府を信じ、ヘリコプターで空港に向かった。ところが途中、約束を破り強攻策に出た西ドイツ側によって、ゲリラ側は八人の兵士のうち五人を失い、その結果「決してだまされない」がミュンヘンの教訓となった。

　ゲリラの警戒心の壁は容易に低くはならなかった。最初の二日間は犯人側の要求に沿って食事を差し入れたものの、催眠剤や毒が入れられていることを警戒したのだろう、いっさい手をつけなかった。事態はいっこうに進展しなかった。原因のひとつは、シンガポールと日本では犯人の取り扱いについての考え方が異なり、両国間の交渉が進まなかったことである。

　シンガポールは早々に、「アラブ圏への脱出用飛行機の手配」という犯人の要求を呑み、「安全な国外脱出を保障する」ことを明らかにした。一方、わが国はシンガポール政府の意向は無視できないものの、ゲリラの言いなりになって、武装したまま日航機に乗せて国外脱出させることは避けたかった。

　テルアビブ事件、ドバイ事件、そしてシンガポール事件と続けて日本人が起こすゲリラ事件を、欧米大衆紙は「卑劣な日本人のカミカゼ精神」と罵った。このままでは、わが国はゲリラ特攻隊の養成国と、国際的な非難を浴びかねず、最後の一線ともいうべき「武装解除しなければ飛行機は用意できない」の一点を、日本政府は訴え続けた。

東京で事件を追うわれわれにとって、膠着状態に陥った現地から情報が途絶えたことは辛かった。各社の記者をイライラさせたのは、事件の犯人四人のうち二人の日本人ゲリラの名前が、まったくわからなかったことだ。

警察庁警備局で責任者として過激派をマークする亀井静香にたずねても、よい返事はなかった。「シンガポールの警察があまり協力的でない、と警察庁の現地派遣組がこぼしている。二人はまだ割れていないよ。ブントなど国内過激派の出身じゃないかもしれないな」。

ドバイ事件同様、羽田の日航オペレーション・センターに報道窓口が開かれ、記者会見や現地の状況説明がたびたび行なわれたが、こちらも三日も経つと、「お知らせすることは特にありません」が増え始めた。

「なんとかならないのかなあ」。まさにわれわれがイライラを募らせたその時、事件発生一週間目の二月六日、日本赤軍とPFLPを名乗る別部隊が、クウェートの日本大使館を占拠した。現地時間正午前、クウェート外務省が入るビルの四階にある日本大使館に、五人のゲリラが押し入り占拠、石川良孝大使ら館員十六名を人質にとり、立て籠ったのである。犯人は「日本赤軍」の名も使ったが、五人ともパレスチナ人であることはすぐに判明した。

彼らは占拠直後の午後六時過ぎ（日本時間）、大使館のテレックスを使って東京の外務省あて、英文の要求書を送ってきた。

「日本政府は直ちに、かつ公に、航空機をシンガポールに送り、四人の英雄を武装解除せず、人質とともにクウェートに運ぶよう命令を出さねばならない。

日本政府はこのメッセージを受領した後一時間以内にこの命令を発しなければならず、しからざればまず人質の大使館二等書記官が処刑されるだろう」(『朝日』一九七四年二月七日朝刊)。

シンガポールで日本政府の対応に手を焼いたゲリラは、今度は要求実現のため、しっかりと「時間制限」をつけてきた。日本政府は田中角栄首相、大平正芳外相、二階堂進官房長官がただちに対応を協議、「大使館員の安全をすべてに優先させる」立場から、ゲリラの要求を全面的に呑むことを決め、その旨をゲリラ側に伝えた。それまでの「武装解除しない限り飛行機は飛ばさない」との政府の強硬な姿勢は一転、「無条件で飛行機に乗せる」ことになった。


ゲリラ側は期限にさらに条件をつけてきた。

「二十四時間以内(起点は六日午後九時四十分・日本時間)にシンガポールのゲリラと人質を乗せた航空機をクウェートに到着させるようにせよ。この要求がいれられない場合は人質を処刑する」(『朝日』同)。

ゲリラ側が要求するクウェート到着時間は日本時間で翌七日午後九時四十分。日本航空は航続距離の長いDC8-62型機を特別機として、七日午前三時に、羽田からシンガポール・チャンギ国際空港に向かわせることになった。飛行時間は東京―シンガポール間七時間二十分、シンガポール―クウェート間九時間四十分、あわせて十七時間、これにシンガポールでの離陸までの待機時間を考えると、二十時間を超えかねない。これではとても間に合わなかった。

ゲリラ側もこれを承知してか、日航機が羽田を離陸後、外務省にクウェート到着の期限の変更を伝えてきた。日本時間で「八日午前十一時」になった。

それでも、これでほっとするわけにはいかなかった。クウェート政府が、ゲリラを乗せたシンガポールからの飛行機の着陸を認めるわけにはいかない、と日本政府に対し通告してきたからである。日本大使館を占拠したゲリラ五人は、安全に国外に退去させることを明らかにしていたが、シンガポールで事件を起こしたゲリラ四人がクウェートに立ち寄り、五人に合流することは認めない、というものだった。

しかし、時間的余裕はなかった。七日午前十時、シンガポール・チャンギ国際空港に到着した日航特別機に、八日間、フェリーに立て籠ったゲリラ四人が武器を持ったまま乗り込んだのは、なんと十一時間後の午後九時過ぎ。日本政府関係者、日本航空の役員や二編成のクルーら計二十名が「人質」として搭乗、やっと飛び立った。

特別機DC8－62型機は八日早朝、クウェート国際空港に着陸した。クウェート政府は、人質になっている石川大使ら大使館員の救出を最優先することに同意、特別機の着陸を許可した。

同日夕、ゲリラの受け入れに同意した南イエメンに向けて特別機は飛び立った。同機は、シンガポール組四人、クウェート組五人、あわせて九人のゲリラ、それに日本政府関係者ら人質を乗せていた。南イエメンのアデン空港に着いたのは午後八時、九人のゲリラは南イエメン政府による簡単な調べを受けた後、出迎えのパレスチナ・ゲリラ関係者に連れられて姿を消した。

この時点で、私たちの関心は「いったい誰なんだ?!」と、日本人ゲリラ二人の身元へと移っていく。私もそれを追いかける一人だったが、警察筋、活動家筋、いずれも何の手がかりも得られず、正直言ってお手上げの状態だった。

割り出された日本人ゲリラ

ところが、「これはおもしろい」ととびつきたくなる情報が、意外なところからもたらされた。十三日の朝だった。早出番の私がセンターデスクに座って原稿を書いていると、背後から声がかかった。

「土屋君、話しておきたいことがある。後で、ちょっと」。

慶應の大先輩、鈴木宣重であった。鈴木は『産経』の社会部長を務めた後、夕刊フジの創刊にもたずさわり、この時はすでに母校の新聞研究所で教壇に立っていた。出稿が一段落した私に、鈴木は言った。

「シンガポールのシェル石油襲撃事件。君、追っているんだろう？　日本人ゲリラの正体、まだつかめていないようだけど、実はね、かつて教えたOB学生らの何人かが現地からの写真を見て、リーダー格の日本人を「ヤツに違いない！」と言いだしたんだ。どうだ、君自身で洗ってみないか」。

「ありがとうございます」。私はとびついた。学生の話にもとづき、鈴木が調べあげた「ヤツ」とは、和光晴生、二十五歳。宮城県仙台市の出身で、仙台三高卒業後、六八年、慶大文学部に入学するものの、七〇年三月三十一日、奇しくも「よど号」ハイジャック事件の日に退学している。

他の慶應OBをたずねると、「慶應への米軍資金導入反対闘争（六八年）のとき、彼は日吉キャンパスの文学部自治会の委員として活動し、旧赤軍派系の活動家たちとも接触していた」、「当時、〝外人部隊〟として慶應に出入りしていた他大学生の一人と、昨年暮に渋谷で偶然会ったが、そのとき彼は、和光はアラブに行っている、と言っていた」などの証言を得た。

また、和光の人脈を辿ってみると、浅間山荘事件を取り上げたり、日本赤軍や重信房子にスポットをあてた「赤軍――ＰＦＬＰ・世界戦争宣言」の映画作品を作った若松孝二監督のもとに、退学する以前から出入りしていたことがわかった。この若松人脈につながるのが、シナリオライターの足立正生《まさお》だった。足立はパレスチナの重信房子と日本の支援者らを結ぶ〝レポ役〟といわれたこともあり、今回のシンガポール事件でも、警視庁公安部の家宅捜索および事情聴取を受けていた。

これらの情報で、私は「和光にほぼ間違いない」と確信した。報道部長の細谷は「九〇パーセント〝本ボシ〟」と判断した。「あとの一〇パーセントは……」と言いかけた私は気がついた。「宮城の実家に行ってきます」。午後、上野から特急で仙台へ向かった。和光の実家は仙台と石巻を結ぶ仙石線沿線の塩釜にあった。

午後九時、やっと着いた塩釜は深い雪の中にあった。むかう和光の実家は松島湾とは反対の山側にあり、坂道を雪を踏みしめながら上らなければならない。カーブする道は氷結していて滑りやすく、上りにとりかかって間もなく、このカーブで足を大きく踏みはずし、そのまま滑って路肩から崖下へと落ちた。落下先は民家の勝手口近く、見上げると三、四メートルは落とされたようだった。何軒かの民家の間を抜け、大きく迂回して元の道に出、ようやく和光の実家に辿りついたのは、午後十時近くだった。

田舎では、もはや深夜といっていい時刻である。おそるおそるノックし声をかけると、実直そうな父親が出てきた。

「たしかに、うちの三男によく似ています。千葉にいる長男からは心配して長距離電話がかかってきたし、仙台にいる次男もかけつけてきた。慶應を中退したあと、過激派のシンパのところで働いていたこともあります。万一、犯人だったら、世間になんとお詫びしていいのか」。絞り出す沈痛な声で、聞くのが辛かった。

塩釜駅前の公衆電話から会社にかけると、細谷が待っていた。報告を聞いて細谷はいった。「一〇〇パーセントいける！　ご苦労さん」。

大先輩がいたからこそだったが、日本赤軍がらみで他紙を抜くことができた。

しかし、今さらながらではあるが、私は和光の父親と家族に謝っておかねばならない。初対面の際、まず口をついて出たのは「慶應のＯＢです……」。『夕刊フジ』『産経』にふれたのは、だいぶ話が進んでからだった。ひとことでも多くホンネが欲しいという見えすいた魂胆が、この時を思うたびに情けなかった。

その後間もなく警察は、もう一人の日本人ゲリラは山田義昭、二十五歳であることを明かした。山田は富山県南砺市の出身で、高校卒業後、大学受験に失敗、東京都内の精密機械メーカーに勤めるが、七三年に初めて訪れたパリで日本赤軍入りする。

二　ヨーロッパの日本赤軍

幻のスクープ

七四年九月上旬のある深夜、組みあがったばかりの翌日一面のゲラを前にして、私は興奮を抑え切れなかった。

《近々、オランダでゲリラ作戦、日本赤軍に準備説浮上》

《奥平弟、兵志願してすでに出国か》

二本の主見出しがついた原稿は日本赤軍の襲撃予告記事。前章の朝霞自衛官刺殺事件のように犯人について《一両日中にも逮捕》と打つスクープは珍しくなかったが、他国を巻き込んだ事件、しかも犯行の予告は極めて異例、それだけに追いかけてきた記者としては緊張し切っていた。

正確にいうと、ゲラを前にソワソワしていたのはもう二人いた。一人は報道部長の細谷洋一である。

通常、上司が判断をするなら、こんなリスクの大きい原稿にOKを出すはずはなかった。なぜなら書かれた日本赤軍からすれば、記事が正確であればあるほど作戦の変更をせまられる。もし「中止」となれば、書いた新聞は空振り、早とちりになり、「大誤報」と笑われても、ただ頭を下げるしかない。

なのに細谷は、原稿を渡した段階であっさり「ゴー」の判断をした。「何があってもオレが責任を持つ。心配するな」。

胸を熱くするもう一人は報道部の中沢一弘。この〝スクープ原稿〟取材のきっかけを作った男だった。きっかけは二年前、テルアビブ空港乱射事件を起こし、爆死した奥平剛士（当時二十六歳）の弟、純三（二十五歳）である。京大工学部を出て建設会社に勤務する彼が、七四年五月二十日、勤め先に「いまの平和な生活を捨てざるを得ない状況になりました。私はいかなければなりません。今後、みなさんにご迷惑をかけることになるでしょうが、お許しください」、というナゾめいた書き置きを残して失踪、警察が極秘で行方を追っているとの情報を、中沢がつかんだことからだった。

あの奥平の弟が不可解な蒸発、大いに引っかかるものがあった。もちろん細谷も同じである。純三の周辺を急いで洗うよう、われわれに指示した。

勤め先の建設会社社長や京大工学部時代の恩師、食肉加工場を経営する岡山市の実家などをあたると、純三はかねてから兄の思想と行動に傾倒し、尊敬していることがわかった。兄の死後、いっしょに酒を呑んだ京大の活動家幹部が兄の行動を批判すると、なぐりかかったという。

また、純三が失踪した翌五月二十一日、ニセ旅券（「小島幸一」の偽名使用が後に判明）を使って、男が大阪・伊丹空港からインド航空機でベイルート経由、パリに向かっていた。

そこへ、長年つきあいのあるオランダの『テレグラフ』紙の東京特派員、ランベール・ファンベールスから、信じられないような情報がもたらされた。

「日本赤軍が今度はヨーロッパ、それもオランダでゲリラ事件を起こしそうだって、いま本社から連絡があったよ！」。

なんでそんなことがいえるのか。その日のうちにわれわれは、東京・有楽町駅前のビルの二十階にある外国人記者クラブのバーで落ち合った。

「ウチのパリ特派員情報」と、ファンベールスが教えてくれたのは、七月末、パリでフランス捜査当局が、「スズキ」と名乗る日本赤軍コマンドらしい日本人を逮捕したことをきっかけに、いまフランス当局を中心に日本赤軍の全容解明に切り込み、フランス、ドイツ、北欧、オランダなどで活動する彼らを、かなりの線まで追い込んでいるらしいとのことだった。

逆に仲間が捕まり苦しい立場にある日本赤軍にとって、なんとか失地回復をはかるためには、ゲリラ事件を起こして一発で状況の逆転をはかる道しかなく、舞台としては日本赤軍兵站部隊のトップが潜入をはかったと見られるオランダが有力視されていた。

ということで、一面に行くことになったが、翌朝、ワクワクしながら出社すると、編集局長の山路昭平が記事掲載に「待った！」。スクープのつもりだった私や中沢にすればなんとも釈然としない。細谷も「いきましょう」と粘ってくれたが、決定はくつがえらなかった。冷静に考えてみれば、「まあ、やむを得ない選択」だったかもしれない。

しかし、一週間後の九月十三日、事件は本当に起こった。幻のスクープが現実になったのである。オランダ・ハーグのフランス大使館を、奥平純三を含む三人の日本赤軍コマンドが占拠したのだった。

オランダ人記者のファンベールスはカリカリしまくっていた。彼も一週間前、「東京発」で日本赤軍がアムステルダム界隈に潜入、オランダ国内でゲリラ事件を起こす可能性が高いという長文の記事を送ったのにボツにされた。事件が起こったとたん、本社からすぐに、日本の情報を入れた関連記事を至急送れと指示が来た。「だから言っただろう！」。彼は電話口で怒鳴ったという。

九月二十日、警視庁公安部は、ハーグ事件のゲリラの一人が奥平純三である疑いが濃いと発表した。これを受けて細谷はボツ原稿に手を入れ、翌日の『夕刊フジ』一面に《奥平弟を走らせたもの親孝行と〝兄の道〟の板ばさみ》という大見出しで、私の署名原稿に仕立て直し、掲載してくれた。

仏大使館襲撃

この五カ月前の七四年四月、日本赤軍の兵士たちは南イエメンの首都、アデン郊外で軍事訓練を受けていた。教官はPFLP幹部でゲリラ作戦を指揮するアブ・ハニ傘下のベテランのコマンドたち。日本人グループのリーダー格で、シンガポール事件を起こした和光晴生によると、「かなりハードな肉体訓練と銃器・爆発物の講義や実技、それに作戦の演習といったプログラムが二週間ほどの単位で二次にわたり実施された」（和光晴生「日本赤軍とは何だったのか――その草創期をめぐって」（第二回）、『情況』二〇〇九年四月号、情況出版）。

訓練の参加者には、和光のほか西川純、戸平和夫、日高敏彦、山田義昭らに加え、少し遅れてかけつけた奥平純三もいた。和光によると、南米人、アラブ人を含め総勢二十人を超えていたらしい。

そして九月十三日午後四時三十分、ハーグのフランス大使館に日本人らしい男三人が現われた。玄関付近にいた館員と来訪者にピストルを向け、「大使の部屋に案内しろ！」と脅し、そのまま五階の大使執務室へとかけあがった。ゲリラはリーダー格の和光晴生をはじめ元京都産業大生の西川純（二十四歳）、そして奥平純三だった。三人はピストル二丁と手榴弾三個で武装していた。

守衛の通報でハーグ市警の警察官がかけつけ、五階へと上がったが、ここで銃撃戦が起こり、警察官は婦人を含め二人、日本赤軍は一人が撃たれて負傷した。

銃撃戦で警官隊に死者を出さなかったことは、日本赤軍にとって幸いした。もし相手を一人でも射殺していたら、オランダ政府は特殊部隊による突入作戦の強行もありえた。そうなったら、後述のフランスに捕まっている仲間の奪還や身代金の受け取りはまったく不可能だし、自分たちが逃げることさえ無理だったろう。

銃撃戦後、ゲリラ三人は、フランスのジャック・スナール大使ら大使館員と、たまたま事件に巻き込まれた来訪者ら十一人を人質にとり、夕方、オランダ政府に英文メモの要求をつきつけた。

要求は「日本赤軍」の名で出されていた。まず、フランス当局に逮捕された「スズキ」を釈放し、十四日午前三時までにオランダに連れてくること。ついでアムステルダムのスキポール空港に、正・副操縦士を乗務させたボーイング707型機を用意すること。要求が期限内に受け入れられない場合は、人質を一定時間をおいて一人ずつ射殺する、というものだった。

フランス政府は、いつまでも「スズキ」を抱えていると、国内で奪還作戦を起こされることを懸念してか、早々に犯人の要求に全面的に応じることに同意、その日のうちに刑務所から「スズキ」を釈放し、彼を乗せた空軍機は十四日午前零時過ぎにスキポール空港に着いた。

一方、オランダ政府はあくまで犯人逮捕をめざし、場合によっては狙撃も辞さない構えで、これを察知した「スズキ」は、空港から四十キロ以上離れたハーグに向かうことを拒否、空軍機内にとどまった。


事件発生二日目、フランス大使館の二人の女性（秘書、電話交換手）が解放された。この十五日深夜、犯人が要求していたフランス航空のボーイング707型機が、パリからスキポール空港に到着、これをきっかけに事態は動き出す。オランダ政府とフランス大使館に立て籠っている日本赤軍は、ようやく合意に達した。

日本赤軍の三人は、ジャック・スナール大使ら九人とともにハーグからスキポール空港へ移動、「スズキ」と合流し、人質全員を解放したのち、オランダ政府が用意する身代金百万ドル（実際は値切られ三十万ドル）を受け取り、スタンバイしているフランス航空のボーイング707型機で国外に脱出するというものだった。

翌十七日夜、軍と警察の厳戒のなか、空港に着いたバスからフランス航空機へと、ゲリラ三人と人質六人が乗り移り、さらに乗員、そして最後に「スズキ」が乗り込むと、まず大使以外の人質五人を降ろし、最後に機内に残っていたスナール大使がやっと降ろされた。

午後十時半、ボーイング707型機は離陸、南イエメン政府の了解もないままアデンに強行着陸をはかるが、受け入れを拒否され慌てて離陸、アラビア半島を北上し、シリアのダマスカス空港に降りた。シリア政府は受け入れに難色を示したが、オランダ、フランス両国政府、さらにはPFLPの要請もあったため渋々承諾した。

日本赤軍ゲリラ三人と「スズキ」は投降するが、その後、シリア政府に身柄を拘束されたという情報は入ってこなかった。「スズキ」の正体が判明するのは六日後の九月二十四日。日本赤軍のコマンド、山田義昭だった。八カ月前、和光晴生といっしょにシンガポール製油所襲撃事件を起こした男だ。

また、ハーグのフランス大使館占拠事件に加わった奥平純三以外の二人が、和光晴生と西川純であることがわかったのはさらに後、十月中旬だった。

ヨーロッパでの蜂起計画

ハーグ事件が片付いて二週間ほど過ぎた十月初旬、オランダの『テレグラフ』東京特派員、ランベール・ファンベールスが、「ウチの雑誌にこんなすごい日本赤軍の特集が載っているよ」と、本社から届いたばかりの週刊誌（九月二十八日号）を持って編集局にやってきた。

雑誌は『エルセビール』、《フランス政府が日本のテロリストをオランダに連れてきた》という、刺激的な見出しの五ページにわたる特集で、書き手は、ファンベールスとは仲の良いパリの特派員だった。オランダ語を日本語に訳すファンベールスの声を聞いているうちに、私はただ仰天した。ヨーロッパでの日本赤軍の作戦展開や組織の実態が綿密に書かれており、まるでフレデリック・フォーサイスのスパイ小説を読むおもむきだった。

取材源はどこか？　当然のことながら記事の信憑性を確かめるためファンベールスにたずねると、「たぶん、聞かれると思ったよ」と笑う彼は、すでにパリ支局に電話を入れ、書いた記者に詳しく問い合わせずみだった。

「情報源は、テロを取り締まるフランス国土監視局（国家警察内の防諜機関）の幹部、けっこう親しくつきあっているらしい。今回、その幹部から呼ばれて彼の部屋へ行くと、机の引き出しが半分開いていた。チラリと横目で盗み見ると、中に日本赤軍の捜査資料が入っているのがわかった。彼は引き出しを閉めずに、三十分ほどヤボ用があると部屋を出たので、その間に資料を出し、メモを取ったんだって」。

「ヨーロッパでの蜂起計画」、と同誌が紹介する日本赤軍のゲリラ作戦は、この年、一九七四年の五月二十四、二十五の両日、パリ郊外にある元東大教授日高六郎の別荘を借りて行なわれた謀議で、ほぼかたまった。

出席者は重信房子、高橋武智、山田義昭、北川明、それに日本から「ヨシダ」、スウェーデンから「オオエ」、そしてベイルートから「ナガサキ」が参加したが、三人とも本名はその後も割れていない。

日本赤軍のリーダーである重信は、アラブ地域の代表としてかけつけた。

その頃の重信は、日本国籍の「イノウエ・ユウコ」、台湾国籍の「ミンミン」「ミナ」のほか、アラブや米国籍などいくつもの旅券を使い分け、活動拠点のアパートがあるベイルート、イラクのバグダッド、さらには欧州各地に出没していた。なぜバグダッドに足を延ばすのか。ここで娘の養育の面倒を、日本赤軍の同志で元看護師の吉村和江（二十八歳）に見てもらっていたようだ。

重信への連絡は「ベイルート私書箱212」、これはPFLPが持っている私書箱だった。

高橋武智は元立教大助教授、三十九歳。日本赤軍ヨーロッパ代表であるとともに兵站委員会のキャップ。日本赤軍にあっては重信につぐナンバー2の地位にあった、とフランス当局はみる。高橋は東大文学部卒、フランスには二年留学していた。

私にとっては初めて聞く名前で、調べてみると、フランス十八世紀の哲学者、ディドロの有数の研究家だった。しかし、高橋はベ平連の活動家でもあった。六九年頃、反戦米兵の脱走と北欧への亡命の手助けに、リーダー格で加わっていた経歴があり、同じ年、ピストル不法所持事件に関係した疑いで、警視庁の家宅捜索を受けていた。

こうした経緯もあって、高橋は一般教育部の助教授から文学部への移籍を拒否され、同大を退職、七三年に渡仏し、重信と接触を始めたといわれる。

欧州に入った高橋はベ平連時代の人脈を活かし、新たな拠点づくりをすすめる。また、彼に対するPFLP議長のジョージ・ハバシュの信頼は厚く、パレスチナ地区においても「アルマンド」「シズ」「ミナカミ」などの隠れ名で通じたという。

したがって、彼はピストルなど武器の調達も容易で、重信にとっては最高の人材にめぐり合ったといえよう。高橋がナンバー2になるのは当然の結果である。

山田義昭は軍事委員会の代表、正確にいうと「代表代行」ということになろう。世界革命をめざす日本赤軍も、やっぱり日本人の組織だった。重信はパレスチナに〝入植〟した順番、すなわち年功序列でコマンドの序列を決めていた。最古参は、テルアビブ空港事件を起こした奥平剛士らと同じ七二年にパレスチナ入りした丸岡修で、彼が軍事委員会のトップに就いた。しかし前年、ドバイ日航機ハイジャック事件の折にリビアで解放された丸岡は、まだパレスチナに戻っていなかった。このため「代行」の職は古株の二番手、七三年に日本赤軍参加の山田義昭にまわってきた。

北川明は京大工学部出身。高橋同様、旧べ平連系の活動家で、在欧日本人グループに人脈を持ち、日本赤軍では兵站委員会の一員として働いていた。本拠地はスウェーデンのストックホルム。元大学事務員の会田登紀子（仮名、二十五歳）と同居し、二人で日本とパリの間の連絡係をしていた。

北川は七五年、スウェーデンから強制送還され、現在は出版社の第三書館社長を務めている。


パリの作戦会議の結果、デュッセルドルフの日本商社、丸紅ドイツの社長を誘拐し、身代金を奪う計画が決まった。同作戦は「翻訳作戦」の名がつけられた。

高橋、北川ら在欧部隊をはじめ、山田、和光、西川ら軍事委員会のメンバーがドイツ入りし、ケルン、デュッセルドルフ界隈を十日間にわたって調査した。

しかし七月二十六日、パリ・オルリー空港で、「スズキ」を名乗る山田義昭がベイルートからの到着便を降りたところを、フランス当局に捕まってしまう。

その時、山田のショルダーバッグの中には四通の偽造旅券のほか、一万ドルの偽ドル紙幣、日本語、英語、フランス語で書かれた三通の手紙が入っていた。封書には宛名がなく、ただ「パレスチナ・ゲリラ関係の方へ」とあるだけ。手紙の内容は「西ドイツ、オランダ、フランスにある日本商社ならびにイスラエル公館を襲撃するためにグループ（日本赤軍）の本拠地をベイルートからパリへ移す」といったことが書かれ、最後に暗号らしい番号が並んでいた。

暗号コード7928477

一人の日本人不審入国者がバッグにしのばせていたゲリラ襲撃情報、これに驚いたフランス当局は、テロ対策要員を呼集し、フランス国内の日本赤軍メンバーの追跡と、身柄確保に乗り出した。その出発点は「7928477」。山田が持っていた暗号らしい番号の解読だった。解読班は日本赤軍パリ組織を追跡する特別捜査本部の二十一人で編成された。彼らはたった七ケタの番号を甘く見て、一日あるいは二日もあれば割り出せると軽く考えていたようだが、そうはいかなかった。かなりの時間をかけ、いろいろいじりまわしたあげくに「やっと解けた！」。

からくりはこうだ。まず、「7928477」をさかさまに並べ替えると「7748297」。ついでそれぞれのケタの数字を10から引いてみる。すると番号は「3362813」。電話局で調べてみると、持ち主は日本人の女性だった。パリ15区ド・トルビアエ通り85のアパートに住む、元三越パリ店員の山本万里子（三十四歳）に辿りついたのである。

その後の捜査で、彼女はパリ会議には出ていなかったものの、日本赤軍の兵站委員会で重要な役割を果たしていることがわかった。山本は東京女子大でフランス史を専攻。東京・銀座の出版社で世界地図の編纂などをしていたが、七二年五月に退社した。退職金と貯金をはたいてフランスに渡り、「ヨーロッパの郵便屋」のニックネームがつくほどのレポ役に成長する。

仏当局は山本万里子の尾行を開始した。八月二十日午前十一時半、万里子は一人で市内の喫茶店「ベルフォール」に入った。右手には大きな黄色のハンドバッグを持っていた。コーヒーを注文すると、彼女はテーブルの上に『ル・モンド』紙を、題字が見えるように置き、その上に右手をさりげなくのせた。

この新聞と右手の組み合わせが、落ち合うべき仲間への合図だった。やがて、一目で日本人とわかる男が店に入ってきた。ぐるりと店内を見渡し、そのままツカツカと万里子のテーブルにやってきた。二人は何かを話していたが、やがて男が彼女にカネが入った包みのようなものを渡し、かわりにテーブルの上に置かれた黄色のハンドバッグを受け取り、店を出て姿を消した。

黄色いハンドバッグを持った男には、距離を置いて警察の尾行がついていた。急ぎ足の男はまっすぐ地下鉄の駅へ向かい、階段を下り、ホームにちょうど入ってきた電車に飛び乗った。尾行の警部も別のドアから追って乗車したが、電車のドアが閉まる瞬間、男はスルリとホームに飛び降りた。ハッと気がついた尾行の警部がドアに手をかけようとした時、すでにドアは閉まっていた。警部は目立たないように携帯無線機を使って、駅のホームに待機する捜査員に「追え」と指示した。

「尾行をまいた」と思っている男は、駅の近くの公園に腰を下ろすと、間もなくそこへ若い女が近づき、立ち上がった男と歩き始めた。

すると、通りを進む二人の前に、サングラスをかけた小太りの中年の男が姿を現わす。合流した三人は、前から昼食をいっしょにすることを約束していたようで、近くのレストラン「ル・プロバンザール」に姿を消した。

昼食後、三人はパリ北駅へ向かった。三人が店を出た直後、それもボーイが三人のテーブルを片付け出さないうちに、入ってきた捜査員が「そのまま！」と声をかけ、テーブル上の食器類に触れないよう、店員に指示した。グラス、フォーク、ナイフ……。警察は三人の指紋のついていそうなものを、その場で押収した。

パリ北駅で彼らは、西ドイツのデュッセルドルフまでの乗車券二枚を購入した後、駅の手荷物一時預かり所に黄色のハンドバッグを預けた。このあと、三人は地下鉄でシャンゼリゼに出て、駅前で女は男二人と別れた。その直後、女は警察に逮捕された。

その夜午後九時、男二人はデュッセルドルフ行きの列車に乗るため、パリ北駅に現われたところを警察が逮捕した。フランスの捜査当局は、山田の自供で日系商社社長誘拐事件の犯行計画をほぼ摑んでおり、未然に防ぐため、二人を西ドイツに出国させなかった。

この日、山本万里子から黄色いハンドバッグを預かったのが北川明、尾行をまいたつもりの北川と公園で落ち合ったのが会田登紀子、そして中年の小太りのサングラスの男が高橋武智であった。

フランス政府は日本赤軍メンバーの取り扱いに慎重だった。八月二十三日、閣議を開いて協議、翌二十四日、四人を国外に追放する。

高橋はオランダのアムステルダム、山本がローマへ、そして北川と会田はストックホルムへ向け、その日のうちに出国したことを知りながら、三日後の二十七日まで、あえて相手国には通告していない。彼らの入国を拒否され、フランスに舞い戻られては元も子もなくなるからである。二十七日、遅れて知らされた相手国政府は怒った。「もはや、テロリストは（国内のどこへ向かったのか、その）

臭いさえ残していない」。

仏政府のこの仕打ちに激怒したのはオランダ政府だった。その日のうちに通告を受けていれば、「(九月十三日の)ハーグ事件は起こさせなかった」、日本赤軍に対する仏政府の「自国内でゲリラ事件に巻き込まれたくない」というおよび腰の姿勢を、オランダは強く批判した。オランダの週刊誌『エルセビール』誌に、「日本人テロリストをつれてきたのはフランスだ」と書かれたのも当然だった。

ただ、同誌はオランダ政府も、「ハーグ事件発生三週間前、イスラエル政府から事件発生の予告を受けていたのに、これを無視した疑いがある」と批判している。この原稿も、もちろんパリ支局のファンベールスの友人が書いたもので、これらパリ情報をもとに九月初旬、ファンベールスは私に、「今度、日本赤軍がゲリラ事件を起こすのはオランダに違いない」と伝えてきたのだった。

家に帰れない

九月のほぼ一カ月間、ハーグ事件や、ヨーロッパの兵站部の実態など、日本赤軍の取材に追われていた私は、ほとんど自宅に帰っていなかった。その年の一月、和光晴生、山田義昭らがシンガポール事件を起こして間もなく、私は『産経』社会部との兼務の辞令を受けた。あわせて『夕刊フジ』報道部長から社会部長に転じた藤村邦苗から、「担当は警察庁」と命じられた。警察庁担当ということは、警察庁記者クラブのメンバーとしてほぼ毎日、クラブ(当時、旧人事院ビル内)に顔を出し、大臣(国家公安委員長)や警察庁長官の定例記者会見に出席し、刑事や警備など各局の発表につきあうことでもあった。

『産経』はクラブ員として二人が詰めていた。一人が異動したところに私があてはめられた。しかし連日、『夕刊フジ』の取材でかけまわり、そちらをカバーするなど、とうてい無理な話だった。この点については藤村、細谷両部長の間で「土屋は『夕刊フジ』のために日本赤軍などを追う」ことが了解され、私のクラブへの出席は〝非常勤〟状態でも許されることになった。

『産経』のもう一人のクラブ員は、キャップの宍倉正弘だった。私にとっては大先輩で、辞令を受けるとすぐに、半人前が部下につくことを謝りに行った。

ハーグ事件などに追われた一カ月間、クラブにはほとんど顔を出さず、警備局の幹部や担当官の自宅にこっそり夜討ち朝駆けを仕掛けていた。編集局の一角に置かれた当直用ベッドに毎晩もぐり込む私に、細谷はちょくちょく朝飯の差し入れをしてくれた。それはフランスパンのバゲットにハムと野菜をはさんだサンドイッチで、私の好物だった。また深夜、赤坂・乃木坂の彼の自宅に「泊まれよ」と誘われることもたびたびだった。あまり広くないマンションで、夫妻と子供が二人、それにおばあちゃんもいるところに転がり込んだのだから、夫人にもずいぶん迷惑をかけたに違いない。

ヨーロッパでの日本赤軍に切り込んだ直後、「突然なんだけど、パレスチナに行かない?!」と、またオランダ紙記者のファンベールスから電話がかかってきた。

「ぜひ、現地で重信房子にインタビューしたいって、土屋さん、言ってたじゃない。ウチのベイルートの人脈でそれが可能になりそうなんだ。日本とオランダの独占会見、二人でやらない?!」。

たしかに私は重信へのインタビューを狙っていた。亀井静香ら警察庁情報で、ベイルートの彼女のアジトはつかんでいたし、彼女との接触の方法も耳にしていた。「できれば……」と思っているところに、ヨーロッパ情報をたずさえてファンベールスが同行したいと誘ってきた。

すぐに私は細谷に報告すると、「そこまでアテがあるなら」と出張を許可してくれた。十一月中にもベイルート入りを、と私はファンベールスと準備を始めたが、飛行機のチケットを手配する段階で、「やはりリスクがあまりに大きすぎる」と『産経』グループとしてストップがかかった。

ファンベールスも出張を中止した。理由は「日本人記者と共同で彼らを追うところにニュース性がある。それができなければそれだけの力を注ぐ対象じゃない」、ということだった。

時を同じくして発売された『文藝春秋』十一月号には、立花隆の「田中角栄研究――その金脈と人脈」が掲載された。私が本社勤務になる直前に総理の座を得た田中の「列島改造論」は、国民の支持を一人占めした。そのわずか二年後、同じ田中を国民は「金権政治の元凶」と切り捨てようとしていた。

十一月二十六日、田中は辞意を表明、十二月九日、三木武夫内閣が発足する。

三　「人命は地球より重い」、その後

三菱重工本社ビル爆破事件

ハーグ事件が起こる直前の七四年八月三十日、東京・丸の内のオフィス街を惨劇が襲った。人通りの多い昼休みだった。丸ビルの南隣り、三菱重工本社ビル正面玄関前に置かれたペール缶（バケツ状のドラム缶）に隠された時限爆弾二個が爆発した。すさまじい爆風、飛び散るコンクリート片、

割れて降り注ぐ窓ガラスで、ビル内外にいた八人が死亡、三百七十六人が重軽傷を負った。仕掛けられた爆弾は、七一年に頻発した爆弾事件で使われたものとはケタ違いの殺傷能力を持っていた。

その九カ月後、七五年五月十九日の『産経』朝刊にはこんな見出しが躍った。《爆破犯　数人に逮捕状》《「三菱重工」など解決へ突破口》《けさ10ヵ所を家宅捜索》《幹部は元都立大生》……。三菱重工本社ビル爆破を皮切りに、首都圏で十一件の爆弾事件を起こした「東アジア反日武装戦線」の犯人逮捕を抜いたのである。

かつての上司、福井惇をキャップとする取材班の苦闘はいうまでもないが、「小さなネタを抜けないヤツに大特ダネなし」の福井流事件取材の流儀は、ますます磨きがかかっていた。爆破容器の割り出しや、ゲリラ教本による爆弾予告の発見など、事件当初から、担当記者が競って小さな特ダネを出しており、福井に言わせると「勝つべくして勝った」のだった。

逮捕予告を出稿する前夜、福井は、最後のツメに警視総監公邸に出向いた。犯人逮捕の原稿を出稿したと告げると、「相手は次に使用する爆弾を完成して隠し持っているという情報すらある。自爆して一般人を巻きぞえにするかもしれない。なんとしても輪転機を止めてもらいたい」と、土田國保（後の防衛大校長）は厳しい表情で説得にかかったという。「これで明日の逮捕は間違いない」と確信した福井は、「自分の力で輪転機を止めることはできない」、とウソをついて帰ってきた。そして翌朝、『産経』は捜査妨害を避けるため、犯人が居住する一帯は逮捕後に配達という前例のない遅配作戦までとって、スクープを茶の間に届けたのである。

しかし、後に福井はこう語る。

「あとで、警察幹部の間では、総監はあの時「逮捕はない」と、きっぱりウソをつくべきだった、と土田批判が噴き出したと聞いた。仮に総監に否定されたら、ウチは書けなかっただろう。しかし、土田さんは、ボクのウソを見抜きながら情報操作や、統制をあえてしなかった。この人は言論の大切さを知っていた。そういう時代に事件記者をやれたのは幸せだと思う」。

福井は浦和支局時代の私の師匠である。彼との出会いがあったからこそ、私の事件追跡は始まった。私が浦和支局から本社に上がり、『夕刊フジ』報道部勤務になったのと同時期に本社編集局地方部次長に就任したが、一年半後、編集局長青木彰に請われて、二度目の警視庁キャップを引き受ける。支局長、地方部次長と来て、再びクラブキャップへの出戻りは常識をはずれた人事だったが、後に青木はこの人事について自著に書いている。

「(新聞ジャーナリズムの復活には)すべての報道で他紙をしのぐことを狙うよりも、特定の分野で勝負したほうが勝つ可能性が大きいと考え、それには私の出身部である社会部を強力にするしかないと思った。(そのためいくつかの格下げを断行したが)ひどかったのは、社会部の中核である警視庁キャップ人事だ。私のキャップ時代の警察回りで、事件畑一筋に歩み、すでに警視庁キャップ、社会部デスクを務め終え、浦和支局長に収まっていた福井惇君を口説き落としてカムバックしてもらったのである」(青木彰『新聞との約束──戦後ジャーナリズム私論』NHK出版、二〇〇〇年)。

当時『産経』の警視庁記者クラブは、他社と同様、キャップ以下九名の陣営だった。この中には浦和支局でいっしょだった稲田幸男、山城修の二人が入っていた。彼らの活躍は、私にとっても嬉しいことであった。福井は取材チームに、さらに「隠れ記者」を加えた。その記者はかつてクラブで警備、公安を担当したベテランで、彼が培った情報網を使って、独自の取材で事件の核心にせまることを期待されていた。

そういう積み重ねが大スクープに連なり、連続企業爆破事件の一連の報道に対して、福井軍団は新聞協会賞や菊池寛賞を受賞する。

東大安田講堂や浅間山荘の攻防戦を現地で指揮を執った佐々淳行（後に内閣安全保障室長）は、危機管理の視点から福井人事にからむ格下げを、その後こう取り上げている。

「本人も驚いたようだが、まわりもこの異例の人事にはびっくりした。だがF記者は、多年にわたって築きあげた人間関係をフルに活用して、よく本社の期待にこたえてついにこの大スクープをものにし、新聞記者ならだれでも一度は夢みる憧れのポスト、社会部長へと栄進していった」（『完本危機管理のノウハウ』文藝春秋、一九九一年）。

そして「人事の常道や年功序列を無視した思いきった人事が断行され、その結果、有為・異能の人材がキイ・ポストに登用されて、存分にその手腕を発揮し、危機を克服したという事例は少なくない」とし、佐々は福井を「火消し役」、つまり非常時型人材の登用として位置づけた。

ただし、あえて申せば、佐々はこの人事を「本人も驚いた」と書いたが、私はそうは見ない。福井は「えっ、また、このトシで?!」といつものようにはにかんでみせ、それでも嬉しそうにとびついたに違いない。浦和でもそうだった。彼は社内での地位よりも、事件の現場が根っから好きなのだから。

当の福井は、その後『産経』の社会部長、編集局次長、総務部長などを経て、八八年に帝京大学文学部教授に転身する。

東アジア反日武装戦線は、大道寺将司（二十六歳）・あや子（同）夫婦らの「狼」をはじめ、斎藤和（二十七歳で死亡）、浴田《えきだ》由紀子（二十四歳）の「大地の牙」、黒川芳正（二十七歳）らの「さそり」などのグループで構成されていた。ところが三菱重工ビル爆破で逮捕された二カ月半後の七五年八月、「狼」の一人で、アパート一階の自宅床下の二畳の地下工場で爆弾をつくっていた佐々木規夫（二十六歳）が突然、東京拘置所から〝釈放〟され、大手を振って海外に逃亡してしまう。

なんと、日本赤軍五人のゲリラが、マレーシア・クアラルンプールの米国、スウェーデン両大使館を占拠、両国外交官らを人質に立て籠り、日本政府に対し日本赤軍メンバーら七人の釈放を要求した。その一人が佐々木だった。

クアラルンプール事件

クアラルンプール事件が起きたのは七五年八月四日正午（現地時間）で、十三階建てビルの九階に入る両国大使館を、ピストルやライフルで武装した、いずれも日本人と見られる日本赤軍ゲリラが襲い、大使館内にいた米国の領事、スウェーデンの臨時代理大使ら五十人余を人質にとって、両大使館を制圧した。日本大使館も同ビルの六階にあったが、犯人たちはなぜか素通りしている。

ゲリラたちは、日本に拘置されている日本赤軍メンバーら七人を即時釈放すること、そして七人をここクアラルンプールまで運び、ここで乗り込むゲリラと人質を合わせて国外脱出をはかるための日航機を用意せよ、即刻応じない場合は人質を射殺する——と通告してきた。

釈放要求のリストによると、まず日本赤軍のコマンド二人の名があった。西川純と戸平和夫（二十二歳）で、西川は前出のハーグ事件でシリアに投降、間もなく同国政府の了解のもと、シリアを出国したらしい。戸平は初めて耳にする名前で、高校卒業後、大阪・堺の工場で働いていた頃、日本赤軍から誘われ、アラブに渡ったといわれる。

二人は七五年三月上旬、スウェーデンのストックホルムで、偽造旅券行使の容疑で逮捕された。日本に強制送還され、東京拘置所に収容されていた。

リストの次は意外な名前が並んでいた。浅間山荘の銃撃戦で逮捕された坂東国男と坂口弘、そして七一年の、赤軍派の金融機関襲撃による資金調達「M作戦」にたずさわっていた松田久（二十六歳）および松浦順一（二十五歳）、最後が三菱重工ビル爆破で逮捕されたばかりの佐々木規夫であった。

日本政府に許された返答は「要求に従う」だけだった。期限は、日本時間で事件が起きた当日の午後九時半。首相官邸で夕方から、官房長官、井出一太郎を本部長とする政府対策本部が緊急会議を開き、「人命第一」の立場からその日のうちに受け入れを決め、稲葉修法相は検事総長に釈放を指示した。あくまで「超法規的な措置」であることを稲葉は強調した。

三木武夫首相、宮澤喜一外相は、日米首脳会談のためワシントンに滞在していた。

その夜、検察当局が七人に出国の意思確認を行なうと、西川、戸平はもちろん出国を選択し、坂東は「革命のためならどこへでも」と言い、松田も日本を出ることを希望した。日本赤軍とまったく縁のないはずの佐々木も「どこへでも行く」と、五人が当然のように受け入れた。

拒否したのは松浦と坂口である。二人の意向を伝える日本政府と、「七人全員の出国」をあくまで要求する犯人側では折り合いがつかず、DC8－62型の日航特別機は、予定していた五日朝の羽田離陸はできなかった。

昼前、クアラルンプールの占拠犯の求めに応じて、坂口が国際電話に出た。「自分は行かない」とはっきり断わった結果、ゲリラ側もようやく納得、午後三時、特別機は羽田を発った。クアラルンプール国際空港に同機が到着したのは、五日の午後七時四十五分（現地時間）だった。しかしこのあと、給油、二大使館の人質の解放、占拠犯五人を乗せてただちに離陸、とは進まない。

犯人側が、国外脱出の際連れて行く人質や、大使館から空港への移送方法をめぐって、現地対策本部ともめていたからだ。すべてが決着し、犯人と釈放組のそれぞれ五人、そして日本の外務省とマレーシア政府の高官ら人質を乗せた特別機が国際空港を飛び立ったのは、翌々日の七日午後五時四十四分（現地時間）だった。

同機の行き先はまたもやリビアで、給油のため立ち寄ったスリランカのコロンボを経由して、特別機がトリポリ空港に着いたのは、八日午前三時（現地時間）過ぎ。犯人と釈放組の十人はリビア政府に投降したが、逮捕されずそのまま国外へ出国したと伝えられる。

なお、大使館占拠グループの五人の身元は確定されなかったが、ドバイ事件の丸岡修、シンガポール、ハーグ両事件の和光晴生、ハーグ事件の奥平純三、シンガポール事件を起こした後、ハーグ事件にからんで仏政府から釈放された山田義昭、そしてヨーロッパで日本商社マン誘拐事件の準備をしていた日高敏彦（三十歳）と見られた。

翌七六年九月、偽造旅券でリビアからヨルダンに入国しようとして、日高は奥平純三とともに逮捕された。日高は取り調べの最中、警察署内のトイレで首吊り自殺をとげている。日高は宮崎県出身で、大阪市大理学部卒業後、欧州に向かい日本赤軍に参加したといわれる。奥平は一カ月後、日本に移送された。

ところで、このクアラルンプール事件発生の第一報を私が受けたのは、三日間の夏休みを取るためにやってきた長野県野尻湖畔でだった。ふだんまったく顧みない家族へのせめてもの罪ほろぼしと、妻と幼い子供三人を車に乗せ、湖畔のバンガローに到着したとたん、管理人から「すぐ会社に電話を」といわれた。

嫌な予感どころか、「帰らなくちゃあいけないか……」と気分はどんどん沈む。連絡をすると思った通りで、私は子供たちの期待を簡単に裏切り、Uターンせざるを得なくなった。私に対する家族の評判はさらに落ちた。

世界が批判した超法規的措置

占拠した大使館の人質を盾に日本国内の獄中にいる過激派メンバーを奪還したクアラルンプール事件で、あまりにコトがうまく運んだからであろう、二年後、再び日本赤軍はハイジャック事件を起こし、同じ手を仕掛けてきた。

七七年九月二十八日午前（日本時間）、パリ発南回り東京行きの日航472便（乗員・乗客百五十六人）が、インドのボンベイ（現・ムンバイ）を離陸して間もなく、五人の日本人らしい男たちにハイジャックされた。同機は乗っ取り犯の指示により、バングラデシュのダッカ空港への着陸を強行、バングラデシュ政府に対し、飲料水の用意や燃料の給油を求める一方、日本政府に対し、日本で身柄を拘束されている日本赤軍兵士ら九人の釈放と、六百万ドル（十六億円余）の身代金を要求した。

九人の最初に名前が挙がったのは、日本赤軍の奥平純三だった。テルアビブ空港事件の主犯格である剛士の実弟で、ハーグ事件やクアラルンプール事件に加わり、前述の通り、前年九月、ヨルダンに偽造旅券で入国しようとして日高敏彦とともに逮捕され、日本に移送されていた。

続いて日本赤軍の親戚筋ともいえる赤軍派が二人いた。銀行襲撃による資金調達「M作戦」部隊長、元弘前大生の植垣康博（二十八歳）、彼は浅間山荘事件発生の朝、軽井沢駅で捕まった。元徳島大生、城崎勉（二十九歳）も「M作戦」部隊長の一人で、懲役十年の判決を受け服役中だった。

このほか、七五年七月、ひめゆりの塔を訪れた皇太子・同妃両殿下（現・天皇皇后両陛下）に向かって火炎ビンを投げつけた男や、六九年に京都地方公安調査局を爆破しようとした犯人。さらに連続企業爆破事件の「狼」グループの大道寺あや子も含まれていたが、夫の大道寺将司の名はリストになかった。同事件の「大地の牙」の一人、浴田由紀子の名もあった。逮捕された直後に自殺した斎藤和の内妻である。

リストにあがった残りの二人は、政治犯とはまったく無縁の殺人、強盗などの刑事事件を起こした犯罪者であった。一人は六〇年、東京で強盗殺人事件を起こした泉水博（四十歳）で、無期懲役の判決を受け服役中だった。もう一人は七六年八月、東京都内で起きた殺人事件の犯人、仁平映《にへいあきら》（三十一歳）で、東京拘置所で二審判決（一審は懲役十年）を待つ身であった。二人とも獄中者組合を結成し、獄中の待遇改善を求めていたところがハイジャック犯に評価された。

九人のうち、出国に同意したのは奥平、城崎、大道寺、浴田の四人および泉水、仁平を加えた六人である。拒否した三人のそれぞれの理由は、植垣の「彼らの運動は支援するが、私は国内で戦う」のほか、「自分と日本赤軍とはイデオロギーが違う」、「沖縄闘争に無知な日本赤軍とは一致点がない」だった。

九月二十九日未明、政府対策本部の会議では、意見が真っ二つに割れた。一方は「人命優先」、他方は「法秩序を暴力に屈して曲げるわけにはいかない」。人質の生命を尊重するなら、思想犯の釈放要求に応じるのはやむを得ないにしても、刑事事件の犯人、泉水と仁平については要求をのめない、というのが政府の姿勢だった。しかし、これでは乗っ取り犯は首を縦に振らない。それどころか、人質射殺の懸念さえ出てきた。早朝、首相の福田赳夫が断を下す、「人の命は地球よりも重い」、と。日本政府は犯人側の要求をのんだ。

十月一日朝、日航特別機は六人の釈放犯と身代金六百万ドル、政府および日航関係者を乗せて羽田を離陸、八時間半の飛行の後、ダッカ空港に降りた。

犯人は身代金や釈放犯人との交換で、徐々に人質を解放した後、二日深夜、ダッカを発ち、クウェート、シリアで人質十数名を降ろした後、アルジェリアに着陸、残りの人質全員を解放し、ハイジャック事件は丸六日後に結着を迎えた。

最悪の結末だった。クアラルンプール事件に続く二度目の「超法規的措置」の実施に強硬に反発した福田一法相は事件後、引責辞任した。そしてゲリラへの日本の対応は国際社会から、「日本はテロまで輸出するのか」などと強い非難を浴びせられた。

解放された乗客らの証言などから、五人の乗っ取り犯が割り出された。クアラルンプール事件の丸岡修、和光晴生と、同事件で釈放された西川純（日本赤軍）、佐々木規夫（連続企業爆破事件）、坂東国男（浅間山荘事件）だった。

ダッカ事件収束から十日たった十月十三日、西ドイツのルフトハンザ機がPFLPらのゲリラに乗っ取られた。西ドイツ政府は犯人の要求にいっさい応じず、特殊部隊を機内に突入させてゲリラ三人を射殺、一人を逮捕し、乗客を救出する。

この時、ルフトハンザ機の機長が犯人に殺害されたが、世界の世論は西ドイツの対応に軍配を上げた。

田中角栄陳情団にまぎれて

この間、首相の田中角栄は七四年十二月、自らの金脈問題で退陣に追い込まれ、七六年七月、ロッキード事件で逮捕された。

金脈問題の発覚が戦後最大の疑獄事件へと大きくなっていくにつれ、『夕刊フジ』を含めマスコミ報道は過熱する。この非常時に、私も追跡班の一人に数えられていたが、報道部長細谷の指示は、「全紙の取材班のほとんどは、何が、何ゆえに起こったのか、事件をニュースとして追いかける速球派だ。君は変化球で勝負してくれないか。テーマはまかせる。できれば意外性のあるものがほしい」。

学生を、いやその頃はもはや過激派だったが、彼らを追いながら、私も何本か「田中もの」を書いた。その一本は首相退陣後、次第に記者の前に姿を見せなくなり、半年後は政治部記者といえども「会ってくれない」田中に、社会部（報道部）記者ながら目白の自宅に押しかけ、会ってしまおうというものだった。

退陣表明一年後あたりを狙っていた私は、七五年十月、田中の地盤である、新潟、福島両県を分ける越後山脈のふもとの北魚沼郡入広瀬村（現・魚沼市）に、村長の須佐昭三をたずねた。『産経』長岡通信部に調査を頼んであった、地元の田中への陳情団情報が届いたからである。その内容は十一月下旬、入広瀬村から百人が目白台をたずねるというものだった。面識があった村長に、私は頼み込んだ。

「陳情団一行の旗持ち兼カメラマンにしてもらえないでしょうか。途中、東京で合流するようなごまかしの手は使いません。ここ、入広瀬村からちゃんとみなさんを案内します」。

須佐は「質問したらニセ越後人、記者だとわかってしまう」と心配したものの、「写真は撮るが、質問はいっさいしない」と約束すると、了解し、旗持ち兼カメラマンへの〝採用〟を決めてくれた。

陳情旅行は一泊二日である。目白台をたずねる前日の午前に村を出た一行百人は、只見線で四十分間列車に揺られ、小出駅で上越線に乗り換え、夕方、上野駅に到着した。そして本郷へ向かい、東大近くの修学旅行向けの旅館に落ち着いた。


翌朝はポツポツと雨が落ちていた。午前七時五十分、陳情団が分乗した二台のバスが田中邸正門前に着くと、重い扉がギィーと開いた。バス二台を呑み込むと、扉はまた閉まった。

旗を持って一号車に乗る私は、誰よりも早くバスを降り、庭内にみなさんを案内する。庭中央のテーブルにはミカン、ヨウカンなどが山のように積まれ、熱い湯茶の接待もある。

「やあ、やあどうも、どうも……」。しわがれ声とともに田中が登場する。七時五十五分だった。陳情団の間からひとしきり拍手が湧く。本人はグレーの背広に、ゲタではなくクツをはき、コウモリをさしていた。私はその姿にカメラを向け、シャッターを押し続けた。

突然、雨足が強くなる。

「こりゃいかん、中へ入ろう。さあさあさあ」と田中。二十畳ほどの応接室は百人でびっしり。ここでもシャッターを切る。

「ホラ、かあちゃん、早く……」。

みんなに催促されて、黒いパンタロン・スーツの中年婦人が立った。

「大変お元気な田中先生のお姿に接することができ、ほんとにうれしく存じます」に始まって、「切なる願いをぜひお聞きとどけくださいますよう」で締めくくられた陳情の中身は、幼稚園の増設、体育館の建設、見にくいＵＨＦテレビ対策、などなど。

「ウンウン」とひとつずつうなずいていた田中だが、聞き終わると「えーえ、よくわかりました」。一息ついて「えーえ、わたくしも完全に元気になりました。一時は七十三キロの体重が六十一キロまで減ったんですよ。おととしの秋、顔がひきつりましてね。この病気は疲労とストレスの両方からくるんです」。

「まあ、ボクはメシを半分にし、呑むのを半分にした。タバコはやめてね」といいながらタバコに火をつける……。

「九月一日から一カ月禁煙したら六キロも太って……。こりゃいかんとまた始めた」（どっと笑い）。

ここでトーンがガラリと変わる。

「議員になってことしで三十年目。そろそろ出稼ぎをやめて、家に帰り、農業をやろうかとも……」（田中はシンミリ、まわりはシーン）。

だが、田中は全衆議院議員（当時、四百九十一人）のうち、トシの順では自分が二百五十五番目で、まだまだ若いこと、歴代首相では二番目の若さで就任したことをあげ、「政治家というもの、やるというとなーんだまだやるのかといわれ、やめるといえば惜しい惜しいなんていわれるんですな」と悟りを開いたふうにみせたあと、「もう十年ぐらいは、みなさまのためにもがんばらねばと思っとる次第です」。

一同、ここでホッとするのだから、なんとも心憎いばかりの話しっぷりである。最後に、「みなさんの村」のバラ色の未来像まで描いてみせた。

目白台の小一時間、私は約束通り、ひとことも口にしなかった。しかし、帰りがけ、田中が私に声をかけてきた。

「越後の人じゃないね、君は、新聞社？　旗持ちになって入ってくるとはねえ……」。

気を悪くした様子はなかった。私は身元を明かし非礼を詫びた。記事は翌十一月二十五日の紙面に、《あれから一年、おらが角さん問わず語る》として載った。撮った写真付きだった。

世界でのテロ活動

その後、日本赤軍は釈放された過激派の加入もあり、そのメンバーは一時、三十数名を超えたといわれる。八〇年代に入って、それまでのようないくつもの国を巻き込んだハイジャックや、大使館占拠などの事件は起こさなかったが、決して鳴りを潜めていたわけではない。

八六年、ジャカルタのアメリカ大使館にロケット弾を撃ち込んだが、その発射場所であるホテルの一室からは、赤軍派出身の城崎勉の指紋が検出された。後にネパールで偽造旅券を使い逮捕された城崎は、米国に移送され、現在も服役中である。

八七年、ベネチア・サミット開催中、ローマの米・英両大使館に向けてロケット弾を発射し、カナダ大使館で車を爆破したローマ事件も、日本赤軍の犯行だった。レンタカーから奥平純三の指紋が検出され、さらに奥平は翌八八年、ナポリ事件（ナポリの米軍施設前で起こした自動車爆破テロ。米軍人を含む五人が死亡）の主犯として国際手配されている。

なお、八六年にフィリピンで起きた三井物産マニラ支店長誘拐事件でも、日本赤軍が、犯行を企てたテロ組織に協力したといわれる。

しかし、彼ら日本赤軍の活動も八〇年代までだった。冷戦終結やイスラエルとPLO（パレスチナ解放機構）の暫定自治合意（九三年）などによって、国際テロリストをかばったり保護したりする国は激減し、日本赤軍にとって活動の舞台、安住の地はなくなる。

すでに八七年、翌年開催のソウル・オリンピックの妨害を狙った丸岡修は、偽造パスポートで日本に帰国したところを成田空港で逮捕された。無期懲役が言い渡されるが、服役中の二〇一一年、心臓病で死去。

九五年以降、日本赤軍メンバーの逮捕、拘留が相次ぐ。九七年、レバノン潜伏中に捕まった岡本公三、和光晴生、足立正生、山本万里子、戸平和夫の五人は、同地で禁固刑に服した後、レバノンへ亡命が認められた岡本をのぞく四人は、日本に強制送還される。

和光は八〇年代に入って日本赤軍を脱退、重信とは別行動をとっていたが、無期懲役が確定している。戸平和夫はすでに出所し、足立正生、山本万里子は執行猶予付きの有罪判決で自由の身となった。山本は二〇〇五年、東京・板橋のスーパーでさきいか二袋（千二百円相当）を万引きして捕まり、元メンバーの困窮ぶりをうかがわせた。

その他のメンバーはどうなったのか。

二〇〇二年三月、なお肌寒い夜、東京・日比谷公園で五十四歳になる一人の男が灯油をかぶり、焼身自殺をはかった。彼の名は檜森孝雄。立命館大を中退し、東大紛争に加わり、その後、日本赤軍に入り、テルアビブ空港事件には計画段階から関わっていた筋金入りの兵士だった。彼が遺した手記によると、テルアビブ空港事件は当初、乗降客ではなく「管制塔を襲撃する計画」だったという。

西川純は九〇年に、南米ボリビアから国外追放され、帰国したところを逮捕された。すでに無期懲役が確定している。

また釈放組で、日本赤軍の隊内恋愛で一児をもうけたといわれる浴田由紀子は、九五年にルーマニアで身柄を拘束され、強制送還後に逮捕された。二〇〇四年に懲役二十年が確定している。

刑事事件組の泉水博は、八六年にフィリピンで逮捕され、九五年に逃亡前の強盗殺人罪（無期懲役）に、旅券法違反でさらに懲役二年が確定している。

なお、逃亡を続けているのは岡本公三、奥平純三のほか、坂東国男、佐々木規夫、大道寺あや子の釈放組、そして殺人犯の仁平映のあわせて六名である。

そして最後は最高指導者、重信房子である。二〇〇〇年十一月、大阪・高槻に潜伏していたところを逮捕され、翌二〇〇一年四月、重信は日本赤軍の解散を表明した。二〇〇六年、東京地裁は彼女に懲役二十年（求刑、無期懲役）を言い渡す。二〇一〇年、最高裁は被告側の上告を棄却、懲役二十年の一、二審判決が確定した。

この間、亀井静香が警察庁を辞めた。「明日、辞表を提出する」という前夜、彼の親戚が持つマンションの一部屋に泊まり、話を聞いた。

「政治家になる。次の総選挙、（ふるさとの）広島から出たい」。といっても、本人がいう通り「このままでは泡沫候補で終わってしまう。小学校時代の仲間が全力で支援してくれるというので、その力を借りてなんとかしたい」というものだった。

私が個人的にできることは、彼について書いてある各社の新聞記事などを集めることだった。これをコピーして配ってもらえれば「ほんの少しは力になるだろう」。選挙直前、私は休日の多くを広島行きに割いた。選挙結果が出た。出発点は泡沫だったかもしれないが、なんとトップ当選。彼の政治家人生はここから始まった。

終章　メディアはどう変わったか

新聞社を辞める

一九八一年五月、私は『産経』を辞めた。「何が不満なんだ」、「考え直せよ」。多くの人の声を振り切っての脱走だった。思い起こすと恥ずかしい。

「君を報道部長にしたい」と、編集局長の細谷洋一から突然言われたのは、四月に入って間もなくだった。

とても受けられるものではなかった。三十人を超える部員の七割以上が、私より年上だったり、私より『夕刊フジ』勤務が長い人で、そんな先輩軍団をとても私が仕切れるものではない。

また、その頃すでに私はＷＩＤＥ面のデスクを命じられ、連日の出稿で学生たちを追いかける余裕はほとんどなかった。部長職となれば、さらにカバーすべき仕事は増え、「学生番」を務めるなんてとても無理である。

そこへ、私がそんなことで悩んでいるとは知らない友人が、偶然にもこんな話を持ち込んできた。

「いまや輝きは薄れてしまったが、ある老舗の出版社が建て直しをはかるため、経営者をかえ、月刊の総合雑誌を出したいといっている。そのトップをやってみないか。君をサポートする幹部、月刊誌の編集長、編集方針など、すべて君にまかせる」。

出版社は人物往来社だった。結局、私はこの話にのり、同社の代表取締役に就任、半年後、月刊雑誌『拓《ひらく》』を出すが、二年後の八三年、発行部数がまるで伸びず、負債は膨らみ、会社は青息吐息の状態に追い込まれた。私は雑誌を休刊し、責任をとって辞職した。

気の毒、そして申し訳なかったのは、『夕刊フジ』から幹部に引き込んだ二名の同僚、および雑誌の編集長にスカウトした『東京オブザーバー』時代の後輩である。三人ともそれまでの職を放り出して〝梁山泊〟にかけつけてくれたものの、期待に応えるどころか、迷惑ばかりかけてしまった。

記事を書く新聞記者と記事を書かせる編集者の距離は、考えていたほど近くはなかった。ずっと遠かった。私がここを甘く見ていたのが失敗の原因であり、後悔どころか自分のおろかさにしばらく絶望し続けた。

危機管理会社の設立

事件や事故、不祥事を起こしてしまった企業は、取材にかけつけるメディアや記者にいかに対応したらよいのか。雑誌の負債の返却に見通しがついた一九八〇年代半ば、私は危機管理広報を柱に、企業などにアドバイスをしたり、あるいは広報業務を代行する小さな会社を設立した。

記者時代は、事件・事故を起こした人や企業を追いかける立場にあったが、今度は不祥事を起こした企業側に立ち、取材に押しかける記者たちから彼らを守るのが役割となった。当時の日本は企業など組織の危機管理意識はまだ低く、お客さんから声がかかったのは八〇年代末になってからだ。顧客第一号は、会社ではなく帝京大学であった。

帝京の心配は薬害エイズ問題だった。八三年、同大医学部長安部英《あべたけし》が、厚生省エイズ研究班初代班長に就任する。ところが八五年、帝京大病院に入院中の血友病の男性患者（三十歳代）に対し、安部は「エイズを引き起こすおそれがある」といわれた非加熱製剤を投与、患者は九一年にエイズで死亡した。これをきっかけに、週刊誌などが安部を取り上げ始めたため、帝京は危機管理の体制づくりに乗りだした。

私は帝京大学の理事長で総長でもあった冲永荘一《おきながしょういち》から呼び出しを受け、何度か会議を持ち、次の三点を確認した。

①現在の広報部は受験生への大学のPR、すなわち受験広報担当であり、危機管理広報は別途、専門の窓口「本部広報委員会」で対応する。

②本部広報委員会の委員は、新聞社社会部記者出身の本学教授で構成する。本部広報委員会の事務局は私が勤務する会社内に置き、当社のスタッフが詰め、対応する。

③事件・事故などの事実関係は、すべて速やかにメディアに伝える。ただし、メディアの誤報などには厳しく対処する。

私はまず、本部広報委員会の正副委員長として二人をノミネートした。委員長には前出（第三章）、帝京大学文学部教授で『朝日』社会部出身（後に編集委員）の高木正幸。学生運動や同和問題を専門とし、現役時代、記者会見ではねっちりしつこく喰いつき、会見する側からするともっとも敬遠したくなるタイプだった。そんな彼が大学のスポークスマンとして会見に立つと、記者は嫌がった。

勇名をはせた高木にマトはずれの質問をしようものなら、高木は本気で怒り、「もっと勉強してこい」と怒鳴り声を発することさえあったからだ。

もう一人、副委員長には同じく文学部教授の福井惇を推薦した。すでに何度も登場しているが、『産経』社会部OB。会見の席で記者たちへの対応は丁寧で、時にはジョークをはさむ話し方に、催眠術でもかけられたように記者たちは納得した。

この幅の広さは彼の育ちによるところが大きい。三重県松阪市の生まれで、西本願寺派の名刹《めいさつ》の息子である。「新聞記者になりたい」という彼に、父親は首を縦にふらず、跡を継がせるべく系列の京都、龍谷大学に進ませた。ところが一年後、福井はさっさと龍谷を中退し、東京に出てきてしまった。父親にはこういった。「早稲田の仏文《ぶつ》で仏《ほとけ》の文学をやります」。

とても坊主をやめてフランス文学をやるとはいえなかったのである。父親も父親で、「おお、ついに決心したのか」と喜んでみせたが、息子が新聞記者の道を選んだことをもちろん見抜いていた。


九六年一月、橋本龍太郎内閣の発足とともに厚相に抜擢された菅直人は、省内に薬害エイズ調査班を発足させた。その直後から、薬害エイズをめぐる情勢はきなくささをおびる。「安部」の名前が週刊誌に出始め、次第にバッシングのトーンが高くなり、高木・福井コンビの出番がせまっていることを窺わせた。

九六年一月、その日はやってきた。五年前、帝京大病院で亡くなった男性患者の母親が、安部副学長を殺人罪で告訴したのである。ただちに本部広報委員会は高木正幸広報委員長名で、「本学安部英副学長への告訴問題について」の見解を、メディア各社にファックスで伝えた。

「今回の殺人容疑での告訴は、安部副学長個人になされたもので、個人の名誉の問題もあり、大学としてのコメントは現段階では差し控えさせていただきたい」。

本部広報委員会事務局の電話は鳴りっぱなしで、『産経』元編集局次長の志波吉勝ら四名のスタッフ（社員）は、その対応にてんてこ舞いだった。

質疑応答のいくつかをあげてみよう。

問「現段階では控えるということは、いつ明らかにするんですか？」。

答「司法の判断を待って、ということです」。

問「副学長は大学以外に、新しい研究組織の設立準備など手広く活動されていたようだが、主なところではどんなものがありますか？」。

答「これはあくまで個人にかかわる質問なので、私どもは答える立場にありません」。

問「副学長への叙勲の際、冲永学長が自ら推薦人になっているが、どういう理由からか？」。

答「本学に限らず、どこの大学でも教授が叙勲の対象になれば学長は喜んで推薦状を書きます」。

問「安部副学長は告訴をどう受けとめていますか？　副学長から身をひくのでしょうか？」。

答「今回の件は副学長個人の問題です。ご当人に問い合わせてください」。

この質疑応答に、高木・福井正副委員長はもとより、事務方の私もいささかショックを受けた。取材が厳しかったからではない。むしろその逆だった。取材陣の切り込みはあまりに浅く、面白味に欠け、これではナマナマしい、面白い記事は到底期待できないと思った。

私たちが頭をかかえるような質問をぶつけられることはまったくなく、帝京をサポートする立場からすればありがたかったが、新聞記者ＯＢの眼からすると、ただ、後輩たちの煮え切らなさだけが無念だった。

その後も「(医学部) 教授二人が参考人として東京地検の事情聴取を受けているようだけど、どう思うか」といった、検察からリークされた情報をそのままぶつけてくる質問が多く、現役の社会部記者と正面から対決しようとしていた私たちを、さらにがっかりさせた。

殺人罪での告訴直前、広報委員会は安部副学長に対し、二つの頼みごとをした。ひとつは世間の副学長をみるまなざしは厳しく、これを鎮静化するためにも「辞職願い」を出してはいかがか。ふたつは、大学の職務以外についての報道機関からの問い合わせには、本人の見解もあるので個人対応でお願いしたい。

副学長はいずれも了承し、殺人罪で告訴される直前、総長あてに辞表を提出した。

同年八月、安部は東京地検に逮捕され、殺人罪ではなく業務上過失致死罪で起訴されたものの、二〇〇一年三月、東京地裁は安部に無罪判決(求刑は懲役三年)を言い渡した。

海外のエイズウイルス発見者らが、「当時、非加熱製剤によるエイズ感染の危険性は、まだわかっていない」などと証言したことによって、無罪を勝ち取ったといわれている。

その後、地検は控訴するが、二〇〇四年、安部被告は認知症を発症、公判は停止し、翌〇五年、八十八歳で亡くなった。この間、被告に対するバッシング報道はすさまじいものがあった。テレビ・チームは、被告の自宅に近い乗車駅で待ち受け、至近距離で遠慮なくカメラを向けた。怒る被告をまったく無視し、アップでの撮影を続けるという、人権を無視したものだった。この軽薄な取材法そして報道姿勢には、文芸評論家江藤淳、ノンフィクション作家魚住昭、弁護士弘中惇一郎

（のちに検事による証拠偽造事件の被害者、厚労省・村木厚子局長の弁護人）らが抗議の声をあげた。

その後、わが国の企業など組織の危機管理意識は急激に高まり、私たちの顧客も海運、空運、食品・家庭用品などのメーカーから大学や研究所へと広がり、二〇〇〇年には十数カ所を数えるまでになった。

お客さんが万一、不祥事を起こしてしまった時、事故の規模や犠牲者数など、それ以上傷口を大きくしない対応法や、社会的に説明責任を果たすには誰が、いつ、どこで、どんなやり方で記者会見を行なえばよいのか。具体的に危機の状況を設定し、組織の危機管理スタッフにトレーニングを交えてそれを伝えた。

スタッフの力の伸びは素晴らしいものがあり、広く深く対応できる彼らの危機管理力を私たちは信頼しきった。しかし、これを報道するメディアの取材力はどうか。時々、テレビで流れる不祥事を起こした企業トップの謝罪会見の模様を見ていると、記者たちの突っ込みはやはり浅く、とてもプロフェッショナルとは言えない姿勢に、私は危機を感じた。

メディアの変質

テレビが変わり始めたのは一九八〇年代のことだった。右肩上がりの日本経済を背景に、フジテレビは「楽しくなければテレビじゃない」のひとことで、ダントツの視聴率を稼ぎ出し、テレビ界を席巻した。他局も負けじとこれを追い、こぞって番組の中味はどんどん軽く、薄くなる。記者会見でのレポーターの甘い質問はもとより、ズシンと胸を打つようなドキュメンタリー番組が次第に姿を消していくのは、残念としかいいようがなかった。

以降、テレビは、視聴率がすべての時代に突入したっきりで、いまやどこの局にチャンネルを合わせても、連日お笑いやクイズなど同じような顔ぶれのタレントが出演する番組が並んでいる。この傾向には、若者層はともかく私たちの世代はなかなかついていけない。

一方、新聞はといえば、もっといけなかった。九〇年代に入るころから、新聞が売れないといわれ始める。理由としてインターネットの普及をあげる人が多かった。インターネットが足を引っ張っているのは事実だとしても、やはり紙面に活気がない、面白くないことが、売れない最大の理由だったのではなかろうか。

あの叛乱の時代、新聞は、「権力対新聞」の姿勢を貫き、国民の支持を得たのに、九〇年代に入ると、前出の帝京大学本部広報委員会への社会部記者たちの腰のひけた取材でわかる通り、切れ味のいい紙面に胸を熱くする機会は少なくなるばかりだった。

もっとも、おもしろい記事がまったくなくなったわけではない。竹下登首相が政治生命をかけて消費税導入に取り組んでいたさなか、一大スキャンダルを『朝日新聞』が暴露する。「リクルート事件」で、これが竹下内閣の命取りになる。

八八年六月十八日の『朝日』朝刊は、ＪＲ川崎駅前の再開発事業に絡んで、川崎市の助役が、不動産を扱うリクルートの子会社リクルートコスモス社から、未公開株三千株を譲渡されていたと報じた。

これをきっかけに同様の譲渡先として発覚したのは、中曽根康弘前首相、安倍晋太郎自民党幹事長、宮澤喜一蔵相、森喜朗元文相、藤波孝生元官房長官、高石邦男前文部事務次官をはじめ真藤《しんとう》恒《ひさし》

ＮＴＴ会長らまで、政・官・財界の中枢部に汚職が蔓延していた。私にとってショックだったのは、森田康《こう》日本経済新聞社社長までが、中曽根に次ぐ二万株を手にしていたことだ。こんな汚れた手で新聞づくりは許されないと、声を大にして叫びたかった。

最近の新聞紙面はどうだろうか。結論を言ってしまうと、わが国の新聞で世界を驚かせるようなスクープに出会うことは、皆無といってよいだろう。例えば、二〇一三年六月に明らかになった米中央情報局（ＣＩＡ）のサイバー監視の実態である。エドワード・スノーデンＣＩＡ元職員が傍受した機密情報について、日本を含む西欧友好諸国の大使館情報を含め、ドイツの有力雑誌が次から次へとスクープしたが、日本の新聞はその後追いをするだけである。

海外総支局に勤務する記者のほとんどは、横文字の専門家である。彼ら外信部記者は、取材は社会部記者のように自分の足で稼いで特ダネをスクープするというようにはいかないようだ。しかし、記者たちはいま、どのセクションに身を置こうとも、入社して間もなく最初の配属先は地方の総支局で、事件・事故、県政・市政、教育そして選挙から祭りまで、なんでも取材させられてきたはずである。海外での取材もかけ出し時代と同じこと、とことん追いまくれば世界を驚かせるスクープへの道も開けてくるはずである。ぜひ挑戦してほしいものである。

一方、日々の紙面づくりにおいても、新聞はいささか緊張感がたりないのではなかろうか。当局の発表におんぶすることなく、自らの取材力で権力の横暴や社会の闇に切り込み、悪の実態を暴き、読者に届ける。多くの読者はここに新聞の面白さを見つけ、新聞への期待を膨らませる。こうあってこそ新聞の価値を誰もが認め、新聞は市民社会のサポーターとして、その役割を大きくするに違いない。それでこそ新聞が読まれる時代が再びやってくる、と私は思う。

原発事故の報道の仕方

二〇一三年七月、参議院議員選挙直後の共同通信社の世論調査で「原発反対」が五八・三パーセントを占めた。六割が反対している割には、新聞をはじめメディアは原発反対運動を取り上げてはいない。社会のサポーターである新聞は、脱原発を叫ぶ人たちの主張・行動を、少なくとも原発賛成のそれと同等に伝える責任を負っている、と私は思う。

そんな流れのなかで注目したいのは、東京新聞（中日新聞東京本社発行）の紙面づくりである。原発問題を真っ向から取り上げ、〝隠したがる〟東京電力や〝逃げたがる〟政府、つまり権力に対してはっきり物を言っている。

たとえば、東京電力福島第一原発から汚染水が海に漏れ出ているのに、ダンマリを決め込んでいた東京電力のようやくの説明に、「一般には使わない用語や、あえてカタカナ用語を使うことで、伝えるべき肝心の内容を伝わりにくくしている」（二〇一三年七月三十日朝刊）と指摘し、〝逃げの広報〟を繰り返すことで、東電は実態の深刻さを隠していると切り込んでいる。

それのいくつかの具体例をあげているが、そのひとつは「PCVから大気へのアウトリーク」と、ややこしいタイトルがついている広報資料である。普通に使われている言葉に訳せば、「三号機原子炉の格納容器から、内部の気体が外部に漏れている可能性がある」となるが、この説明では「格納容器のフタの部分が損傷しているかもしれない」とまでは、素人の私たちに読み解くことはできない。いや、外部への汚染をくい止めるための容器が壊れているならば、もっと深刻な危機も起こりうるが、東電は具体的なやさしい言葉での説明どころか、その点にはまったく触れていない。

『東京』は、説明責任を果たす主役である広報に焦点をしぼり、東電の逃げの姿勢を見事に浮き彫りにした。決して派手な扱いの記事ではないが、料理の仕方は見事で、思わず拍手を送りたくなる。新聞の未来に明るさを感じさせてくれるのが嬉しい。

遥かな「叛乱の時代」

〽起《た》て飢えたる者よ　今ぞ日は近し
醒めよ我が同胞《はらから》　暁《あかつき》は来ぬ
暴虐の鎖断つ日　旗は血に燃えて

かつて学生運動（デモ）には歌がつきものだった。それも日本語なら、右記の歌詞で唄われる革命歌「インターナショナル」（ドジェテール作曲、佐々木孝丸ら訳詞）が定番だった。

ところが、フランスのパリが五月革命で激しく揺れていた一九六八年五月、日本では学生運動の活動家が唖然とするようなことが起こった。学内民主化などを求める日大の学生が、神田で初のデモを仕掛けるが、その時歌ったのは日大校歌であった。デモ参加者の大半が「インターナショナル」の歌詞を知らず、唄えなかったかららしい。

しかし、デモのスクラムを組み、大声で校歌を唄いながら行進する日大生の生真面目さに、たまたま通りがかった他大学の学生たちの間からは、拍手と「異議なーし！」の声が投げかけられていた。

この直後の五月二十七日、日大に全共闘（全学共闘会議）が発足する。その後、各大学に誕生する全共闘の活動をみると、学費値上げ反対など、大学生活と深いかかわりを持つ問題の解決を求め、学生自治会の枠を超えて結成された。

したがって、全共闘への参加資格は「名乗ったあなたが全共闘」のキャッチフレーズが語るように、学生一人ひとりの言い分を尊重する極めてゆるやかなもので、デビューと同時に一般学生の支持は衝撃的に膨れ上がり、叛乱の時代の主役にのし上がった。

しかし、この全共闘の「誕生期」に続いて、またたく間に「転換期」がやってくる。日大や東大に全共闘が誕生して数カ月後、一九六九年秋にはその戦い方にすでに二つの変化が見えてくる。

ひとつは「自己批判」という主張である。当初は、自分を厳しく見つめることを主張していると理解していたが、そのうち自分が自己批判することよりも、相手に「自己批判」をせまるケースが目立ち始める。その相手とは教授であったり、セクトの面々や自分たちの仲間であったりするが、いずれにせよ相手を罵倒する手段でもあることが見えてきた。

もうひとつは、新左翼のセクトとの連携のあり方をめぐってだった。弱体化傾向にある全共闘の戦力の強化をはかるためには、きれいごとばかり言っていられない。腕っぷしが強ければ、相手が過激派であれ何であれ共闘体制をどんどん組むべきだという主張と、そんな目先だけしか見通せない戦術は、セクトの連中をのさばらせるだけだ、彼らは喜ぶだろうが、一般学生がますます減り、組織は空中分解しかねず、とても同意できない、という意見が真っ向からぶつかり、全共闘運動をぎくしゃくさせた。

一九六九年一月、安田講堂攻防戦の収束とともに、全共闘は「崩壊期」に入る。新左翼セクトとの共闘路線を選択した各大学の全共闘のいくつかは、他のセクトとの激しい内ゲバ抗争に巻き込まれた。

六九年九月、新左翼各派の支援をバックに東大の山本義隆を議長、日大の秋田明大を副議長とする全国全共闘連合を発足させるが、崩壊の流れを止めることはできず、やがて姿を消す。一気に発火したものの、瞬く間に鎮火したのが全共闘運動で、叛乱の時代の火も消えていく。残ったのは日本赤軍のハイジャック作戦と、東アジア反日武装戦線の爆弾闘争ぐらいだったが、これらも市民の反発を買うばかりで、やはり消えていく運命にあった。

「赤旗」と「緑旗」

叛乱の時代、学生たちを支える新しい運動と、若者たちから期待を集めた全共闘なのに、なぜこんなに短命であったのか。これはひとえに戦術のお粗末さに起因していたと私は思う。

フランスと比べてみよう。フランスの若者の戦術展開はしたたかだった。彼らが火をつけた五月革命は、学内の民主化なんてなまぬるいことは言わずに、いきなり革命に走った。フランス全土の労働者を巻き込み、学生と合わせて一千万人がパリでゼネストをうつ。これでフランスの交通システムは完全にマヒし、明日にも革命政権が樹立されてもおかしくないという緊張状態を生んだ。

こうした緊迫した状勢を踏まえて五月革命のリーダーたちは、大学・教育の民主化要求を政府にぶつけた。文教政策の転換、教授の権限の縮小、大学の自治の促進、学生自治の承認からフリーセックスの承認などで、革命がもたらす結末をおもんぱかった政府は、ほとんどの要求に首を縦にふった。息つく暇もなく襲いかかる闘い方は、厳しい狩猟民族の素顔をみせつけた。

その後、ヨーロッパには社会民主主義政権が発足するが、政権の要職には、五月革命の先頭に立った何人かの学生らの名前があった。時の政権とがっぷり四つに組んで戦うしたたかさが、高く評価されたからだろう。

また、一九八〇年代のフランス及びヨーロッパの多くの国では、もはや「赤旗」を立てて革命を叫ぶ時代ではなく、世界が求めているのは、「緑の旗」に象徴される環境保護だった。このエコロジーの流れをいち早く察知して「緑の党」を結成したのも、彼ら元活動家であった。

一方の日本はどうか。攻め方はフランスとは正反対であった。セクトから全共闘に入り込んだ活動家は、最初は学内の民主化からだんだんと政治批判を強め、革命に結びつけていきたいと考えていたが、作戦の展開はあまりに遅かった。革命へとギアを思い切ってチェンジしていく勇気は持てなかった。

戦いとは、困難な作戦をやさしい作戦に切りかえた時はほとんどうまくいくが、逆は違う。難しくなった分だけ作戦展開が硬直化し、失敗するケースは少なくない。

だからであろう。日本の場合、「赤」から「緑」への切りかえも、いまひとつスピードはあがらなかったし、十分に期待できる政治家も育っているとはいえない。

といって、わが国はすべてがだめといっているのではない。私は未来への明るさを、毎週金曜日、夕の首相官邸前に見つけた。ここに集まり「原発再稼働反対」のシュプレヒコールを叫ぶ各層各世代の参加者は、フランスのレベルにまではまだまだ届かなくても、四十五年前に生まれた全共闘の学生たちよりもずっとしたたかに、世の中を悲観的にではなく、ワクワクしながら変えていく道を探そうとしているのではないか。私の期待は止まらない。

「叛乱の時代」年表

西暦	月	本書関連事項	月	社会の出来事
一九六五	一〜二	大幅な学費値上げに反対する慶大闘争、始まる。	二	米軍、北ベトナム爆撃開始（ベトナム戦争本格化）。
			十一	中国、文化大革命始まる。
一九六六	一	早大、学費値上げ反対スト突入。	五	中国、紅衛兵運動始まる。
			六	ビートルズ来日。
	七	4日、佐藤内閣、新東京国際空港建設予定地を千葉県三里塚地区に決定。		
	十一	明大闘争始まる。		
	十二	社学同、中核派、解放派が三派全学連結成。		
一九六七	六	東京教育大、筑波移転強行決定でスト。		
	十	8日、佐藤首相のベトナム訪問反対で第一次羽田闘争。三派全学連、機動隊と激突、京大生・山崎博昭死亡。		
	十一	12日、第二次羽田闘争。		
一九六八	一	17日、佐世保で米原子力空母入港阻止闘争、始まる。		
	〃	29日、東大医学部スト、東大闘争、始まる。		
	二	16日、中央大、学費値上げを白紙撤回、初の学生側	二	20日、金嬉老、ライフル

年	月	事項	月	事項
		勝利。		銃で二人を射殺後、静岡県寸又峡で十三人を人質に籠城。
	〃	米軍王子野戦病院（東京都北区）反対闘争、始まる。		
	〃	26日、成田空港建設反対で農民・学生と機動隊衝突。	四	4日、キング牧師、メンフィスで暗殺される。
	五	日大闘争始まる（5月27日、日大全共闘結成、代表・秋田明大）。	五	パリで五月革命。
	六	東大、法学部を除く九学部スト突入（7月5日東大全共闘結成、代表・山本義隆）。	六	5日、ロバート・ケネディ、ロサンゼルスのホテルで狙撃され、翌日死亡。
	七	三派全学連分裂。		
	十	21日、国際反戦デー、新宿、国会周辺で大規模デモ（騒乱罪適用）。		
	十二	29日、佐藤内閣、東大・東京教育大の入試中止を決定。	十二	10日、東京都府中市で三億円強奪事件発生。
一九六九	一	18・19日、東大安田講堂攻防戦。神田カルチエラタン闘争。		
	〃	29日、日大、バリケード撤去。	七	20日、有人宇宙船アポロが月面着陸。

	九	4日、「赤軍派」結成大会。
	〃	22日、赤軍派、「大阪戦争」仕掛ける。大阪府下の交番などを火炎ビンで襲撃。
	十一	5日、山梨・大菩薩峠で武闘訓練中の赤軍派の中核部隊五十三名が一網打尽に逮捕される。
一九七〇	三	31日、赤軍派田宮高麿ら九名、日航機「よど号」をハイジャック、北朝鮮入り。
	八	4日、初の内ゲバ殺人起こる。革マル派の東京教育大生、海老原俊夫が中核派によるリンチで死亡。革マル派、中核派に報復宣言。
	十二	18日、革命左派（京浜安保共闘）最高幹部（横浜国立大生）柴野春彦が、銃強奪のため仲間二人とともに東京・板橋区内の交番を襲撃するが失敗、現場で射殺される（仲間は負傷、逮捕）。
一九七一	二	17日、革命左派（京浜安保共闘）、栃木県真岡市の銃砲店襲撃、散弾銃等強奪。
	二〜	赤軍派、「M作戦」で千葉、宮城などの銀行、郵便

三〜	大阪万国博覧会開催。
九	
十一	25日、三島由紀夫、市ヶ谷の陸上自衛隊東部方面総監部に乱入し自決。

	七	局八カ所襲撃。	六	7日、沖縄返還協定調印。
	七	15日、赤軍派と革命左派（京浜安保共闘）が、「統一赤軍」（連合赤軍）結成を宣言。		
	八	22日、自衛隊朝霞駐屯地で自衛官刺殺事件、十一月赤衛軍幹部ら三人逮捕。		
	九	16日、成田強制代執行で警察官三人死亡。		
	十二	18日、土田國保警視庁警務部長（後に警視総監）宅で小包爆弾爆発、民子夫人死亡。		
	〃	24日、新宿区追分交番でクリスマスツリーに仕掛けた爆弾爆発、九人負傷。		
一九七二	二	19～28日、連合赤軍、長野県軽井沢町の浅間山荘に立て籠り銃撃戦。	二	札幌オリンピック開催。
			〃	ニクソン大統領、中国を電撃訪問。
	三	7日、連合赤軍リンチ事件発覚、十四人の遺体発見。		
	五	31日、日本赤軍の日本人ゲリラ三人、イスラエルのテルアビブ空港で銃乱射。		
			七	田中角栄内閣発足。
	九	5日、パレスチナ・ゲリラ「黒い九月」、ミュンヘン・オリンピック選手村に潜入、イスラエル選手、コーチ二人を殺害、九名を人質にするミュンヘン事件勃発。		

一九七三	七	20日、日本赤軍兵士らが日航機をアムステルダム離陸後、ハイジャック。	十	上野動物園にパンダ来園。カンカン（雄）、ランラン（雌）。
			十	第四次中東戦争による石油ショックが国民生活を直撃。トイレットペーパー騒動や狂乱物価で大混乱。
一九七四	一	31日、日本赤軍とパレスチナ・ゲリラの混成部隊、シンガポールの石油製油所襲撃。六日後、これに呼応して五人のパレスチナ・ゲリラがクウェートの日本大使館占拠。		
	八	30日、三菱重工本社ビル爆破事件（東京・丸の内、死者八人、重軽傷三百七十六人）。		
	九	13日、日本赤軍、オランダ・ハーグのフランス大使館を占拠するハーグ事件起こす。	十二	田中首相、金脈問題で辞任、三木武夫内閣発足。
一九七五	五	19日、警視庁、三菱重工本社ビルなど一連の爆破事件の犯人を検挙（東アジア反日武装戦線「さそり」		

		「大地の牙」「狼」)。		
	八	4日、日本赤軍、マレーシア・クアラルンプールの米国大使館とスウェーデン大使館を占拠。日本政府は拘留中の日本赤軍兵士ら五人を超法規的措置により釈放。		
一九七六			二	ロッキード事件発覚。
			七	27日、田中前首相、ロッキード事件で逮捕。
			十二	福田赳夫内閣発足。
一九七七	九	28日、日本赤軍、インド・ボンベイ空港離陸直後の日航機をハイジャック、ダッカ空港に強行着陸。拘留中の同志ら九人の釈放と現金六百万ドル（当時約十六億円）を要求。福田首相はクアラルンプール事件と同じく超法規的措置により、出国拒否の三人を除く六人を解放、身代金六百万ドルを支払う。		
一九七八			十二	大平正芳内閣発足。
一九八二			十一	中曽根康弘内閣発足。
一九八四			三	グリコ・森永事件起こる。
一九八六	十一	15日、日本赤軍が関わったといわれる、三井物産マニラ支店長誘拐事件発生。		
一九八七	六	9日、日本赤軍、イタリア・ローマの米・英両国大		

		使館爆破を狙ったローマ事件起こす。		
一九八八			六	リクルート事件発覚。
一九八九			一	7日、昭和天皇崩御。
			十一	ベルリンの壁崩壊。
二〇〇〇	十一	8日、日本赤軍の最高指導者、重信房子、潜伏中の大阪・高槻市内で逮捕される。		
二〇〇一	四	14日、重信房子、獄中から日本赤軍解散を宣言。		
二〇〇二	三	日本赤軍兵士檜森孝雄、日比谷公園で焼身自殺。		
二〇〇五	一	日本赤軍レポ役山本万里子、東京・板橋のスーパーで万引で逮捕される。		
二〇〇六	二	23日、東京地裁、重信房子（六十歳）に対し、懲役二十年（求刑・無期懲役）を言い渡す。		
二〇一一			三	11日、東日本大震災発生。

あとがき

全共闘にかかわる縁と思いから、本書を書き上げました。

直接のきっかけは、「はじめに」に書きましたが、二〇一二年初夏の金曜の夜、東京・霞が関の首相官邸前で、「(原発) 再稼働反対！」と声を張り上げる何万人もの人たちに、出会ったことでした。私はそこに集まってきた人たちに、四十余年前の全共闘運動のういういしさを見出し、あの叛乱の時代を自分なりに整理しておこうと思ったのです。

原稿を書き始めてから仕上がるまで、まる一年かかりました。その間、私自身の取材メモや新聞原稿、参考図書などの資料を総動員して、十数年にわたる叛乱の時代を洗い直し、重要な部分を抜き書きし、自己流でつくった年表を見つめながら筆を執った次第です。

出版にあたっては、多くの方のお世話になりました。トランスビューの中嶋廣氏は、新聞は知っていても出版は皆目見当のつかない私を手取り足取りリードし、また朝日新聞出版で書籍編集を担当、いまはOBの川橋啓一、大槻慎二両氏には、編集業務をしっかり支えていただきました。さすがプロフェッショナル、特に仕事のすすめ方は鮮やかなもので、心から感動しました。

私が執筆を途中で放り出すことなく、無事脱稿することができたのは、私の力だけではありません。長谷川佳代さんがいたからです。私の勤務先の株式会社カイトで、私の秘書を務めてくれている彼女は、膨大な資料集めやら癖字、おまけに誤字・脱字の多い私の原稿を、正確にパソコンに打ち込むまで一手に引き受けてくれた有能なスタッフです。まさに彼女あっての私でした。長谷川さんには感謝の気持ちでいっぱいです。

もう一人、私のパートナー、はるみにも心から感謝します。私は四年前、胆管がんを発症、手術し、当初は「もって一年」と宣告されましたが、三年が大過なく過ぎ、本書を執筆できるまでになりました。これは彼女が、食事の摂り方からバード・ウォッチングのコース案内までを引き受けてくれたからだと思っています。つまり長谷川さんには「書く」を支えてもらい、はるみには「生きる」を支えてもらいました。

はるみに、本書を捧げます。

二〇一三年八月十一日

著　者

土屋達彦（つちや　たつひこ）

1941年、兵庫県神戸市に生まれる。66年、慶應義塾大学文学部史学科を卒業。67年、大森実主宰『東京オブザーバー』入社、68年の米原子力空母佐世保寄港阻止闘争の取材を契機に学生運動担当となり、日大や東大の全共闘運動、成田闘争などを取材する。70年、『産経新聞』入社、浦和支局員となる。72年、『夕刊フジ』編集局報道部に異動、国際テロ事件からロッキード事件までを取材する。81年、産経新聞社を退社、月刊誌の創刊などに携わり、その後、危機管理広報を主とするコンサルティング会社を設立し現在に至る。

叛乱の時代
―ペンが挑んだ現場―

二〇一三年一一月五日　初版第一刷発行

著　者　土屋達彦
発行者　中嶋　廣
発行所　株式会社トランスビュー
東京都中央区日本橋浜町二―一〇―一
郵便番号一〇三―〇〇〇七
電話〇三（三六六四）七三三四
URL http://www.transview.co.jp

装幀者　菊地信義
印刷・製本　中央精版印刷

ISBN978-4-7987-0143-1　C1036